KNAUR

Über die Autorin:

Christiane Tramitz ist promovierte Verhaltensforscherin und war u.a. am Max-Planck-Institut für Verhaltensphysiologie tätig. Sie ist freie Autorin für zahlreiche Printmedien und hat mehr als zehn Bücher veröffentlicht, u.a. den Erfolgstitel *Irren ist männlich.*
2014 ist bei Knaur der Bestseller *Ich und die anderen. Als Selbst-Entwickler zu gelingenden Beziehungen* erschienen, den sie zusammen mit Jens Corssen geschrieben hat. Christiane Tramitz hat zwei Kinder und lebt in Oberbayern.

Christiane Tramitz

Wünsch dir was!

Wer seinen Träumen folgt,
wird glücklich

KNAUR

Besuchen Sie uns im Internet:
www.knaur.de

Aus Verantwortung für die Umwelt hat sich die Verlagsgruppe Droemer Knaur zu einer nachhaltigen Buchproduktion verpflichtet. Der bewusste Umgang mit unseren Ressourcen, der Schutz unseres Klimas und der Natur gehören zu unseren obersten Unternehmenszielen. Gemeinsam mit unseren Partnern und Lieferanten setzen wir uns für eine klimaneutrale Buchproduktion ein, die den Erwerb von Klimazertifikaten zur Kompensation des CO_2-Ausstoßes einschließt.
Weitere Informationen finden Sie unter: www.klimaneutralerverlag.de

FSC www.fsc.org
MIX
Papier aus verantwortungsvollen Quellen
FSC® C014496

Vollständige Taschenbuchausgabe Mai 2020

Die Originalausgabe erschien 2015 unter dem Titel
Ich mach das jetzt einfach! im Knaur Verlag.
Ein Imprint der Verlagsgruppe Droemer Knaur
GmbH & Co. KG, München

Redaktion: Werner Ortner
Covergestaltung: Isabella Materne, München
Coverabbildung: Shutterstock/Studio London
Satz: Adobe InDesign im Verlag
Druck und Bindung: GGP Media GmbH, Pößneck
ISBN 978-3-426-78776-2

2 4 5 3 1

Inhalt

Intro

Ich wünsche mir ein Buch. Eins, das ich selber schreibe. Ein Buch über Wünsche. Ja, das wünsche ich mir. Ich wünsche mir ein eigenes Buch über Wünsche.

Aber wenn ich ehrlich bin, wünsche ich mir kein Buch über Wünsche. Sondern eins über unerfüllte Wünsche. Das wird dann ein Buch über Träume und Sehnsüchte, über Fantasien und Luftschlösser, über den Himmel auf Erden und über »Ach, was wäre, wenn …«.

Was habe ich mir im Leben nicht schon alles gewünscht? Als Kind Spielzeug, ein Pferd, einen Hund, oder war es in umgekehrter Reihenfolge? Später trendige Kleidung, Schallplatten. Dinge, wie Jugendliche sie eben lieben, meist materieller Natur, manche wurden von den Eltern erfüllt, manche nicht.

Dann kamen die Wünsche, die man vor dem Einschlafen träumt. Oder kurz nach dem Aufwachen. Das waren intime Wünsche, manchmal unerfüllbare, scheinbar unerfüllbare erträumte Wünsche. »Was wäre, wenn …«

Das waren Wünsche, die keine noch so verwöhnenden Eltern erfüllen können. Das waren Wünsche, die man sich nur selber erfüllen kann. Ich habe solche Wünsche noch heute, und ich weiß: Das Wünschen hört nie auf. Sicherlich, jeder kennt das Verhalten, das in dem resignativen Satz gipfelt: »Ja, wenn ich gekonnt hätte, wie ich gewollt habe!« Dann hätte ich eine Weltreise gemacht, »einmal um die ganze Welt und die Taschen voller Geld«. Oder auch ohne Geld. Dann wäre ich mal ausgestiegen und hätte Schafe gezüchtet oder wäre Sennerin geworden. Ja, wenn ich gekonnt hätte, wie ich gewollt habe, hätte ich Sinologie studiert, ein paar Obstbäume gepflanzt, hätte damals Martin meine Liebe erklärt, wäre mit dem Kanu den Mississippi runtergepaddelt, oder wenigstens um Norwegen herum, hätte Klavier spielen gelernt, wenigstens für den Hausgebrauch, und ich hätte mir nicht auf dem Kopf rumtanzen lassen von irgendwelchen Chefs.

Aber die Umstände. Irgendwelche Umstände müssen dann, wir sind inzwischen schon etwas älter geworden und aus dem jugendlichen Überschwang heraus, als Ausrede herhalten. Für die Weltreise war das Geld nie da, für die Obstbäume kein Garten, bei Martin stand die Schüchternheit im Weg, und überhaupt, das habe ich alles nie wirklich gewollt, schon mal gar nicht den Mississippi runterpaddeln. Und die Chefs sitzen ohnehin am längeren Hebel. Es muss ja irgendwie weitergehen.

Zurück zum Wunsch nach einem Buch über Wünsche. Mit dem Gedanken daran trage ich mich schon seit einiger Zeit. Es kam nur immer etwas dazwischen. Mal war es dies, mal war es das. Aber vor allem waren es Ausreden.

Kann man das Wünschen lernen? Kann man lernen, sich Wünsche zu erfüllen? Kann man die vermeintlichen Hindernisse überwinden?

In dem Satz »Wenn ich gekonnt hätte, wie ich gewollt habe« steckt immer auch Bitterkeit, ein melancholischer Rückblick auf die verpassten Chancen. Aber warum sind sie verpasst? Sind sie nicht sehr oft aus eigener Unzulänglichkeit vertan worden?

Wir könnten stattdessen doch auch einmal sagen: »Ich mach das jetzt einfach!«

Und das tue ich jetzt und erfülle mir meinen Wunsch!

Eines vorab: Wünsche sind keine Frage des Alters. Der Mensch wünscht, seit er zum Menschen geworden ist. Er strebt, er begehrt, er träumt. Von manchen Wünschen weiß er nichts. Sie werden ihm zufällig erfüllt, oder ihre Erfüllung fällt vom Himmel. Wie der Blitzschlag, der den Baum entzündete und das Feuer und die Wärme brachte. Andere Wünsche sind diffus, und so manches gelingt zufällig und ohne Absicht, wie die Entdeckung Amerikas, als Christoph Kolumbus etwas völlig anderes als die Existenz dieses Kontinents beweisen wollte.

Unsere Wünsche sind in der Regel natürlich bescheidener, wir träumen nicht von der Eroberung des Mondes oder der Besiedlung des Mars. Aber diesen großen Wünschen liegen die gleiche Motivationen zugrunde wie unserem kleinen (aber doch auch großen) Wunsch nach Selbstverwirklichung: unter anderem die Gier. Wir gieren nach etwas anderem als dem, was wir haben. Und die Gier hat sich vom Neid entzünden lassen. Wir, seien wir ehrlich, sind neidisch auf das Auto, das Haus, das Glück des Nachbarn.

Aber was ist mit Wünschen, die man immer wieder träumt, wieder und wieder, morgens und abends? »Sollte ich nicht, ich würde so gerne …«

Irgendwann kommt das Alter. Man hat so viele Wünsche geträumt, etliche davon haben sich erfüllt, mindestens ebenso viele hat man versäumt. Man hat starke Wandlungen im Leben erlebt. Da wäre man gerne aus seiner Haut geschlüpft und hätte sich gewünscht, ein anderer Mensch zu sein. Und es gab Phasen, in denen man glaubte, Wünsche hätten keinen wirklichen Sinn mehr, weil sie ohnehin nicht in Erfüllung gingen.

»Wünsch dir was« – aber was?

Wünschen ist eine Kunst. Richtiges Wünschen.

Damit sind die Wünsche eines Meisterwünschers gemeint, Wünsche, die wir uns auch erfüllen können und die uns im Leben weiterbringen.

Ich meine Wünsche, die wir nicht verdrängen oder für die wir uns schämen müssten, weil wir fürchten, es könne uns ohnehin niemand verstehen. Wer sich mit über sechzig Jahren wünscht, Boxweltmeister aller Klassen zu werden, macht sich lediglich lächerlich oder hat Allmachtsfantasien. Das ist kein Wunsch, das ist ein Hirngespinst, ein falscher Wunsch, der jenseits aller Möglichkeiten liegt.

Wünsche: Das ist Wollen, Begehren im Kopf, Sehnen und Träumen, gleichermaßen faszinierend und mächtig. Wo kommen sie her, unsere Wünsche, und wozu sind sie da?

Wie kann man sie beherrschen, das Wünschen »lernen«? Warum gelingt es manchen Menschen, ihre Wünsche zu realisieren, und warum hecheln die meisten von uns ihren Wünschen nur hinterher, um am Ende zu resignieren und die eigenen Träume zu jugendlichen Spinnereien zu degradieren?

Die wichtigste aller Fragen an dieser Stelle aber ist:

Wie eigentlich wird man zum Meisterwünscher?

Wir Menschen wünschen nicht auf die gleiche Art, jeder von uns wünscht auf seine Weise. Mal verborgen, mal sehnsüchtig, heimlich, immer wieder aufs Neue hoffnungsvoll, ab und an mutig, gelegentlich fordernd, endlos und manchmal auch nimmersatt. Oder aber auch bloß zaghaft, verzweifelt und resigniert.

Wie wünschen Sie? Wie gehen Sie mit Ihren Wünschen um?

Wer ein atemloses, gehetztes Leben lebt, läuft Gefahr, zu rastlos und getrieben zu sein, um seine wirklichen Wünsche überhaupt wahrzunehmen. Wer von Termin zu Termin rast, immer auf der Suche nach Anerkennung und Erfolg, wird schwerlich an den Punkt gelangen, herauszufinden, was er wirklich will im Leben. Das »Erkenne dich selbst!« ist leicht gesagt – aber so schwer umzusetzen. Manager belegen, wenn sie das Manko erkannt haben, teure Kurse und begeben sich auf den Selbstfindungstrip, und sei es beim Überlebenstraining in der Wildnis.

Andere suchen und suchen, spüren die Ahnung des Wunsches, dass sich ihr Leben irgendwie ändern sollte. Aber wie, wodurch, womit?

So finden wir den devoten und bescheidenen Wunschtyp, der der Ansicht ist, er dürfe sich gar nichts gönnen, und der jeden Genuss und jede Auszeit schon als unverdientes Geschenk des Himmels ablehnt.

Ebenso schwer tut sich allerdings der maßlose Wünscher, der sich nicht entscheiden kann zwischen Wunsch A und B, weil es ja auch noch die Wünsche C, D und E gibt. Bis hin zum Wunsch Z und darüber hinaus. Dann gibt es noch die Gierigen und Neider, die nach immer mehr trachten, nie genug haben und stets das auch noch wollen, was andere haben. Der Nachbar hat das neueste Smartphone, also wünsche ich mir das auch. Aber sind das Wünsche?

Und schließlich gibt es noch die Menschen, die sagen: »Ach, ich bin wunschlos glücklich.« Eine stolze Behauptung. Aber gibt es das überhaupt, ein Leben ohne Wünsche? Nein, das gibt es nicht. Auch der Eremit und der Yogaguru wünschen sich etwas: wenigstens innere Einkehr.

All diese unterschiedlichen Wunschtypen haben eines gemeinsam: Ihr Wünschen geht in eine verkehrte Richtung, sie versäumen Wünsche, sie bereuen Wünsche.

Wir werden diese Wunschtypen hier alle kennenlernen, und dabei werden wir auch erfahren, warum Sie so wünschen, wie Sie es tun – und wie Sie zum Meisterwünscher werden können.

Dessen Wünschen nämlich ist ein besonderes, eines, das stimmig, erfüllbar, wohltuend ist. Es ist das Wünschen eines Lebenskünstlers. Um dieses Ziel zu erreichen oder ihm wenigstens näher zu kommen, werden in dem Buch einige Übungen vorgeschlagen, die von Experten entwickelt wurden. Bei vielen dieser Übungen handelt es sich um das tagebuchartige Aufschreiben von Gefühlen, Sehnsüchten und Wünschen. Selbstbeobachtung und Selbstbekräftigung stehen dabei im Mittelpunkt. Deren Ergebnisse zu notieren ist, wie Studien belegen, sehr effektiv. Geschriebenes ist wirkungsvoller als der bloße Gedanke. Vor allem, wenn es darum geht, sich in seinen Zielen und Wünschen selbst zu bekräftigen.

Wünsche sind ein weites Feld, schwer zu greifen, schwer zu definieren, auch schwer abzugrenzen von Begierde, Sehnsucht, dem Wollen und Träumen, denn sie gehen fließend ineinander über. In der Begierde steckt die Gier, sie ist stärker als das Wünschen. In der Sehnsucht liegt die Wehmut, sie ist oft bittersüß. In den Träumen, ob in denen des Tages oder denen der Nacht, erfüllen wir uns so manch einen unserer Wünsche. Sobald wir zurückkehren dorthin, wo sich unser reales Leben abspielt, wirken diese Wünsche zwar nach, aber verwirklicht sind sie deswegen noch lange nicht.

Wünsche sind vage, einige von ihnen werden zu konkretem Wollen, zu klaren Zielen, die wir angehen. Viele Wünsche aber schweben vor unseren Augen wie kleine Seifenblasen, bis sie zerplatzen.

Eine spezielle, rein auf Wünsche ausgerichtete Forschung gibt es nicht. Das Reich der Wünsche ist in andere Begrifflichkeiten eingebettet, in Handlungsziele etwa, in Motivationstheorien und in solch sperrige Begriffe wie Appetenz. Wer sich, wie beispielsweise der Psychologe Edvard Moser, um eine genaue Beschreibung des Wunsches bemüht, sieht in ihm eine »kleine Mikrowelt mit affektiv kognitiver Struktur und eigenem Gedächtnis ... Er enthält einen Teil von Erfüllungsbedingungen, die fest mit ihm verknüpft sind, und eine Struktur antizipatorischer Affekte von Hoffnungen und Befürchtungen, die eine mögliche Aktualisierung betreffen.«

Wünsche lassen sich eben nicht eingrenzen, sich auf wissenschaftlicher Ebene nicht wirklich greifen. Sie sind, wie der berühmte Psychologe John Bowlby sagt, eine »umweltstabile Entität«, etwas modellhaft Existierendes, das nicht näher umschreibbar ist.

Wünsche haben etwas Faszinierendes, manchmal Mystisches, etwas Flüchtiges, manchmal Unberechenbares.

Ich versuche hier also gar nicht erst, einer exakten Definition zu folgen. Stattdessen beschreibe ich die Erkenntnisse aus den nahe gelegenen Disziplinen, unter anderem der Psychologie, Soziologie und der Philosophie. Wünsche stehen in diesem Buch für sämtliche inneren Vorgänge, die uns vorantreiben, uns meist glücklich machen und träumen lassen.

Was auch immer wir uns wünschen und wie auch immer wir mit diesen Wünschen umgehen, eines ist ihnen allen gemeinsam: Ohne den Vorsatz, den einen oder anderen Wunsch anzugehen, ihn vorher gut reflektiert zu haben, wird nichts aus einem guten Wünschen.

Beginnen wir die Reise ins Reich der Wünsche. Und behalten wir dabei immer diesen einen Satz im Hinterkopf:

»Ich mach es jetzt einfach!«

Fragt man Menschen nach ihren Wünschen, reagieren sie meistens erstaunt.

»Drei Wünsche, so auf die Schnelle, hm«, sagen die einen. »Einen Sechser im Lotto«, sagen andere.

»Gesundheit und Glück für die Kinder«, sagen Väter und Mütter.

»George Clooney lässt sich scheiden und steht mit einem Blumenstrauß vor meiner Tür«, sagte Silke.

Alles nicht wirklich originell.

Gesundheit für Kinder und Familie ist der brave Wunsch. Der, den man äußert, wenn man nach seinen Wünschen gefragt wird. Aber das ist zu simpel, zu trivial. Wer würde schon, zumal öffentlich, zugeben, dass er ganz andere Wünsche hat als diese Selbstverständlichkeiten.

Die Scheidung von Mr. Clooney ist der frivole Wunsch. Bei Männern geht es dann vielleicht um Michelle Pfeiffer oder Scarlett Johansson. Aber was, wenn diese Herrschaften tatsächlich mit Blumen vor der Tür stünden? Haben Silke oder ihr männliches Pendant sich das wirklich gewünscht?

Der Sechser im Lotto. Ach, der ist doch nur materiell. 500 000 Euro, eine Million, zwei, drei. Davon kann man sich Schmuck und Kleider kaufen, die in den Auslagen der Edelboutiquen und der großen Markenshops liegen, auch die Eigentumswohnung oder das Ferienhaus, von denen man nicht einmal weiß, wie sie aussehen sollen, man kann sich die Weltreise leisten oder die Luxuskarosse und, und, und ... Ist es das, was Sie wünschen?

Welche drei Wünsche haben Sie? Schreiben Sie diese auf einen Zettel, stecken ihn in ein Kuvert und legen dieses in eine

Schublade oder verwenden Sie es als Lesezeichen, das Sie durch dieses Buch begleitet.

Drei Wünsche.

Lassen Sie mich raten:

Viele von Ihnen haben auf den Zettel geschrieben:

»Ich hätte gerne mehr Zeit für mich, für meinen Partner, für meine Familie.«

Es könnte auch ein eigenes Haus, ein Ferienhaus, ein neues Auto, ein Flachbild-TV, eine luxuriös ausgestattete Küche oder ein edles Badezimmer auf dem Zettel stehen. Möglicherweise auch körperliche Fitness oder die Fähigkeit, viele Sprachen zu sprechen, zahlreiche Freunde zu haben.

Einige von Ihnen wünschen sich wahrscheinlich eine gesunde Umwelt und soziale Gerechtigkeit oder ähnlich ethisch und moralisch Wertvolles.

Wenn Sie derartige Wünsche aufgeschrieben haben, bewegen Sie sich im Mittelfeld der Deutschen. Glauben wir diversen repräsentativen Umfragen zum Thema Wünschen, erhält man zumindest solche Antworten, ein Potpourri aus materiellen und immateriellen Wünschen.

Was schätzen Sie, wie viel Prozent aller Wünsche gehen in Erfüllung?

Als wir Kinder waren, hatten unsere Wünsche wirkungsvolle Erfüller: Eltern, Großeltern, Patenonkel, Tanten, Freunde, manchmal auch als versteckte Schenker in Gestalt des Christkinds oder des heiligen Nikolaus.

Doch weil die Erwachsenen nicht alles erfüllen konnten und wollten, vor allem auch nicht sofort und unmittelbar, fanden wir als Kinder einen weiteren, überaus wirkungsvollen Wunscherfüller: das Spiel.

Wir erspielten uns unsere Wünsche und Traumwelten herbei, dabei wechselten wir ständig zwischen den unterschiedlichsten Welten hin und her. Wir bauten uns Höhlen, tauchten mit bunten Klötzchen und Figuren in eine Wunschwelt, in der wir bisweilen gerne gewesen wären. Unsere Wünsche waren fantastisch, naiv, meistens von Allmachtsfantasien begleitet.

Wir verkleideten uns, waren Superman, ein mutiger Ritter, eine schöne Prinzessin, ein wilder Indianer. Hemmungslos erspielten wir uns völlig unrealistische Wünsche. Mal waren wir von heute auf morgen groß und stark wie die Erwachsenen und erspielten uns Situationen, in denen wir Herr der Dinge waren. Wir konnten fliegen, konnten andere verlieren lassen, sie einsperren oder aussperren. Es lag in unserer Macht, stets Sieger zu sein.

Wir erfüllten uns – ohne Anspruch auf Perfektion – die meisten unserer Wünsche mit Kreativität und Fantasie. Es war eine schöne Zeit, weil wir uns im Spiel über die Gegebenheiten der Gegenwart hinwegsetzen konnten.

Wenn wir uns an die Selbst-Erfüllungen der kindlichen Wünsche zurückerinnern, an all die Ersatzgegenstände, die wir symbolisch zum Wunschobjekt machten: Was blieb uns später von dieser Fähigkeit? Wo ist sie hin, wann verlorengegangen? Wer erfüllt uns heute unsere Wünsche? Den einen oder anderen immer noch die Eltern, solange sie leben, später möglicherweise auch unsere Kinder, Freunde, vor allem auch der Partner.

Sobald wir jedoch darauf warten, dass andere uns unsere Wünsche von den Augen ablesen und auch noch erfüllen, werden wir schnell zum Jammerer, der ohnmächtig zusehen muss, dass nicht eintritt, was er sich wünscht.

Wie aber steht es um die Selbst-Erfüllung unserer Wünsche? Spielerisch leben wir sie nicht mehr aus, die unbeschwerte Art des Spielens genügt nicht mehr.

Im Lauf der Zeit treten im Spiel unsere Wunschwelten in den Hintergrund. Stattdessen spielen wir Denkspiele, wir messen uns mit anderen beim Schach, wir erleben spielerisch Abenteuer, wir versuchen uns im Glücksspiel, oder geraten in einen Flow, wenn wir Computerspiele spielen.

Bevorzugt flüchten wir mit unseren Wünschen in romantische Filmwelten, wenn uns nach Gefühlen zumute ist, oder wir befriedigen unsere Wunschwelten beim Lesen eines Romans, Kino im Kopf.

Kreative, künstlerisch Veranlagte können Wünsche in Bilder umsetzen oder in Lyrik und Prosa beschreiben.

Kehren wir zu Ihren drei Wünschen zurück. Seit wann tragen Sie diese in sich? Warum haben Sie sich diese Wünsche noch nicht erfüllen können?

An wem oder woran lag beziehungsweise liegt es?

Meine Antwort lautet: Es liegt an Ihnen selbst.

Lernen Sie sich auf den folgenden Seiten nun ein klein wenig besser kennen. Erfahren Sie, welch unterschiedliche Wunschtypen es gibt und wie diese mit ihren Wünschen umgehen. Vielleicht erkennen Sie sich in einem Typus auch wieder, und vielleicht wird Ihnen dann klar, warum Sie den einen oder anderen Wunsch versäumt oder verdrängt haben – und welchen Weg Sie einschlagen könnten, um aus möglicherweise festgefahrenen Wünschen herauszufinden.

Ja, Wünsche können sich festfahren, sie können zur Obsession werden. Erinnern wir uns, wie wir als Kinder Abenteuerbücher gelesen haben, *Huckleberry Finn* oder auch nur *Hanni und Nanni*. Hätten wir das erleben wollen? Nein, wir hätten es gerne erlebt haben wollen. Das ist ein großer Unterschied, den Wunsch nach einem abenteuerlichen Leben zu haben oder das abenteuerliche Leben gelebt zu haben, es also hinter sich zu haben und davon zu zehren. Es ist keineswegs unerheblich, ob das Halbblut Indianer-Joe mich, Huckleberry Finn, in Wirklichkeit attackiert oder nur in der Erinnerung attackiert hat. Wünsche zu haben ist das eine, Wünsche zu realisieren das andere. Und wenn der Wunsch, den Mississippi mit dem Kanu zu befahren, in Kontrast gerät zu der realen Angst vor Krokodilen, wird die Wunschrealisierung schwierig. Hinterher, nach überstandenem Kampf mit den Riesenechsen, ist alles einfach.

Über das Wünschen

Wie Wünschen entsteht

Eines Tages kam Corinna zu mir, um sich zu verabschieden. Sie ginge fort, alles habe sie gut organisiert, meinte sie. Corinna kehrte ihrem bisherigen Leben den Rücken. Und zwar komplett. Irland war ihr Ziel, dort hatte sie, ohne es irgendjemandem zu verraten, ein kleines Häuschen gekauft. Ihre Wohnung in München hatte sie aufgegeben, alles verkauft, was sie besaß. Sie hatte ihren Job gekündigt, und jetzt, da sie bereit war, sich ins Auto zu setzen und das Abenteuer eines neuen Lebens zu beginnen, klapperte sie ihren Freundeskreis ab und sagte adieu.

Corinna? Wir alle, die Corinna zu kennen meinten, waren sprachlos. Ausgerechnet Corinna, die sonst immer auf Sicherheit setzte, die in München einen guten Job hatte, eine wunderschöne Wohnung, vor allem aber einen großen, lieben Freundeskreis. Ausgerechnet sie gab alles auf?

Ein Leben in Irland, das war stets einer ihrer größten Träume gewesen, ja *der* Traum, das hatte Corinna immer erzählt.

Träumen von einem Umbruch, das tun viele von uns. Das Leben anders zu gestalten ist ein weitverbreiteter Wunsch, aber geht man den Umbruch auch an? Meistens ist man zu bequem, zu feige. Oder aber der Wunsch drängt doch nicht stark genug.

Ich bewunderte Corinna, irgendwie beneidete ich sie auch. Ich fragte mich, was sie dazu trieb, sich diese Änderung, den Umzug ins weit entfernte Irland, zu wünschen. Vor allem aber fragte ich mich, wie sie es schaffte, diesen lang ersehnten Traum auch umzusetzen.

»Ich mach es jetzt einfach!«, sagte Corinna, als wir uns umarmten.

Corinna wurde zu *dem* Thema in unserem Bekanntenkreis, sie löste heftige Debatten übers Wünschen aus.

Jeder erzählte von sich, von Freunden und Freundesfreunden, wie diese ihre Wünsche wünschten, wie sie sie sich erfüllten oder damit quälten, weil sie sich nicht trauten und so den Wunsch versäumten.

Da ist Torsten, der nach der Trennung von Frau und Kindern nach seinen Wünschen sucht, da ist Bettina, deren Kinder aus dem Haus sind, da ist Nina, die in ihrem Job nicht mehr wie bisher weitermachen will.

»Könnt ihr euch an eure allerersten wirklich großen Wünsche erinnern?«, fragte Torsten irgendwann mal in die Runde.

Wir grübelten, und langsam tauchten die alten Wünsche wieder auf.

Können Sie sich an einen Ihrer allerersten Wünsche erinnern?

Also noch einmal: Wie entsteht unser Wünschen eigentlich?

Vom elementaren Wünschen zum inneren und äußeren Wünschen

Am Anfang aller Wünsche, so lautet zumindest die Theorie des Begründers der Tiefenpsychologie, Sigmund Freud, steht ein innerer Mangel, den wir als Säugling empfunden haben. Wir hatten Hunger, Durst, uns war kalt, wir sehnten uns nach Berührungen, nach Vertrautem, nach Gemeinsamkeit und Geborgenheit.

Derartige Gefühle des Mangels wollen wir ausgeglichen haben. Und schon beginnen wir zu wünschen, wenngleich noch in einfachster Form. Es sind Wünsche im weitesten Sinne, wahrlich elementare Wünsche, solche, deren Aufgabe die Sicherung unseres nackten Überlebens ist.

Später, mit anderthalb Jahren, als wir uns bereits sicher auf zwei Beinen zu bewegen begannen und als wir es liebten, Kinderbücher vorgelesen zu bekommen, immer wieder die gleichen, weil wir von klein an Wiederholungen mochten, begannen wir, unsere Wünsche bewusst an entsprechende Erwartungen zu knüpfen. Was wir uns wünschten, sollte in Erfüllung gehen. Und zwar sofort! Ohne Aufschub! Schnell, schnell!

Es begannen die Zeiten, in denen sich so manch einer von uns im Supermarkt auf den Boden geworfen hat, weil der Wunsch nach einem Lolli oder Gummibärchen nicht in Erfüllung gegangen ist. Damals erfüllten wir uns unsere Wünsche bisweilen recht rigoros, schnappten uns einfach das, was wir haben wollten, entrissen dem Spielkameraden das Sandförmchen und die Schaufel gleich dazu. Noch konnten wir nicht entscheiden, was möglich ist und was wirklich werden könnte. Unser Spielzeug, für die Mädchen die Puppen, für die Jungs die Autos, um im Klischee zu bleiben, waren lebendig, sie hatten dem Psychologen Alan Leslie zufolge eigene Erlebniswelten.

Erst mit vier Jahren taucht der Wunsch als ein gewisses Konzept auf: Ich will das haben, ich will dorthin gehen, ich will, dass du mir das kaufst.

Kurze Zeit später, nachdem wir verstanden hatten, dass Wegschnappversuche auch ihre Grenzen haben, lernten wir auch das Märchenhafte des Wünschens kennen. Wir lagen in den Betten, lauschten den Erzählungen. Wünsche wurden in unserer Fantasie zur Realität.

Mutter, Vater, Großeltern, jemand, der sich Zeit nahm, saßen an der Bettkante und lasen: »In den alten Zeiten, wo das Wünschen noch geholfen hat …« So beginnt das Märchen vom Froschkönig.

Und dann tauchten wir in Märchenwelten ein, in denen es böse Hexen gab, verwunschene Prinzessinnen, arglistige Königinnen, Feen und Wünsche, Wünsche über Wünsche.

Früh schon lernten wir aus den Märchen den moralischen Aspekt des Wünschens kennen. Wir lernten, dass die Wünschenden artig sein sollten, auch dass es bescheidenes, richtiges und gieriges, falsches Wünschen gibt.

Wünsche blieben mitnichten in der Märchenwelt hängen, sie wurden zur Realität, da waren ja das Christkind, der Nikolaus, der Osterhase, die Zahnfee … Ja, wir wurden zum Wünschen richtiggehend aufgefordert und konnten nahezu hemmungslos draufloswünschen.

Ach, was waren das für herrliche Zeiten. Bei der Frage »Was wünscht du dir zum Geburtstag?« mussten wir nicht so lange überlegen wie heute, um schließlich zu sagen: »Och, eigentlich habe ich ja alles.«

In unserem kindlichen Wunschdenken erschien uns noch alles möglich, Fantasie und Realität klafften nicht unüberwindbar auseinander.

Die unbeschwerte Zeit des Wünschens, vor allem jenes, das mit Erwartungen gekoppelt ist, ging irgendwann vorbei. Mehr und mehr lehrte uns die Erfahrung, dass wir keineswegs alles bekommen, was wir uns wünschen.

So schränkten wir uns im Wünschen ein, verlagerten es mitunter auf immaterielle, geistige Werte. Die Wünsche begannen sich auch auf unsere Identität zu beziehen, darauf, wie und wo wir leben und wer unser Leben begleitet.

Worin wurzeln die Wünsche? In uns selbst?

Oder werden diese Wünsche von anderen geprägt und sind eigentlich nicht wirklich unsere?

Es sind laut dem Psychologen Peter Gollwitzer viele Wurzeln, aus denen die Wünsche wachsen: aus unseren Interessen, Motiven, Werten und Einstellungen. Dabei können sie von unseren Eltern geprägt und anerzogen sein. Konsti, der kleine Sohn einer Freundin beispielsweise, bekam von klein auf zu Weihnachten, Ostern, zum Geburtstag und Namenstag ein Fahrzeug geschenkt. Ein kleines Spielzeugauto, ein Bobby-Car, später einen elektrisch betriebenen Kinderrennwagen. Mit dem Vater fuhr er, kaum dass Konsti sitzen konnte, Motorrad. Seine Begeisterung für schnelles Fahren wurde von Anfang an geweckt und gefördert. Kein Wunder, dass Konsti sich nichts sehnlicher wünscht, als in großen, schnellen Autos zu sitzen. Eltern können auf höchst subtile Weise die Wünsche ihrer Kleinen wecken. Das kann allein schon durch großes Lob geschehen. Die kleine Sofie klettert irgendwann auf den Schemel und klimpert auf dem Klavier der Eltern herum. Die brechen in ein euphorisches »Fein kannst du spielen, ganz fein!« aus. Sofie merkt, Klimpern löst Begeisterung und Lob aus. Nach dem Behavioristen Burrhus Frederic Skinner handelt es sich hier um eine verdeckte Beeinflussung, die mehr oder weniger aus einem Zufall resultierte.

Unsere Wünsche entsprießen dem kulturellen und sozialen Umfeld, in dem wir aufwachsen. Wir wünschen, was andere haben, wollen haben, was gerade begehrt ist.

Und schließlich ist da noch die Wurzel des Selbst, wenn also Wünsche aus uns selbst kommen – denn schließlich sind wir es, die unter all den Wünschen diejenigen herauspicken und verfolgen, die uns am besten gefallen.

Die Wissenschaft unterscheidet zwischen intrinsischen und extrinsisch motivierten Wünschen. Die intrinsischen stammen aus unserem tiefen Inneren. Nehmen wir an, in Ihrer Nachbarschaft liegt ein Heim für blinde Kinder. Jeden Sonntagnachmittag gehen Sie dorthin, um einer Gruppe etwas vorzulesen, denn es liegt Ihnen am Herzen, Gutes zu tun. Sie genießen diese Lesestunde mindestens genauso wie die Kinder. Der Wunsch zu lesen wurzelt in Ihnen selbst. Sie sind ein intrinsisch motivierter Vorleser. Nehmen wir weiter an, dass eines Tages die Heimleitung auf Sie zukommt und Ihnen ein Kuvert mit Geld mit folgenden Worten in die Hand drückt: »Wir haben alle gesammelt für Sie, damit Sie das Vorlesen nicht so ganz umsonst machen müssen. Und wir wollen Sie gerne auch zukünftig bezahlen, denn die Kinder sind so glücklich.«

In diesem Moment wird mit großer Wahrscheinlichkeit Ihre intrinsische Motivation geschwächt, denn die Belohnung kommt nicht mehr nur aus Ihrem Inneren, sondern von außen. Sobald Sie nur noch lesen, um damit Geld zu verdienen, liegt Ihren Besuchen im Kinderheim eine ausschließlich extrinsische Motivation zugrunde. Ihr Wunsch, die Sonntagnachmittage dort zu verbringen, wird dann mit großer Wahrscheinlichkeit geschmälert. Und kommt dann auch noch eine Kontrolle durch die Heimleitung hinzu, bei der geprüft wird, wie lange Sie vorlesen, wird sich Ihr Wunsch zu lesen langsam in eine Pflicht umwandeln. Sie bewerten das, was Sie tun, neu. Das führt zur Veränderung Ihrer Motivation, der Wunsch, jemandem Gutes zu tun, ist kein Wunsch mehr. Plötzlich entscheiden Sie nicht mehr autonom über Ihren Wunsch.

Wenden wir uns nun einem extrinsischen Beispiel zu: Wer hat sich sagen wir vor zwanzig, dreißig Jahren nach einem Handy gesehnt? Wer vor vierzig Jahren nach einem Videorekorder? Und wer vor hundert Jahren nach einem Telefon mit Drehscheibe? Man kannte dergleichen nicht, und dementsprechend existierten auch keine Wünsche danach. Heute gibt es kein Kind, das sich nicht ein Smartphone wünscht und glaubt, ohne es nicht überlebensfähig zu sein. Eines von vielen Beispielen für extrinsische Wünsche, die die Werbung hervorruft oder bestärkt. Wer will nicht die weißeste aller weißen Wäschen haben? Und wenn XY das schafft, wünsche ich mir eben XY im Hauptwaschgang.

Es ist nicht einfach, zwischen den extrinsischen und intrinsischen Wünschen zu unterscheiden. Wünsche ich mir das, was andere von mir erwarten? Wünsche ich mir ein gutes Image, Reichtum, ein großes Haus, weil ich dann meinen Eltern zeige, dass ich es geschafft habe? Oder wünsche ich mir ein exklusives Auto ganz tief im Inneren nur, um mal meinem Nachbarn vorzuführen, dass auch ich mir was leisten kann?

Menschen, deren Wünschen auf einer rein intrinsischen Motivation basiert, sind mit ihrem Leben zufriedener als jene, deren Wünschen auf extrinsischer Belohnung beruht.

Intrinsische Wünsche können aus Neugierde entstehen, weil wir etwas erleben wollen, weil wir Erfahrungen machen wollen, die wir noch nie gemacht haben. Einen Tandemsprung beispielsweise, weil wir das Gefühl des Fliegens erleben wollen, keinesfalls, um anderen zu beweisen, was wir uns alles trauen.

Intrinsische Wünsche können sich auch entwickeln, wenn sie mit vielen Emotionen verbunden sind, etwa wenn wir uns sozial engagieren und die Freude anderer genießen.

Bisweilen fallen die beiden Motivationsarten auch zusammen, und wir werden für das belohnt, was uns Freude bereitet. In einem solchen Fall schmälert die extrinsische Motivation die intrinsische nicht. Deswegen können sich all diejenigen unter uns glücklich schätzen, die ihre große Erfüllung in der Arbeit finden.

Unsere Bedürfnisse und Wünsche treiben uns in unterschiedlichen Bereichen an, entsprechend viele Motivationstheorien sind in der Forschung zu finden.

Der Motivationspsychologe Clayton P. Alderfer etwa unterscheidet in seiner Theorie drei Kategorien:

1. Die existenziellen Wünsche, die wir zum Überleben brauchen.
2. Die Beziehungs- und Kontaktbedürfnisse, sprich die Sehnsucht nach anderen, von diesen akzeptiert, geachtet, unterstützt und geliebt zu sein.
3. Die Entwicklungsbedürfnisse, bei denen es um die Selbstverwirklichung geht sowie um das kreative und produktive Weiterkommen.

Der Verhaltens- und Sozialpsychologe David McClelland meint, unsere Motivation entstünde aus dem Wunsch nach Erfolg und anspruchsvollen Zielen. Wir wollen Leistung zeigen, uns und anderen beweisen, besser zu sein.

Ein weiterer, tief in uns verwurzelter Wunsch ist der nach Macht, in der Gesellschaft einen guten Stand und Status innezuhaben. Menschen, deren Wünsche vor allem auf dieser Ebene zu finden sind, kümmern sich weniger um ihre Arbeitsleistung als um soziale Kontrolle und um ihr Ansehen bei anderen.

Dann gibt es noch jene Gruppe von Menschen, deren

wichtigste Wünsche sich auf Menschen konzentrieren, auf enge, zufriedenstellende Beziehungen.

Die Wurzeln unserer Wünsche sind wie ein Geflecht, in das sämtliche Ansprüche ans Leben verwoben sind. Bei gierigen und neidischen Menschen etwa nähren sich diese Wurzeln aus sozialen und materiellen Vergleichen, bei den anderen, den Wunschträumern, aus einer diffusen Sehnsucht nach Unerreichbarem. Bei notorischen Pessimisten und den stets Gehetzten, die keinen Sinn fürs Wünschen verspüren, verkümmern die Wurzeln allmählich.

Warum wünschen wir eigentlich?

Die Verhaltensforschung fragt stets, wozu und warum sich Menschen so und nicht anders verhalten. Aufs Thema der Wünsche bezogen, fragt sie zunächst erst: Warum wünschen wir überhaupt? Warum verbringen wir so viel Zeit mit Gedanken an etwas, was wir gerne hätten, wollen, aber nicht haben? Es geht dabei nicht um die profanen Dinge: Montagmorgen, der Wecker läutet allzu schrill die Woche ein, und man wünscht sich, sich noch einmal umdrehen zu können. Es geht um die existenziellen Wünsche, um die, deren Erfüllung das Leben verändern würde. Oder von denen wir, das aber ganz gewiss, glauben, dass ihre Erfüllung unser Leben umkrempeln, bereichern, aufhellen würde.

Es tauchen unzählig viele Wünsche auf, die wir uns niemals erfüllen können. Dennoch wünschen wir. Ist das nicht vergeudete Zeit? Wäre es nicht besser, wir konzentrierten uns auf ein klares »Ich will und mache es auch«?

Wenn das Wünschen so unverbindlich ist, könnten wir es

doch eigentlich auch sein lassen. Und anstelle des Wunsches das Wollen setzen. Denn das Wollen treibt uns wirklich zum Ziel. Oder auch das Begehren. Das regt etwas in uns, das motiviert uns, lässt uns handeln. Was setzen wir beispielsweise alles in Bewegung, wenn wir einen anderen Menschen begehren, uns nach ihm verzehren. Wir sind engagiert, versetzen Berge, um in seiner Nähe zu sein, wir nehmen uns alle Zeit dieser Welt, wir zeigen uns von unserer besten Seite, sind charmant, rücksichtsvoll und aufmerksam.

Doch wie sieht es bei unseren Wünschen aus? Was tun die schon mit uns? Sie bleiben meist im Verborgenen und nagen dort an uns. Der langgehegte Wunsch, eine Weltreise anzutreten, dringt erst an die Öffentlichkeit und in unser handelndes Bewusstsein, wenn wir die Koffer packen und losziehen. Welche Nutzen also haben Wünsche, die im Verborgenen bleiben?

Wünsche bewirken Veränderungen

»Wünschen ist was Leichtes und man kann es im Überfluss tun«, meint der Motivationspsychologe Heinz Heckhausen.

Der Wunsch ist unverbindlich und diskret, wenn man ihn nicht verrät. Sie kennen das Glücksgefühl, wenn Sie eine Sternschnuppe vom Himmel fallen sehen, schnell die Augen schließen und sich etwas wünschen. Das übrigens nur, weil unsere Vorfahren hinter dieser Himmelserscheinung göttliche Lichterfunken vermuteten, Dochte, die den Engeln beim Putzen der Himmelskerzen hinabfielen.

Die Sache hat nur einen Haken. »Aber nicht verraten«, sonst fühlt sich die Sternschnuppe auch verraten, verglüht im Nichts und versagt ihren Dienst als Wunscherfüllerin.

In unseren Köpfen schwirren Wünsche in enormer Zahl umher. Der Vorteil liegt auf der Hand: Nicht alle können in Erfüllung gehen, einige jedoch sicher.

Tragen wir eine ausgesprochene Vielfalt an Wünschen in uns, ist das Ausdruck von innerer Lebendigkeit. Und umgekehrt? Befinden wir uns in trauriger, schlechter Stimmung, ist es vorbei mit dem Wünschen, berichtet die Psychotherapeutin Anna Schoch von ihren Patienten. Oder, um es mit den Worten von Friedrich Nietzsche zu sagen: »Wünschen ist ein Anzeichen von Genesung und Besserung.« Der schwermütige, melancholische oder depressive Mensch hat keine Wünsche, weil er in dieser Stimmungsphase ohnehin nur alles schwarzsieht.

Dass wir Menschen Wünsche in uns tragen, ist also keineswegs ein bloß luxuriöses, träumerisches Beiprodukt unseres menschlichen Daseins. Nein, Wünsche sind äußerst wichtige Voraussetzungen dafür, dass es in unserem Leben vorangeht, dass wir unser Leben genießen.

Fatalerweise neigen wir aber dazu, uns zu wenig Gedanken über die Bedeutung des Wünschens zu machen. Wir nehmen unsere Wünsche nicht ernst, schieben sie beiseite, übersehen oder negieren sie. Wir geben den Wünschen erst dann Wichtigkeit, wenn wir es versäumt haben, sie zu träumen, sie zu verfolgen oder gar zu leben.

»Hätte ich doch …«, »Warum habe ich nicht …«, »Es wäre zu schön gewesen …«, »Wie sehr bereue ich, dass ich nicht …«, »Hätte ich auf mein Bauchgefühl gehört!«, lauter lamentierende Sätze, mit zunehmendem Alter, wenn man nicht mehr nur nach vorne blickt, sondern auch zurück, werden sie immer häufiger. Wenn man zurückschaut auf versäumte Wünsche und manchmal deutlich wird, dass Pfade, die ehemals verschlungen und schwierig erschienen, wohl eher ans Ziel geführt hätten. Jetzt ist die Zeit gekommen, unser bisheriges Wünschen zu reflektieren und das, was in unserem Leben noch kommen wird, allmählich mit Wunscherfüllungen zu bereichern.

Wir befinden uns nun an einem Scheideweg, an einem Punkt, an dem das Wünschen in den Vordergrund tritt. Endlich. Man müsste jetzt nur noch mutiger werden, sich weniger um die Konsequenzen scheren, weniger darüber nachdenken, was andere denken. Meistens sind Schicksalsschläge Anlass für derartige Überlegungen, eine organische Krankheit, der Verlust des Jobs, das Scheitern der Ehe oder die Zivilisationskrankheit der Neuzeit, die Burn-out genannte Depression.

Warum aber muss das Kind erst in den Brunnen fallen, bis wir den großen Wunsch nach Veränderung angehen?

Und genau darin liegt eine der wesentlichsten Funktionen unseres Wünschens. Es ist wichtiges Basismaterial für all unser Denken und Abwägen unseres Wollens. Es beflügelt unsere Gedanken und verleiht Mut. Als wichtiger Motor bahnt Wünschen Veränderungen in unserem Leben an.

»Unsere Wünsche sind Vorgefühle der Fähigkeiten, die in uns liegen, Vorboten desjenigen, was wir zu leisten imstande sein werden. Was wir können und möchten, stellt sich unserer Einbildungskraft außer uns und in der Zukunft dar; wir fühlen eine Sehnsucht nach dem, was wir schon im Stillen besitzen. So verwandelt ein leidenschaftliches Vorausgreifen das wahrhaft Mögliche in ein erträumtes Wirkliches«, schrieb Johann Wolfgang Goethe in *Dichtung und Wahrheit.*

Je facettenreicher unsere Wünsche sind, desto mehr Wege und Möglichkeiten sehen wir in unserem Leben. Vielfalt ist in allen Lebensbereichen hilf- und ertragreich, Monotonie und Eintönigkeit dagegen langweilig und zerstörerisch. »Sei verwegen und lebe«, war einmal auf einer Motivpostkarte zu lesen. Leicht gesagt, aber trotzdem wahr. Sei verwegen, trau dich und bekenn dich zu deinen Wünschen.

Anders als bei der Ziehung der Lottozahlen folgen unsere Wünsche nicht dem Zufallsprinzip, schon gar nicht, wenn sie zum Wollen werden.

Warum haben Sie sich ausgerechnet den Wunsch eines Bungeejumpings erfüllt, warum haben Sie sich Venezuela als Wunschreiseland niemals gönnen wollen? Warum wünschten Sie vergebens so lange, eine Sauna ans Haus zu bauen, warum kamen Sie stattdessen dem Wunsch nach einem E-Bike nach?

Warum wir die einen Wünsche, sosehr wir sie auch ersehnen mögen, an uns vorbeiziehen lassen, während wir uns die anderen erfüllen, entzieht sich häufig unserem Bewusstsein. Was wir uns erfüllen oder gönnen, unterliegt festgefahrenen Mechanismen, Gewohnheiten, Interessen, Einstellungen, insbesondere auch Intuitionen und Bauchgefühlen. Und sehr oft sind die erfüllten Wünsche nur eine Ersatzbefriedigung für die verpassten. »Passt scho«, sagt man in Bayern. »Genug ist nie genug, genug kann nie genügen«, setzt der Barde Konstantin Wecker dagegen.

Wünsche dirigieren uns heimlich

Wünsche üben auf uns Menschen eine heimliche, bisweilen unheimliche, weil dirigierende Macht aus.

Wenn wir Wünsche im Kopf haben, aktivieren sie in unserem Gehirn automatisch und meist unbewusst Hintergrundziele. Diese wiederum beeinflussen unser Verhalten und

Handeln, sagt der Psychologe Arie Kruglanski. Untersucht hat er seine Annahme mit einer ebenso faszinierenden wie trickreichen Methode, dem sogenannten Priming.

Stellen Sie sich vor, Sie sitzen im Kino und sehen einen Film. Nach dem Abspann, als Sie sich gerade von Ihrem Platz erheben wollen, ist noch einmal kurz ein Lichtblitz auf der Leinwand zu sehen. Sie meinen »alter Mann« gelesen zu haben. Ein paar Sekunden später blitzt es abermals auf. Stand da etwa »Rollator«? Sie wundern sich, vermuten, es könnte ein technisches Versehen gewesen sein. Dann verlassen Sie das Kino, gehen die Straße entlang zu Ihrem Auto. Mit großer Wahrscheinlichkeit schlendern Sie jetzt langsamer als üblich, auch etwas schwerfälliger, grade so, als wären Sie gealtert. Die Ursache für dieses Verhalten: Sie wurden gerade »geprimed«. Ein paar subtile Blitzlichter lösten als bahnende Reize ganz automatisch in Ihrem Kopf Assoziationen rund ums Alter aus. Diese Assoziationen wiederum reichten aus, um Ihre Wahrnehmung und Ihr Verhalten zu beeinflussen.

Bahnende Reize beziehen sich auf nahezu all unsere Sinne. Beim Bäcker, vor allem in sogenannten Backshops, werden wir auf frische Brötchen geprimed durch entsprechende Duftmoleküle, die künstlich erzeugt werden. Wurden Sie mit dem Wort »Geld« geprimed, verhalten Sie sich geiziger und weniger hilfsbereit.

Um geprimed zu werden, benötigen wir nicht einmal einen dargebotenen Reiz, es reicht schon die Aktivierung unserer Vorstellungskraft. Machen Sie doch einmal folgenden Versuch mit einem Bekannten: Bitten Sie ihn, sich gedanklich in eine Bibliothek zu beamen. Beschreiben Sie die Bibliothek, die Ruhe und Stille, in der Lesende in Bücher vertieft sind. Dann fragen Sie Ihren Bekannten, wie er sich dort fühlt, was er nun in dieser Bibliothek tun und welches Buch er lesen würde.

Mit großer Wahrscheinlichkeit wird Ihr Bekannter Ihnen mit leiserer Stimme antworten, als er zuvor gesprochen hat. Die Gedanken an eine Bibliothek haben ihn nämlich in eine Zone der Stille versetzt, in der man tunlichst nicht, und wenn, dann nur leise, spricht.

Wünsche, die in Ihnen gären, die immer wieder aus der Tiefe auftauchen, Wünsche, an die Sie sich immer wieder erinnern, können den beschriebenen machtvollen Priming-Effekt haben und ausreichen, um irgendwann ein entsprechendes Verhalten in Ihnen auszulösen.

Gehen Sie in Gedanken jene Wünsche durch, die immer wieder in Ihnen aufgekommen sind und die Sie sich schließlich und endlich auch erfüllt haben.

Gehen Sie dabei ganz an den Anfang, dorthin, wo der Wunsch begann. Vielleicht erinnern Sie sich ja, ob und welcher Priming-Effekt hier eine Rolle gespielt hat. Menschen, die Vorbildcharakter haben, können primen. Bilder, Erzählungen, Geschichten, Kindheitserinnerungen können primen, Bücher können es auch.

Und Achtung: Die Werbung kann und tut es auch! Erinnern Sie sich an den Werbespot, in dem ein junger Mann in sengender Wüstenhitze mit den Händen die typische Form der Flasche einer berühmten koffeinhaltigen Limonade nachformte, sie wie ein Pantomime ansetzte und einen großen, erfrischenden Schluck daraus nahm? Und auch dieser Text kann primen. Denn so wie im Werbespot weder die Flasche gezeigt noch der Name des Getränks erwähnt wurde, muss auch hier nicht explizit erwähnt werden, um welches Getränk es sich handelt.

Mit der oben beschriebenen Reflexion können Sie Ihren

Wünschen besser auf den Grund gehen und hinterfragen, ob es »richtige« oder eher »falsche« Wünsche sind.

Die Macht des Wunsches kann derart stark über uns kommen, dass sich unsere Wahrnehmung verzerrt.

Dann nehmen wir wahr, was wir wahrnehmen wollen, das, was wir uns wünschen. Je ausgeprägter der Wunsch ist, desto mehr neigen wir dazu, uns die Umstände und Informationen so zusammenzuzimmern, dass sie dem entsprechen, was wir uns wünschen.

»Libenter homines id, quod volunt, credunt.« Die Menschen glauben gerne das, was sie glauben wollen. Der Spruch stammt aus Cäsars Werk *De bello Gallico.* Ein weiser Satz.

Die Macht des Wunsches lässt ihn zum Vater unserer Gedanken werden. Wir erliegen einem sogenannten Wishful-Thinking-Prozess. Bei dieser Art des Wünschens erfüllen wir gedanklich im Hier und Jetzt unsere Wünsche, wir erträumen uns eine rosige Zukunft, lassen jedoch die möglichen Probleme, die uns auf dem Weg dorthin begleiten könnten, außer Acht. Wir fokussieren uns nur noch auf all die Aspekte, die für unsere Wünsche stehen, und ignorieren jene, die dagegensprechen. Jene unter uns, die diesem Wishful-Thinking-Prozess besonders unterliegen, klammern in ihrem Wunschdenken selbst die bereits erfahrenen Negativerlebnisse aus.

Auf diese Weise schöpfen sie zwar Mut, erträumen sich jedoch fatalerweise eine falsche Wirklichkeit.

In einem solch verzerrten Hoffnungsdenken sehen Forscher die Gefahr einer Flucht aus der Realität. Menschen, die sich in ihren Gedanken in einem Wunsch versteigen, damit unendlich viel Zeit verbringen, entfernen sich in Wirklichkeit von dessen Erfüllung – sie verharren in ihren Fantasien.

Ich wünsche mir, erfolgreich zu sein, ich wünsche mir auch, auf andere attraktiv zu wirken. Ich wünsche mir, dass mich die Menschen um mich herum mögen. Und eine gute Portion Gesundheit, ja, die wünsche ich mir selbstverständlich auch. Gerne würde ich mal anders leben, als ich es heute tue, weniger Arbeit, weniger Sorgen. Ich hätte gerne einen Partner, mit dem ich weniger streite, der mich besser versteht. Was meine Wohnung angeht, so gäbe es da auch was zu wünschen. Schön wäre ein größeres Haus, möglichst am See, möglichst mit einem großen Garten. Ich wünsche mir auch ein Auto, das im Winter keine Zicken macht. Ich wünsche mir eine Polarnacht zu erleben und wenigstens ein Mal in einem Iglu zu nächtigen.

So, damit wäre ich mit meinen wesentlichen Wünschen durch. Fürs Erste.

Ich würde ja so gerne wissen, wie es zukünftig um diese Wünsche steht. Wird der eine oder andere in Erfüllung gehen? Wüsste ich es, könnte ich Hoffnung schöpfen, es könnte mich motivieren, es könnte mir eine Richtung weisen. Doch wer kann mir das vorhersagen? Mein Verstand? Statistische Wahrscheinlichkeitsberechnungen?

Eine Wahrsagerin? Am Ende gar die Sterne?

Ich schlage eine Zeitschrift auf, blättere mich durch bis zu meinem Horoskop, da steht unter Wassermann geschrieben:

Vertrauen Sie darauf, von allen geschätzt und geliebt zu werden. Die Menschen reagieren ähnlich freundlich und warmherzig.

Wäre ich Krebs, würde mir prophezeit:

Heute sinkt Ihr dynamischer Elan auf den Tiefstand. Möglicherweise erscheint Ihnen die Realität besonders hart. Eine besinnliche Stunde täte Ihnen gut. Genießen Sie die Natur. Gönnen Sie sich Gutes.

Wäre ich Löwe, würde ich in meinem Horoskop lesen:

Es dürfte Ihnen ein Leichtes sein, langfristigen Absichten und momentanen Wünschen gleichzeitig gerecht zu werden.

Tja, denke ich, stimmt irgendwie alles. Nahezu jedes Horoskop passt zu meinen Wünschen.

Vorhersagen von der Stange. Ich jedoch will Maßgeschneidertes, ich brauche einen wirklich persönlichen Rat.

Da gibt es eine tolle Wahrsagerin, verrät mir eine Freundin, die hätte bei ihr bis jetzt immer richtiggelegen.

Ein paar Tage später habe ich einen Termin bei der Hellseherin Mantica.

»Es geht Ihnen im Großen und Ganzen gut, dennoch verspüre ich bei Ihnen eine innere Unzufriedenheit«, sagt sie.

»Wie recht sie hat«, denke ich.

»Sie sehnen sich nach mehr Geborgenheit«, fährt sie fort.

»Stimmt. Woher weiß sie das?«, denke ich.

»Sie fühlen sich in letzter Zeit von einer Ihnen nahestehenden Person nicht ausreichend respektiert.«

»Richtig«, denke ich, »mit meiner Beziehung klappt es derzeit nicht so recht.«

Unfassbar. Ich bin beeindruckt: Mantica errät doch tatsächlich, was mich bewegt, meine Wünsche, meine Sorgen, und sie sagt mir voraus, dass sich im Leben was ändern würde, dass ich mich erneut verlieben würde, wirtschaftlich und auch beruflich könnte es auch bergauf gehen. Nach einer Stunde zahle ich 150 Euro, lächerlich wenig dafür, dass ich nun Gewissheit und Hoffnung habe. Ich bin zufrieden.

Meine Wünsche, oder wenigstens manche von ihnen, werden sich erfüllen, was will ich mehr? Beschwingt gehe ich nach Hause, ohne zu wissen, dass ich gerade zum Opfer des sogenannten Barnum-Effekts geworden bin. So nennt man die Falle, in der man die Allgemeingültigkeit der Vorhersagen von Astrologen, Tarotkartenlegern und allen Manticas dieser Erde nicht erkennt, sie stattdessen auf die eigenen Einstellungen, eigenen Wünsche, das eigene Leben und die eigene Person bezieht. Die Macht der Wünsche, des Sehnens und Hoffens lässt uns all das glauben, was in ihre Richtung weisen könnte.

Sicherlich haben Sie einen derartigen Barnum-Effekt schon selbst erlebt. Ein Effekt mit skurrilem Hintergrund: Sein Name geht auf den Zirkusgründer Phineas Taylor Barnum zurück, der ein Kuriositätenkabinett unterhielt, in dem jedermann das sehen konnte, was er immer schon mal sehen wollte.

Verbringen Sie viel Zeit damit, in Gedanken mehr Geld zu besitzen, einen besseren Job zu haben, in der Chefetage angekommen zu sein? Oder endlich einen Partner an Ihrer Seite zu wissen, mit dem alles klappt, gegebenenfalls auch den verflossenen wiederzugewinnen?

Was stellen wir nicht alles an, um in unseren Gedanken unsere Wünsche zu erfüllen. Wir legen Tarotkarten, sitzen im Freundeskreis zusammen, interpretieren uns das Leben gerecht und träumen dabei.

Manchmal sind wir in unserem Wünschen so verzweifelt, dass wir auf magische Gedankenmacht bauen. Ich kenne etliche ansonsten durchaus realistische, rationale, intelligente Menschen, die irgendwann im spirituell- zauberischen, nahezu geisterhaften Denken gelandet sind und versucht haben, mittels ausgefeilter Techniken und Tricks ihrem Wunsch näher zu kommen.

Meine Freundin Meike zum Beispiel, eine erfolgreiche Steuerberaterin im realen Leben, baut auf die magische Macht, wenn sie sich hoffnungslos in einen Mann verliebt hat, der ihre Liebe weder erwidern kann noch mag. Meike verwendet in solchen Situationen gerne Voodoo-Puppen, nennt sie so, wie der Zurückweisende gerade heißt, und traktiert sie mit Nadeln, verbunden mit dem sehnlichen Wunsch, den Geliebten auf diese Weise verletzen zu können. »So, das hat er davon, ich wünsche mir nun, dass er auch leidet. Doch, doch, wenn ich mir das so sehr wünsche, wird es geschehen«, sagt Meike dann. Die Puppen, die Meike verwendet, bestellt sie im Internet. Da gibt es eine große Auswahl männlicher wie weiblicher Puppen, elitäre, sportliche, elegante, verwegene, was immer das Herz begehrt. Und wenn es eine ganz spezielle Person treffen soll, bastelt Meike sie sich zurecht.

In einer Glasvitrine unterhält sie mittlerweile ein kleines Kabinett an Voodoo-Puppen. Es sieht ein wenig gruselig aus. »Da sind sie alle«, sagt Meike, wenn sie davor steht und die mit Nadeln gespickten Gestalten anschaut. »Ich habe es ihnen gezeigt, dass man mit mir nicht so umspringen kann. Wünsche gehen nämlich in Erfüllung, wenn man an sie glaubt.«

Vom Barnum-Effekt habe ich Meike gegenüber nie ein Wort erwähnt.

Wünsche euphorisieren durch Vorfreude und Überraschung

Wünsche können eine stark euphorisierende Wirkung haben, wenn wir ahnen, dass sie in absehbarer Zeit in Erfüllung gehen.

Meine Bekannte Nicole war mit einer solchen Vorfreude über viele Wochen beschäftigt. Lang schon hatte sie den Wunsch nach einem Hund gehegt, geprimed durch die Erinnerung an eine Hündin, die sie vor Jahren besessen hatte. Es sprach viel Vernünftiges gegen diesen Hund. Ihre Wohnungssituation im dritten Stock eines Mietshauses, die einen artgerechten Auslauf des Hundes nur unter großem Aufwand zuließ, die berufliche Anspannung und nicht zuletzt der Lebensgefährte, der ein erklärter Hundegegner war …

Für den Hund sprach: der Wunsch.

Es dauerte noch ein paar Wochen, bis sie den Welpen Luna zu sich holen konnte. In dieser Zeit der Vorfreude kaufte sie für Luna ein: Hundekorb, Napf, Leine, Futter, Kauknochen. Sie stellte die Wohnung um, und sie vertiefte sich im Internet in diverse Artikel zur Hundehaltung. Nicole sprach von nichts anderem mehr, und während sie sich ausmalte, wie es sein würde, wenn Luna als neues Familienmitglied bei ihr einzöge, bekam sie vor Euphorie feuchte Augen.

Ist ein Wunsch erst einmal Wirklichkeit geworden, hält unser Glücksgefühl in der Regel nicht allzu lang an, vor allem, wenn er rein materieller Natur war. Versuchen Sie sich doch einmal an das Glücksgefühl zu erinnern, als Sie Ihr erstes eigenes Auto fahren durften oder einen wichtigen Berufsabschluss geschafft hatten. Vermutlich werden Sie sich an einen intensiven Glücksmoment erinnern, der aber auch schnell wieder abflaute. Der Wirtschaftswissenschaftler Bruno Frey geht hier von zwei bis drei Wochen aus, danach haben wir uns an die neue Situation gewöhnt, und der Höhenflug des Glücks ist vorbei.

Umso bedeutender ist der Zeitraum, in dem sich die Vorfreude entfaltet. In dieser Zeit wirkt die gleiche Hirnregion wie bei der tatsächlichen Wunscherfüllung: Endorphine werden ausgeschüttet, Stress wird abgebaut, der Blutdruck sinkt, die Wahrnehmung von Leid und Schmerz ist deutlich gedämpft. Vorfreude wirkt gewissermaßen wie ein Trostpflaster.

In der Phase der Vorfreude denken wir wiederholt an das Schöne, das uns bevorsteht, wir malen es uns in unserer Fantasie besonders begehrenswert aus, immer wieder aufs Neue.

Von welchem Star, liebe Leserin, würden Sie gerne geküsst werden? Von George Clooney oder Brad Pitt, von Jude Law oder Pierce Brosnan, um nur einige der »sexiest men alive« zu nennen.

Und Sie, lieber Leser? Zur Auswahl kann Ihnen jede Frau stehen, auch eine der »sexiest women alive« wie Angelina Jolie, Scarlett Johansson, Rihanna, Penelope Cruz.

Haben Sie gewählt?

Schließen Sie jetzt die Augen und stellen Sie sich diesen Moment vor. Den Ort, an dem Sie sich treffen, wie Sie einander näher kommen, sich in die Augen schauen, wie sich Ihre Lippen berühren, wie der Kuss schmecken und sich anfühlen könnte …

Und nun entscheiden Sie, wann dieser Moment stattfinden soll und wie viel Sie für diesen Kuss dann bezahlen würden.

Wählen Sie zwischen der Möglichkeit, den Kuss sofort zu erhalten oder erst in einer Stunde, in drei Stunden, in 24 Stunden, in drei Tagen, in einem Jahr …

Und wie viel wäre Ihnen dieser Kuss jeweils wert?

Und? Wie haben Sie sich entschieden?

Wie der Durchschnitt der Probanden bei dem Experiment, das der Ökonom George Loewenstein wie gerade beschrieben durchgeführt hat? Der Großteil der Teilnehmer wollte jedenfalls lieber etwas warten, als den Wunsch sofort erfüllt zu bekommen. Das steigert die Vorfreude, und so verwundert es nicht weiter, dass die meisten für einen Kuss in drei Tagen doppelt so viel bezahlt hätten als für den, den sie sofort erhalten hätten.

Unangenehmes bringen wir gewöhnlich gern schnell hinter uns, Freudvolles hingegen schieben wir so lange wie möglich hinaus. Wir wollen die Vorfreude auskosten, sie mit unserer Fantasie ausschmücken. So lässt sich auch erklären, dass Jahr für Jahr Geschenkgutscheine nicht eingelöst werden. Die damit verbundenen Wunscherfüllungen werden immer wieder aufgeschoben, auch auf die Gefahr hin, dass die Gutscheine verfallen oder verlorengehen.

Das besonders Spannende an der Vorfreude ist die Ungewissheit, die sie begleitet. Denken Sie an das erste Rendezvous mit einer Person, die Sie zufällig kennengelernt haben. Sie verabreden sich zum ersten gemeinsamen Abendessen in einem romantischen Lokal. Sie überlegen, was Sie anziehen sollen, wie Sie die Haare tragen, Sie fühlen Ihr Herz klopfen und die Handflächen feucht werden, lange bevor Sie der begehrten Person gegenüberstehen. Was für eine herrliche Vorfreude! Ein ähnliches Gefühl kennen Sie sicherlich aus der Situation, wenn Sie am Bahnsteig auf jemanden warten, den Sie seit langem nicht mehr gesehen haben.

Menschen, deren Gedanken viel mit freudigen Gefühlen auf das, was kommen wird, beschäftigt sind, verspüren Daniel Gilbert zufolge in ihrem Leben mehr Zufriedenheit als jene, die Vorfreude nicht erleben oder genießen können. Die Ungewissheit, die die Fantasie über Schönes begleitet, so der Psychologe, schützt vor Gewöhnung und Abstumpfung.

Reiche, verwöhnte Menschen, die in den Laden gehen, auf einen Mercedes deuten und einfach »Stellen Sie den bitte heute Abend vor meine Tür« sagen oder die mal eben eine Reise nach Mauritius buchen, erster Klasse selbstverständlich, weil Geld keine Rolle spielt, können die Würze der Wünsche und Vorfreude weniger genießen. Solche Menschen schwelgen nicht in den zu erwartenden Freuden, schließlich erfüllen die meisten sich hier und jetzt das, was sie wünschen.

Vorfreude bedeutet den Verzicht auf ein momentanes Bedürfnis. Die Fähigkeit, dessen Erfüllung möglichst lange hinauszuzögern, steht in engem Zusammenhang mit Lebenstüchtigkeit und Selbstwertgefühl. Sind wir in der Lage, unsere Wunscherfüllung erfolgreich hinauszuschieben, üben wir uns in Selbstkontrolle. Eine erfolgreiche Selbstkontrolle wiederum wirkt sich positiv auf unser Selbstbewusstsein aus.

Essen wir beispielsweise die Schokolade nicht unmittelbar bei einer Heißhungerattacke, sondern später zum Espresso, können wir sie nicht nur mehr genießen, auch die Wahrscheinlichkeit, dass wir nicht die ganze Tafel auf einmal verzehren, ist dann größer.

Vorfreude ist die schönste Freude, besagt zwar ein Sprichwort. Noch euphorisierender können sich Wünsche jedoch auswirken, wenn sie überraschend in Erfüllung gehen.

Haben Sie schon einmal einen Geldschein auf der Straße gefunden? Erinnern Sie sich an die Freude, die Sie dabei verspürten? Es dürfte ein nahezu kindliches Glücksgefühl gewesen sein, selbst wenn es sich bei dem Fund nur um einen Fünfeuroschein gehandelt hat. In diesem Überraschungsmoment haben die Neuronen in Ihrem Nucleus accumbens, jener Hirnregion, die auf Belohnungserwartung, aber auch auf Sex reagiert, ganz heftig gefeuert. Sicherlich heftiger als beim erwarteten Urlaubsgeld.

Ein derartiger Freudeeffekt lässt sich mit ganz simplen Methoden feststellen – vorausgesetzt, man hat gerade einen Hirnscanner zur Hand wie der Psychiater Gregory Berns.

Der legte seine Probanden in ein solches Gerät und verabreichte ihnen abwechselnd Wasser und Fruchtsaft. Einer Gruppe gab Berns die Flüssigkeit in regelmäßiger, der anderen in zufälliger Reihenfolge. Ahnten die Versuchspersonen, was kommen würde, verhielt sich ihr Nucleus accumbens eher ruhig. Bei einem überraschend verabreichten Fruchtsaft hingegen begann es sich in dieser Hirnregion heftig zu bewegen.

Wünschen, Vorfreude und Überraschungen tragen auf ganz einfache Weise zur Euphorisierung bei. Wir können und sollten diesen positiven Effekt nutzen. Das lässt sich mit der sogenannten Bettkantenübung einfach realisieren. Der Verhaltenstherapeut und Coach Jens Corssen empfiehlt diese Übung seines Konzepts des Selbst-Entwicklers für die Akzeptanz dessen, was der Tag bringt.

Willkommen Tag, ich erwähle dich mit all dem, was kommt, sagt sich der Selbst-Entwickler morgens an der Bettkante, bevor er aufsteht. Mit diesem Gedanken bereitet er sich auf das Auf und Ab vor, das er an diesem Tag erleben könnte – auch auf das, was ihm nicht so recht passt, auf einen nörgelnden Kollegen, eine Autopanne, was auch immer. Und er beschließt alles, was er erleben wird, als Teil seines Lebens zu betrachten. Heute mach ich noch mal mit, denkt der Selbst-Entwickler, bevor er aufsteht und sich ins Leben stürzt. Alternativ könnte er sich dagegen entscheiden. Einfach die Bettdecke über den Kopf ziehen und nicht mehr mitmachen. Mit allen Konsequenzen. Diese jedoch sehen in der Regel schlechter aus, als den Tag zu begehen. Wenn wir uns dazu entschließen, den Tag zu erwählen, mit all dem, was kommt, sollten wir auch nicht ins große Jammern geraten, wenn etwas schiefläuft, sondern es als einen Teil unseres Lebens betrachten, meint Corssen.

Die Bettkantenübung ließe sich erweitern, quasi ausdehnen und verschönern, indem wir die Vorfreude bewusst mit einschließen.

Suchen Sie sich einen speziellen Wunsch, den Sie sich für den jeweiligen Tag erfüllen möchten, möglichst abends, um die Vorfreude so lange wie möglich genießen zu können. Die Wünsche müssen nicht groß, sie können gerne etwas Bescheidenes sein. Auf jeden Fall sollten sie erfüllbar sein. Sie können sich vorfreuen auf ein Kompliment, das Sie immer schon jemandem machen wollten. Sie können sich vorfreuen auf ein kleines Geschenk, das Sie sich selbst gönnen, oder auch jemandem anderen gönnen. Sie könnten sich auf die Zeit für sich selbst vorfreuen, indem Sie einen ausgedehnten Spaziergang am See planen oder sich vornehmen, auf der Terrasse eines schönen Lokals ein gutes Glas Wein zu genießen.

Wenn wir Wünsche versäumen

Was geschieht alles in und mit uns, wenn wir unsere Wünsche versäumen? Was passiert mit den Wünschen selbst? Wo wandern sie hin, was wird aus ihnen?

Einige von ihnen münden in Sehnsucht.

Süße, bittere Sehnsucht

Sicherlich kennen Sie dieses Gefühl, bei dem man ein Verzehren, ein schier unbändiges Verlangen spürt. Manchmal, vor allem bei Liebesgefühlen, wenn ein geliebter, begehrter Mensch weit fort, nicht greifbar ist, kann Sehnsucht angenehme, bittersüße Gefühle auslösen. Gleichzeitig leiden wir unter der vermeintlichen Unerreichbarkeit, was tief in der Seele sehr schmerzen kann. Sehnsüchte werfen uns in Wechselbäder von Gefühlen, tauchen uns in Melancholie oder heben uns in Hochstimmung.

Sehnsucht, so wird sie bei den Gebrüdern Grimm in deren Wörterbuch beschrieben, ist »ein hoher Grad eines heftigen und oft schmerzlichen Verlangens nach etwas, besonders wenn man keine Hoffnung hat, das Verlangte zu erlangen, oder wenn die Erlangung ungewiss, noch entfernt ist«.

Nur selten sind Sehnsüchte konkret, darin unterscheiden sie sich von den Wünschen. Wir wünschen uns ein Auto oder Designerklamotten, aber wir sehnen uns nicht danach. Die Sehnsucht richtet sich nach Werten wie Ruhe, Harmonie, nach Nähe, nach Vollkommenheit in unserem Leben. Oder auf ein geliebtes Wesen.

Viele von uns meinen, Sehnsucht, das Wort »Sucht« ist schließlich darin enthalten, habe Suchtcharakter. Das ist falsch.

Durch sehnsuchtsvolle Gefühle können wir unerreichte Ziele und Wünsche mental verarbeiten und in eine andere Richtung lenken.

In der Sehnsucht spiegelt sich eine Art ideale Wunschvorstellung eines perfekten Lebens wider. Insofern können Sehnsüchte durchaus auch bereichern, wenn sie Wunderbares im Kopf bedeuten. Denn das Wissen, man würde dieses perfekte Leben niemals erreichen, beschert uns ein wohlig-unangenehmes Wechselbad der Gefühle. »Über das perfekte Leben nachzudenken und danach zu streben ist vielleicht so wesentlich für die menschliche Entwicklung, wie es unerreichbar ist«, stellt die Sehnsuchtsforscherin Alexandra Freund fest.

Doch was eigentlich ist Sehnsucht? Was macht sie aus? Ein Team um die Psychologin Susanne Scheibe ging dem Phänomen nach und befragte hierzu über 1000 Personen.

Ihr zufolge begleiten folgende sechs Merkmale die Sehnsucht:

1. Wir spüren in unserem Leben eine gewisse Unvollständigkeit. Etwas rumort in uns. Etwas Entscheidendes fehlt, und häufig wissen wir nicht genau, was.
   Unsere versäumten Wünsche, denen wir uns hätten annähern können, rücken in die Ferne und erscheinen uns als Sterne, die zu greifen wir nicht mehr in der Lage sind.
   Nehmen wir an, Ihr sehnlichster Wunsch war immer, Biologe zu werden und als Tiefseetaucher die Meere zu erkunden. Sie haben diesen Wunsch versäumt, weil die Umstände es anders vorsahen, weil Sie lieber einen zuverlässigen Beruf ergreifen wollten, warum auch immer. Der Wunsch taucht dennoch immer wieder auf – mal in Ihren Träumen, mal wenn Sie das Meer sehen oder an einem Taucherladen vorbeikommen. Diese ständige Wiederkehr lässt in uns das Gefühl der Unvollständigkeit aufkommen.
2. Wir spüren die Unerreichbarkeit unseres Wunsches.
   Wir ahnen, wir werden ihn uns niemals erfüllen können. Sie haben zwar den Tauchschein erworben, arbeiten jedoch als Projektleiter in einer großen Firma, und die Wahrscheinlichkeit, dass Sie sich Ihren Lebenstraum erfüllen, ist nun, da Sie über 50 Jahre alt sind, in weite Ferne gerückt.
3. Wir leiden in unserer Sehnsucht unter einer Gefühlsambivalenz zwischen süßem Glück und bitterer Trauer.
   Alle zwei Jahre fliegen Sie auf die Malediven, um dort zu

tauchen. Das macht Sie in Ihrem Sehnsuchtsgefühl einerseits glücklich, andererseits wird Ihnen dann umso deutlicher, was Sie versäumt haben.

4. Wichtige Basis aller Sehnsüchte ist das Nachdenken über das eigene Leben. Und umgekehrt: Sehnsüchte regen an, über sie nachzudenken, durchaus auch selbstkritisch, gerade weil sie Ihr Denken so sehr beschäftigen können. Der eigentliche Sinn des Lebens rückt dabei immer mehr in den Vordergrund, und wir fragen uns immer wieder, was wir anders hätten machen können. Warum haben Sie sich beispielsweise Ihren Lebenstraum, Biologe zu werden, nicht erfüllt?
5. Unsere Sehnsucht versetzt uns in einen Dreizeitigkeitsmodus. Dabei schweben wir gleichzeitig in Gegenwart, Vergangenheit und Zukunft. Das, was wir in der Vergangenheit erlebt haben, verschmilzt mit intensiven Erlebnissen der Gegenwart, gleichzeitig auch mit der Fantasie über unsere Zukunft. Dabei erfahren wir immer wieder aufs Neue, dass unser Leben aus unerfüllbaren oder auch versäumten Wünschen besteht. Es ist dies eine Erkenntnis, die unsere Sehnsüchte vorantreibt.

   Damals, als Sie jung waren, wollten Sie schon Biologe werden. Sie erinnern sich an Ihre Urlaube mit den Eltern am See, wie Sie dort schnorchelnd die Fische beobachtet haben. Gegenwärtig tauchen diese Erinnerungen und die damals entstandenen Sehnsüchte immer wieder vor Ihrem geistigen Auge auf. Und Sie merken, dass Sie sich Gedanken machen, ob Sie sich nicht in naher oder ferner Zukunft doch noch etwas mehr mit dem Tauchen beschäftigen könnten.
6. Unsere Sehnsüchte gewinnen so etwas wie Symbolcharakter.

Für Sie steht das Tauchen nun für ein Entschwinden in eine andere Welt, für ein Zu-sich-Kommen, für Ruhe, auch für ein wenig Abenteuer.

Warum sehnen wir Menschen uns eigentlich? Was hat sich die Evolution dabei gedacht?

Hierauf gibt es bislang keine erschöpfende Antwort, möglicherweise ist Sehnsucht die Triebfeder, stets nach neuem Glück zu suchen. Sie gibt uns eine Richtung an. Durch sie können wir zumindest in Gedanken eine Perfektion des Lebens erleben.

Der Psychologe und Altersforscher Paul Baltes schreibt der Sehnsucht zweierlei Funktionen zu: die Bewältigung einer chronischen Unfertigkeit im Leben sowie die Bewältigung von Zielen, die wir entweder nicht erreicht haben oder nicht erreichen können. Dabei werden wir bisweilen melancholisch und nostalgisch.

Sehnsucht dient aber auch der Bewertung der eigenen Entwicklung, wenn wir uns auf unsere Lebensthemen konzentrieren.

Versäumte Wünsche, die Sehnsuchtscharakter haben, sind bei den Menschen unterschiedlich ausgeprägt. Manche von uns verspüren sie intensiv, andere weniger stark. Solche, die mit ihrem Leben ausgesprochen zufrieden sind, empfinden weniger Sehnsüchte. Andererseits treibt diese Menschen gleichzeitig weniger an, weiterzukommen. Sie treten – höchst zufrieden – auf der Stelle. Würde man diese Menschen nach versäumten Wünschen fragen, würden sie einen wohl nur verständnislos ansehen und mit dem Kopf schütteln.

Die Intensität der subjektiven Sehnsuchtsgefühle ändert sich im Lauf eines Lebens nicht. Sie bleibt gleich. Was sich verändert, sind die Inhalte. In den jungen Jahren beziehen sich unsere Sehnsüchte auf unsere Arbeit, später kreisen die Sehnsuchtsgedanken um Gesundheit, Familie und Partnerschaft.

Schmerzende Sehnsucht

Solange unsere versäumten Wünsche nicht in quälende Sehnsucht umschlagen, die unser Denken bestimmt und uns unglücklich macht, solange unser Wissen über die Utopie eines perfekten Lebens unser Denken und Wohlgefühl nicht einschränkt, sind wir innerlich im Lot. Münden unsere Sehnsucht und versäumte Wünsche jedoch in unerfüllbare Träume oder reine Fantasien, schmerzen sie, dann vor allem, wenn wir uns nach einem begehrten Menschen sehnen.

Besonders lähmend wirkt die Sehnsucht, wenn wir uns auf die unerreichbaren Ziele fixieren und dabei das Hier und Jetzt ausklammern und melancholisch, nostalgisch in einer anderen Welt verharren.

Wir sollten uns dessen bewusst sein, dass der schmerzende, bittere Teil der Sehnsucht überwiegt, wenn wir das Versäumnis unserer Wünsche zu sehr bedauern und mit negativen Gefühlen belegen, mit Schuld, manchmal auch Scham, mit Bitternis. Bedauern ist stets mit dem Gefühl eines Scheiterns und Versagens verknüpft und blockt unser positives Lebensgefühl.

Sind wir in der Sehnsuchtsfalle gefangen, können wir uns mit unserem Willen daraus befreien, sagen manche Forscher. Wir können unserem Sehnen mit einem energischen und entschiedenen »Nein, stopp!« ein Ende setzen. Das ist tröstlich, denn auf diese Weise ist leichter mit Unerreichbarem zurechtzukommen.

Reue

Wenn wir Wünsche versäumen, kommt Reue auf, die ebenso wie die Sehnsucht mit starken Emotionen verbunden ist.

Träumen Sie auch manchmal von einem Lottogewinn?

Welche Wünsche würden Sie sich dann erfüllen?

Es ist wohl eines *der* Themen, wenn es ums hemmungslose Wünschen geht: genug Geld für alles Ersehnte auf dem Konto zu haben.

Begeben Sie sich nun gedanklich in eine Lottoannahmestelle und füllen einen Schein aus. Wie würden Sie reagieren, wenn ich mich neben Sie stellte und Ihnen einen Tausch mit meinem ausgefüllten Lottoschein vorschlüge. Als speziellen Tauschanreiz böte ich Ihnen auch noch eine Packung Gummibärchen an.

Ich vermute, Sie würden den Kopf schütteln und denken: »Was, wenn ich tausche, und am Ende gewinnen dann meine Zahlen?« Wie sehr würden Sie dann den Tausch bereuen! Mit großer Wahrscheinlichkeit gehen Sie auf den Deal nicht ein, verzichten auf die Gummibärchen und lassen unberücksichtigt, dass gegebenenfalls auch mein Schein gewinnen könnte.

Mit einem ähnlichen Experiment erforschten die beiden Wissenschaftler Niels van de Ven und Marcel Zeelenberg den Mechanismus der Reue und wie sehr wir Reue im Vorfeld meiden wollen, weil sie uns zu sehr quält.

Beim Lottospiel der beiden Forscher wurden die Probanden in zwei Gruppen eingeteilt. Die eine erhielt einen ausgefüllten Lottoschein im Kuvert, so dass sie die angekreuzten Zahlen nicht sehen konnte. Die andere bekam den ausgefüllten Schein offen überreicht. Beiden Gruppen wurde anschließend ein Tauschgeschäft angeboten.

Das Ergebnis: Die Bereitschaft, darauf einzugehen, war bei der Gruppe mit den nicht sichtbaren Lottozahlen weitaus höher. Schließlich war ja auch die Gefahr, hinterher Reue verspüren zu müssen, bei dieser Gruppe wesentlich geringer als bei der Gruppe, die die angekreuzten Zahlen kannte.

Reue kann all unsere Lebensbereiche durchdringen. Wir bereuen, jemanden verletzt zu haben oder jemandem die Gefühle nicht gestanden zu haben. Wir bereuen, nicht rechtzeitig zum Zahnarzt gegangen zu sein, wenn er den Bohrer ansetzt. Wir bereuen, betrunken Auto gefahren zu sein, nachdem es zum Unfall oder zum Führerscheinentzug gekommen ist. O ja, Reue ist ein äußerst unangenehmes Empfinden, weil wir die Zeit nicht zurückdrehen und nicht ungeschehen machen können, was passiert ist. Reue nagt an uns, sie ist ein diffuses Gefühl der Unzufriedenheit und des Bedauerns. »So etwas passiert mir nicht mehr, das nächste Mal mache ich es anders«, denken wir dann. Manchmal schämen wir uns bei Reue, oftmals fühlen wir uns auch schuldig. In der Reue stellen wir uns vor ein inneres Gericht.

Das löst emotionalen Stress in uns aus und kostet uns Kraft und Zeit. Das gilt vor allem, wenn wir Entscheidungen bereuen, an denen wir lange gefeilt und über die wir im Vorfeld lange gegrübelt haben. Am meisten, so der Entscheidungsforscher Daniel Gilbert, bereuen wir es, wenn wir eine Chance verpasst haben, die nie wiederkehrt.

Anders gesagt: Wenn wir Wünsche versäumen, löst das in uns stärkere Reue aus als die Erfüllung falscher Wünsche.

»Hätte ich doch damals die Weltreise gemacht, als ich es noch gekonnt hatte.« »Hätte ich doch auf der Zugfahrt der Person, die mir so unglaublich gut gefallen hat, einen Zettel mit meiner Telefonnummer gegeben.« »Hätte ich doch meinen inneren Schweinehund überwunden und damals meinem Chef gesagt, dass ich nicht mehr so viel arbeiten möchte.«

Die australische Krankenschwester Bronnie Ware kümmerte sich um Patienten während des Sterbens und fragte nach, welche Wünsche die Menschen in ihrem Leben am meisten bereuten, welche versäumten Wünsche sie am meisten quälten.

»Hätte ich in meinem Leben nur nicht so hart gearbeitet!«, rangiert auf Platz eins der versäumten Wünsche.

Weniger im Büro zu sitzen, dafür mehr das Leben zu genießen zählt Bronnie Ware zufolge zu den am meisten bereuten versäumten Wünschen.

Wettbewerb, Leistungsdruck, Lebensstandard, Statusbewusstsein, es gibt viele Gründe, dass das Leben an einem vorbeizieht. Meistens bemerken wir das Hamsterrad nicht, in dem wir uns befinden, weil wir zu sehr damit beschäftigt sind, es in Bewegung zu halten.

Auf Platz zwei der versäumten Wünsche:

»Ich habe versäumt, mein Leben nach meinen Wünschen zu leben. Stattdessen habe ich so gelebt, wie andere es von mir erwartet haben!«

Wir wollen geachtet und geliebt werden, wir wollen anderen zeigen, was wir können, wir wollen uns in der Gesellschaft beweisen und nicht aus dem Rahmen fallen. Und so neigen wir dazu, unsere Bedürfnisse an die der anderen anzupassen.

»Hätte ich doch meine Freundschaften mehr gepflegt« liegt auf Platz drei der versäumten Wünsche.

Freundschaften kommen und gehen. Selten sind sie selbstverständlich. Der Wunsch nach Menschen, mit denen wir Interessen, Sorgen, Freude, Ängste teilen, ist für unser Wohlgefühl unerlässlich. Nicht umsonst erwähnen Forscher immer wieder, dass wir Depressionen mit einem engen sozialen Netzwerk entgegensteuern können. Freundschaften werden nicht selten für Karriere und Familie geopfert, ein fataler Fehler, den wir erst bemerken, wenn es zu spät ist. Freundschaften können nämlich ohne ein ausgeglichenes Geben und Nehmen nicht existieren.

»Ich hätte mir gewünscht, meine Gefühle öfters auszudrücken« liegt auf dem vierten Platz.

Gute Miene zum bösen Spiel machen ist anstrengend. Richtig ist, dass wir nicht all unseren Empfindungen freien Lauf lassen können. Wo wären wir dann? Wenn wir jedem unsympathischen Menschen ins Gesicht sagen würden »Hey, für mich bist du ein Volltrottel«? Dennoch schlucken wir viel zu oft unsere Empfindungen, was uns auf Dauer schadet.

Platz fünf schließlich: »Ich hätte mir gewünscht, das Leben positiver gesehen und weniger die Sorgen vor Augen gehabt zu haben!«

Eigentlich wäre alles ganz einfach. »Wie ich zu meinem Leben stehe, ist Einstellungssache«, findet der Verhaltenstherapeut Jens Corssen. »Wenn ich mich dazu entschließe, das Leben als ein Auf und Ab zu akzeptieren, kann ich besser mit den Sorgen und Rückschlägen zurechtkommen. Stelle ich mich immer und ständig gegen das Leben, gerate ich schnell ins Jammern und Hadern. Sicherlich darf ich Wut verspüren oder verzagt sein, wenn etwas schiefläuft. Aber nur für eine gewisse Zeit.«

Reuegefühle können unser Leben derart durchdringen, dass wir eine Abneigung gegen das Bereuen selbst entwickeln. Forscher sprechen dann von einer »regret aversion«.

Deswegen sollten wir uns gedanklich nicht zu sehr mit Reuegefühlen befassen und so zum Grübler werden, empfehlen manche Wissenschaftler.

Stattdessen sollten wir uns darüber im Klaren sein:

Es gibt keine wirklichen Fehlentscheidungen! Unsere innere Verfassung und die äußeren Umstände führten zu diesem – in diesem Moment für uns richtigen – Entschluss.

Wollen wir gegen spätere Reuegefühle ankämpfen, ist stets gut und wichtig, uns genau die damaligen Umstände ins Gedächtnis zu rufen und zu analysieren, um die später bereute Entscheidung im Nachhinein besser verstehen und akzeptieren zu können.

Nicht jeder, der Reue zeigt, bereut auch wirklich. Bekanntlich können wir Reue vortäuschen. Doch wenn wir unserem Gegenüber genau ins Gesicht schauen, können wir erkennen, wie ernst es mit der Reue gemeint ist.

Falsche und echte Reue finden in unserer Mimik einen unterschiedlichen Ausdruck, wie die Psychologin Leanne ten Brinke feststellte. Sie bat ihre Probanden, Geschichten zu erzählen, in denen sie von Vorfällen berichteten, die sie bereuten. Während der Erzählungen wurden die Bewegungen in den Gesichtern gefilmt. Die Psychologin hakte nach und wollte wissen, wie echt ihre Probanden das Geschehene tatsächlich bereuten.

Eine anschließende Analyse der Gesichtsbewegungen deckte auf, dass sich bei den wirklich Bereuenden starke Emotionen wie Ekel, Furcht, Trauer usw. mit vollkommen neutralen Elementen abwechselten. Gaben die Probanden die Reue nur vor, fehlten die neutralen Momente im Mienenspiel.

Verlassen Sie sich nicht auf echte Reue, wenn jemand vor Ihnen in Tränen ausbricht. Schauen Sie lieber genau hin: Es könnte schauspielerisches Talent gepaart mit grundlegender Ergriffenheit sein. Und umgekehrt sollte Ihnen bewusst sein, dass Reue, die nicht von Herzen kommt, als falsch entlarvt werden kann.

Wunschtypen

Wie gehen Sie persönlich mit Ihren Wünschen um? Was machen Sie, wenn Sie das Hier und Jetzt gerne anders hätten? Zu welchem Wunschtyp würden Sie sich zählen?

Sollten Sie zu Beginn des Buches die drei Wünsche aufgeschrieben haben, nehmen Sie doch diese als Grundlage. Warum schrieben Sie auf:

»Ich wünsche mir ein schönes Haus.«

Oder warum:

»Ich wünschte mir mehr Freunde.«

Oder warum:

»Mein Partner sollte mich liebevoller behandeln.«

Oder warum:

»Ich wünsche mir eine Weltreise.«

Vielleicht wünschten Sie sich schlicht und einfach auch mehr Zeit für sich und Ihre Lieben.

Oder aber Sie haben sich nichts gewünscht, weil Sie meinen, wunschlos glücklich zu sein?

Was und vor allem wie wir wünschen, teilen wir nun in unterschiedliche Typologien ein. Wir lernen den Geheimwünscher kennen, den Normwünscher, den Gierwünscher, den Wunschloswünscher und viele mehr, insgesamt dreizehn an der Zahl, wenn wir den Meisterwünscher ausklammern.

Diesen dreizehn Typen ist gemein, dass die Art und Weise ihres Wünschens besser sein könnte, denn die meisten dieser Typen könnten durch besseres Wünschen auch mehr zum eigenen Wohlgefühl beitragen. Mehr noch, so manch einen

Typus, den Schwarzseh- oder Jammerwünscher beispielsweise, wirft sein Wünschen im Leben zurück.

Und einige dieser Wünscher kommen erst gar nicht zum Wünschen, weil sie keine Zeit dafür finden.

Der Keinezeitwünscher

Beginnen wir also mit den Getriebenen und Gehetzten, jenen Menschen, die fürs Wünschen keine Zeit haben. Ja, solche Menschen gibt es. Und zwar nicht wenige.

Wir nennen sie die Keinezeitwünscher. Die springen morgens schnell aus dem Bett, schlingen das Frühstück hinunter, checken dabei die ersten Mails. Tagsüber unterwerfen sie sich dann einem rigiden Programm. Alles ist getaktet, zum Innehalten bleibt keine Zeit. Auch nicht in der Freizeit, sprich der Zeit ohne Arbeit. Diese Zeit verbringen die Keinezeitwünscher im Fitnesscenter, joggend im Park oder für die Familie sorgend mit Frau bzw. Mann und Kindern. Das Handy ist nie abgeschaltet, man ist jederzeit für jedermann erreichbar und weiß allzeit, was auf der Welt los ist.

Keine Zeit für sich selbst zu haben ist inzwischen zum Massenproblem geworden.

Besonders hart trifft es einer Umfrage zufolge die 30- bis 40-Jährigen, die voll im Berufsleben stehen und sich gleichzeitig um die Familie kümmern. Acht von zehn Personen, die sich in dieser Lebensphase befinden, haben keine Zeit mehr für sich und fühlen sich ständig unter Druck. In ihrer vermeintlichen Freizeit, die sie mit Kind und Kegel verbringen, denken sie zu häufig an Berufliches. Sie streben auf ganzer Linie nach Perfektion, wollen gute Eltern sein, das Beste im Beruf erreichen, Karriere machen und selbstverständlich auch topfit sein.

Wichtige Voraussetzung fürs Wünschen ist jedoch ausreichend Zeit, die wir damit verbringen, in uns zu gehen und uns unserer Wünsche bewusst zu werden, sie zu sortieren, sie gegeneinander abzuwägen und zu überlegen, wie wir sie erfüllen könnten. Keinezeitwünscher haben jedoch keine Zeit, sich den wohltuenden Gedankenwanderungen hinzugeben, in denen sie sich ihren Wünschen widmen.

Der einzige Wunsch, der die Keinezeitwünscher begleitet, ist:

Zeit.

Wenn uns die Zeit im Griff hat und wir den Bezug zu ihr verloren haben, haben wir ihn auch zu unseren Wünschen verloren. Nehmen Sie sich doch einen Moment Zeit für ein paar Gedanken über die Zeit.

Sie kann verrinnen und quälend langsam vergehen. Dann schlagen wir sie tot, meist mit langweiligen Gedanken, die darum kreisen, dass wir gerade Zeit verschwenden oder dass uns tödlich langweilig ist.

Meist aber, wie wir aus Erfahrung wissen, geht die Zeit in unserem Leben zu schnell vorbei, und wir würden alles dafür geben, sie anhalten zu können.

Doch Zeit ist bekanntlich nicht gleich Zeit. Wir haben eine innere Zeit, die tickt anders als die äußere, anders als die Zeiger der Uhr.

Die innere Zeit wird nämlich von unserer subjektiven Wahrnehmung bestimmt.

Je mehr wir zu erledigen haben, desto schneller verrinnt die Zeit, sie vergeht dann wie im Flug und setzt uns unter Druck.

Machen Sie doch einmal folgenden Selbsttest, am besten morgens nach dem Frühstück und an einem ganz gewöhnlichen Arbeitstag:

Nehmen Sie einen Zettel und einen Stift und setzen Sie sich an den Tisch. Notieren Sie nun sämtliche Aufgaben, die für den Tag anstehen und die allesamt eine gewisse Zeit für sich beanspruchen. Denken Sie an Unerledigtes, das darauf wartet, endlich (!) auf der To-do-Liste abgehakt zu werden.

Einkaufen, die Wohnung sauber machen, Post erledigen, das Auto in die Werkstatt bringen, mit den Kindern auf den Spielplatz gehen, eine Bekannte anrufen, die um Rückruf gebeten hat, ein Geschenk für die Kollegin besorgen, Ordnung im Kleiderschrank herstellen, im Kühlschrank mal wieder aussortieren, Schuhe putzen und, und, und.

Stellen Sie sich anschließend ganz konkret vor, wie und wann Sie diese Aufgaben erledigen. Gehen Sie gedanklich Aufgabe für Aufgabe durch. Wann genau am Tag wollen Sie dies, wann jenes erledigen?

Stellen Sie sich dabei die Frage, ob und welche Aufgaben miteinander konkurrieren. Sport treiben oder mit den Kindern auf den Spielplatz gehen, die Bekannte anrufen oder die Schuhe putzen, den Kühlschrank und die Garage aufräumen oder in die Stadt fahren und ein Geschenk besorgen.

Und? Kommen Sie bei diesen Gedanken langsam in einen Zeitkonflikt? Und ein klein wenig in Stress?

Falls ja, geraten Sie den beiden Wissenschaftlern Jordan Etkin und Ioannis Evangelidis zufolge in eine Art Teufelskreis. Das Gefühl, die Zeit reiche hinten und vorne nicht, Sie können nicht all das erledigen, was Sie wollen, löst in Ihnen Stress aus. Dieser Stress wiederum lässt in Ihrer Wahrnehmung die Zeit schrumpfen. Sie haben das Gefühl, noch weniger Zeit zu haben, als Sie tatsächlich, objektiv betrachtet, haben.

Mit solchen bedrängenden Gefühlen sind die Keinezeitwünscher nicht alleine, mehr noch, sie empfinden wie die Mehrheit der Deutschen.

Eine große Untersuchung der Bundesanstalt für Arbeit, an der 20000 Erwerbstätige teilgenommen haben, ergab, dass 60 Prozent der Befragten über Zeit- und Leistungsdruck klagen. Nach dieser Studie litten die Menschen, die sich auf dem Zenit ihrer Schaffenskraft befinden, also die 25- bis 40-Jährigen, am meisten unter dem Druck.

81 Prozent der Menschen, das ergab eine andere Studie, meinen, sie wären beruflich überlastet, mitunter auch, weil die Familie enorme zeitliche und emotionale Anforderungen an sie stellt. Mehr als 70 Prozent empfinden Stress auch in der Freizeit, weil sie nicht wirklich abschalten können, zu groß ist das Perfektionsstreben sowohl im Berufs- als auch Privatleben. Erhöht wird der Stress durch die Angst und Unsicherheit, dem allgemeinen Druck nicht standhalten zu können.

Selbst wenn die ersten Alarmzeichen ertönen, achten die Keinezeitwünscher zu wenig auf sich. Es fehlt ihnen dazu die Zeit.

Keinezeitwünscher bleiben, wenn sie nicht bewusst dagegen ankämpfen oder von außen zur Ruhe gezwungen werden, Keinezeitwünscher. Die Art und Weise, wie Menschen sich Frei- und Eigenzeit gönnen, verändert sich nämlich im Leben kaum.

Eine wichtige Gegenstrategie gegen das Laufen im Hamsterrad ist das Bewusstwerden des eigenen Umgangs mit der Zeit.

Wenn wir den Respekt vor dem Wert der Zeit verloren haben, liegt das in hohem Maß an der veränderten Zeitstruktur, in der Beruf und Freizeit ineinander übergehen. Hier hat mittlerweile eine Entgrenzung stattgefunden. Der Begriff Work-Life-Balance ist inzwischen in aller Munde. Darunter versteht man alle beruflichen Aspekte auf der einen Seite (»work«) und sämtliche Verpflichtungen auf familiärer Ebene sowie Freizeit auf der anderen Seite (»life«). Unter »life« fallen dann auch sämtliche Aspekte, die eigentlich Arbeit bedeuten, wie die Dachrinne zu reinigen oder das Fahrrad des Sohnes zu reparieren.

Wissenschaftler haben in diesem Zusammenhang einen weiteren interessanten Begriff ins Spiel gebracht: Work-Family-Conflict. Familie oder Arbeit, am besten beides. Das aber will nicht so recht funktionieren, was also tun? Was bleibt, ist weiterer Druck- und Stressaufbau, vom schlechten Gewissen ganz zu schweigen. Wünsche, die bleiben auf der Strecke.

Sollten Sie sich innerlich als Keinezeitwünscher einschätzen, fragen Sie sich doch einmal, welche Motive in Ihrer Freizeit die wesentliche Rolle spielen?

Steht die pure Erholung im Vordergrund, in der Sie dann einfach nur mal abhängen?

Oder nutzen Sie die Zeit dazu, sich einmal so richtig abzureagieren, um Anspannungen und Aggressionen loszuwerden?

Oder versuchen Sie, in der Freizeit etwas auszugleichen, was Sie belastet, mangelnde Anerkennung im Beruf beispielsweise?

Können Sie in Ihrer Freizeit gut abschalten? Oder vermischen sich Arbeit und Freizeit, indem Sie allzeit erreichbar und stets auf dem Laufenden sind?

Nutzen Sie Ihre Freizeit alleine oder gemeinsam mit Familie oder Partner?

Für Keinezeitwünscher wäre es hilfreich, wenn sie reflektierten, wie es um ihre Frei- und Eigenzeit steht. Hier sollten klare Grenzen gezogen werden zwischen »work« und »life«. Nur auf diese Weise lässt sich Zeit bewusst auch mal für die eigenen Wünsche nutzen.

Das Lebenstempo des Keinezeitwünschers

Keinezeitwünscher leben meist in einem hohen Tempo.

Was das ist, ein hohes Lebenstempo?

Mit simplen Fragen können Sie das für sich selbst herausfinden:

Hat man Ihnen schon einmal gesagt, Sie würden zu schnell sprechen?

Bemühen Sie sich, stets pünktlich zu sein? Und sind auch darauf stolz, dass Sie es sind?

Geht es Ihnen auf die Nerven, wenn Sie jemandem zuhören müssen, dessen Satzende Sie längst schon vorausgeahnt haben? Beenden Sie gar dessen Satz: »Ja ja, Sie wollen sagen, dass …«?

Und wie ist es um Ihre Essgeschwindigkeit bestellt? Ist Ihr Teller ruckzuck leer, während der Ihres Kollegen noch halbvoll ist? Kennen Sie das Gefühl, wie es ist, wenn man jemanden beim Essen beobachtet, der sorgsam die Erbse von der einen Seite des Tellers zur anderen schiebt, sie dann mit einem Stück Kartoffel kombiniert und langsam in den Mund schiebt – während Sie bereits die Karte in der Hand halten und nach Nachtisch gieren?

Und arbeiten Sie länger als manch anderer, und wundern

Sie sich immer wieder über diejenigen, die so leicht und unkompliziert abschalten können?

Wenn Sie die meisten Fragen für sich mit einem »Ja« beantworten können, haben Sie ein hohes Lebenstempo.

Hätten Sie an einer Studie der Psychologen Ray Rosenman und Meyer Friedman teilgenommen, wären Sie dort als Typ A eingestuft worden. Dieser verspürt stets innerlichen Zeitdruck, starkes Konkurrenzdenken – bisweilen auch Aggressivität. Personen vom Typ A, so die Forscher, leiden doppelt so häufig unter koronaren Gefäßerkrankungen als die vom Typ B, das sind jene Menschen, die sich in ihrem Leben ausreichend Zeit gönnen.

Der Psychologe Robert Levine nahm diese Erkenntnisse als Basis und untersuchte in 36 Städten von 31 unterschiedlichen Ländern, wie schnell dort das Lebenstempo ist und wie häufig Herzerkrankungen auftreten. In der Tat lassen sich zwischen den Städten deutliche Unterschiede in den jeweiligen Lebenstempi ausmachen. Um dies festzustellen, wurden beispielsweise die Gehgeschwindigkeit der Einwohner, die Schnelligkeit am Arbeitsplatz, etwa bei der Ausgabe von Briefmarken, sowie die Genauigkeit von öffentlich angebrachten Uhren gemessen.

So gibt es Städte, in denen ausgesprochen viele Typ-A-Menschen leben, entweder weil sie dort geboren wurden oder aber von der Geschwindigkeit des Lebens in dieser Stadt angezogen wurden. In rasanten Städten erwartet man von ihren Bewohnern Schnelligkeit, entsprechend werden sie von Typ-B-Menschen gemieden.

Etliche dieser Städte lagen zum Zeitpunkt der Studie in der Schweiz, gefolgt von Irland. Wir Deutschen rangierten an vierter Stelle vor Japan und Italien. Vollständigkeitshalber seien noch die langsamsten Länder aufgeführt: Das

Schlusslicht bildet Mexiko hinter Indonesien, Brasilien und El Salvador.

Jeder nimmt die Zeit anders wahr

Keinezeitwünscher haben eine ganz spezielle subjektive Zeitwahrnehmung, dessen sollten sie sich bewusst werden. Zeit ist nämlich ein höchst subjektives Empfinden.

Die Wahrnehmung der Zeit ändert sich mit den Umständen, in der sie tickt. Allein schon die Temperatur kann hier ausschlaggebend sein.

Bei warmen Temperaturen beispielsweise vergeht die Zeit schneller, Fiebrige kennen das Gefühl, für sie fühlt sich eine Minute wie eine Stunde an.

Dopaminmangel, wie ihn etwa an Parkinson erkrankte Menschen haben, kann ebenfalls das Zeitgefühl beeinflussen, indem die Dauer von kürzeren Zeitabschnitten unterschätzt wird.

Adrenalin, das unser Körper in aufregenden oder stressigen Momenten ausschüttet, beschleunigt wiederum die Zeit. Sie kennen das: Geschieht Spannendes in Ihrem Leben, vergeht die Zeit wie im Fluge.

Vermeintliche Zeitverschwendung, Leerlauf im Leben, ist ebenfalls subjektivem Empfinden unterworfen. Bereits kleine Kinder lernen hierzulande: »Vertrödele nicht deine Zeit, tu doch was Sinnvolles.« Leerlauf, Nichtstun bedeutet kostbares Gut verschwenden. Geraten die Kleinen in einen derartigen Zustand, kommt höchstes Unwohlsein auf. Von Erwachsenen werden sie geschimpft, innerlich leiden sie unter Langeweile.

Zeit, in der die Keinezeitwünscher anscheinend nichts

Sinnvolles tun, empfinden viele von ihnen als Zeitverschwendung.

Das liegt weniger an der tatsächlich von ihnen so gering erachteten Freizeit als an der spezifischen Wahrnehmung des Keinezeitwünschers. Die Freizeit nämlich ist zumindest in den reicheren Ländern mit Europa an der Spitze durchschnittlich so hoch wie nie zuvor.

Ein möglicher Hintergrund der speziellen und reduzierten Freizeitwahrnehmung ist die enge Verknüpfung von Zeit und Geld, nebenbei gesagt eine ungute Folge der Arbeitssynchronisierung im 18. Jahrhundert, als die Menschen mit und gegen die Zeit zu arbeiten begonnen hatten. Zeit bedeutete ab da Geld, wurde somit zu einem wertvollen Gut, insbesondere in den Ländern mit starker Wirtschaftskraft. Je knapper die Zeit wurde, desto kostbarer wurde sie empfunden. »Denkt dran, Zeit ist Geld«, schrieb Benjamin Franklin bereits im Jahre 1784.

Jene Keinezeitwünscher, in deren Köpfen die Zeit besonders eng mit finanziellem Gewinn verknüpft ist, tun sich schwer, Minuten, Stunden oder gar Tage sinnlos verstreichen zu lassen. Diese Zeit können und wollen sie nicht als entspannten Müßiggang genießen. Leerlauf empfinden sie als Langeweile, als Zeit, in der sie zum Nichtstun verdammt sind. Der Gedanke, man tue nichts oder etwas, mit dem man kein Geld verdienen kann, quält sie geradezu. Eine solch leere Zeit dürften sie sich nicht gönnen, weil sie meinen, es sich nicht leisten zu können. Deren Gegenstrategie: auch in der vermeintlichen Frei- und Eigenzeit an die Arbeit denken.

Zeit ist Geld. Wessen Einstellung und Leben von diesem Spruch durchdrungen ist, der verringert langfristig sein Glück. Denn unglücklich wird, wer sich keine Zeit gönnt.

Darauf weist eine Studie des Psychologen Sanford DeVoe

hin. Der Forscher befragte 53 Studenten, wie glücklich sie sich in ihrem Leben fühlten. Anschließend ließ er sie zehn Minuten lang im Internet surfen, wobei sie freie Wahl hatten: chatten, Facebook, Nachrichten lesen oder was auch immer von Interesse war. Auf jeden Fall sollte es für sie eine Zeit mit Belohnungscharakter sein, sollte Freizeit, Eigenzeit bedeuten.

Nach diesen zehn Minuten bat der Forscher sie, einen Blick in ihre Zukunft zu werfen. Was würden sie später wohl beruflich tun? Und wie viel würden sie wohl verdienen?

Danach teilte DeVoe seine Studenten in zwei Gruppen auf. Die eine wurde gebeten, einzuschätzen, wie hoch wohl ihr zukünftiger Stundenlohn sein würde. Der anderen Gruppe ersparte der Forscher diese Frage. Zum Abschluss wollte er von allen Teilnehmern wissen, wie glücklich sie sich jetzt gerade fühlten.

Glücklicher als vor der zehnminütigen Belohnungsphase waren jene Studenten, die sich keine Gedanken über ihren späteren Stundenlohn machen mussten. Wohingegen die Probanden, die an Zeit und Geld dachten, keine Glückssteigerung durch das Surfen im Internet erlebten. Fazit der Studie:

Wer stets an den wirtschaftlichen Wert von Zeit erinnert wird, kann Freizeit nicht mehr so gut genießen und gönnt sie sich weniger.

Ähnliche Erkenntnisse erbrachte ein weiteres Experiment desselben Forschers: Menschen, deren Gedanken um Zeit und Geld kreisten, konnten ein Musikstück weniger gut genießen, stattdessen warteten sie ungeduldig auf dessen Ende.

Zeit ist für viele Keinezeitwünscher ein Gut, das sie tunlichst nicht verschwenden, sondern stets optimal nutzen möchten – indem sie sie zu Geld machen. Auf diese Weise versäumen sie ihre Wünsche. Insbesondere jenen, glücklich zu sein.

Dabei sind es gerade die ohnehin eher Privilegierten, die Wohlhabenderen, die einen verqueren Umgang mit ihrer Zeit pflegen. Je mehr sie verdienen, desto weniger Zeit haben sie für sich, desto gestresster fühlen sie sich. Gleichwohl schaffen sie nicht den Sprung aus dem Hamsterrad oder wollen ihn nicht wagen. Man könnte ja den bisherigen Lebensstandard verlieren, von der Karriereleiter plumpsen oder gar den Job verlieren. Der Wirtschaftswissenschaftler Daniel Hamermesh konnte dies anhand einer Studie auf vier Kontinenten unter anderem auch in Deutschland nachweisen.

Es gibt Länder auf der Erde, in denen zählt ein entspannter Umgang mit leerer Zeit zur Lebensphilosophie. Der Zeit solle man Zeit lassen, so die dortige Einstellung. Die Zeit schwingt mit dem Leben mit, nicht umgekehrt. In manch afrikanischen Ländern beispielsweise bestimmt die Natur die Zeit, die Regenzeit, die Erntezeit, die Tageszeit. Man verabredet sich, wenn es dunkel wird oder wenn die Kühe auf die Weide getrieben werden. Zwischendurch sitzt man vor dem Haus und lässt in Ruhe das Leben an sich vorüberziehen.

Geschäftsleute, deren Zeit kostbar ist, können ein Lied vom kulturspezifischen Umgang mit der Zeit singen. Verabredungen etwa mit indischen oder mexikanischen Partnern gestalten sich zur Geduldsprobe. Ich war einmal beruflich in Westafrika, hatte dort mehrere Termine, die, waren sie für 16 Uhr angesetzt, irgendwann gegen 18 Uhr stattfanden. Oder auch nicht. Der Wunsch, man möge keine Zeit verschwenden, stößt in diesen Regionen auf vollkommenes Unverständnis. Ich persönlich finde solche Länder beneidenswert. Es lebt sich zwar unsicherer, unzuverlässiger und unverbindlicher, dafür wesentlicher entspannter.

Vor allem aber ohne Langeweile.

Warum eigentlich ist Langeweile für uns, und für den Keinezeitwünscher im Speziellen, so unangenehm?

Langeweile verbinden wir meist mit stressigen Situationen, mit solchen, in denen wir entweder gänzlich über- oder unterfordert sind und in denen wir keine Anregung von außen haben.

Sicherlich, leere Zeit, die wir als Langeweile empfinden, kann uns schaden, wenn sie zu lange andauert. Sie stresst, erzeugt Bluthochdruck und führt zu einem erhöhten Cortisolpegel im Blut.

Im Ruhezustand, bei Langeweile, bei leerer Zeit, aber auch dann, wenn wir meditieren, schaltet unser Gehirn in eine Art Stand-by-Modus, auch Default-Mode-Netzwerk genannt. Langeweile bedeutet folglich, dass unser Gehirn seiner Steuerungsfunktion nicht mehr so richtig nachgeht. Die Folge: Wir können uns weder auf unsere inneren Reize und Bedürfnisse noch auf all das, was um uns herum passiert, fokussieren. Dabei lassen sich spezifische biochemische Prozesse beobachten. Durch leere Zeit, die wir als Langeweile empfinden, wird unser Belohnungszentrum nicht ausreichend aktiviert. Geschieht dies über einen längeren Zeitraum, kann das zu einem Dopaminmangel führen. Und wir suchen anderweitig Ersatz, im Alkohol etwa oder in Drogen. Beides soll in engem Zusammenhang mit Langeweile stehen, Übergewicht im Übrigen ebenso.

Schlimmstenfalls leiden wir unter sogenanntem Bore-out, die sich dahinschleppende Zeit wirkt hier auf uns stressiger als Gefühle der Trauer.

Insofern hat Langeweile einen wahrhaft schlechten Ruf.

Jedoch: Wissenschaftler sehen in Langeweile durchaus auch Positives.

Mitunter kann uns Langeweile auch antreiben, sagen sie, denn das, was sich währenddessen in unseren Köpfen abspielt, ähnelt den Prozessen von Tagträumen, von denen wir wissen, dass sie eine die Kreativität schürende und motivierende Funktion haben können. Sowohl bei Tagträumen als auch in langweiligen Momenten kommunizieren die träumerischen und die bewussten Hirnareale miteinander.

Langeweile romantisierte der Philosoph Friedrich Nietzsche zur Windstille der Seele. In dieser Windstille, haben Wissenschaftler festgestellt, setzt unser Gehirn ein Signal, dass es langsam, aber sicher an der Zeit ist, sich neuen Reizen und Ideen zuzuwenden. Leere Zeit erhält vor diesem Gesichtspunkt eine neue, durchaus wichtige Bedeutung. »Für den Denker und für alle empfindsamen Geister ist Langeweile jene unangenehme ›Windstille‹ der Seele, welche der glücklichen Fahrt und den lustigen Winden vorangeht«, schrieb Nietzsche.

Was tun?

Was ist dem Keinezeitwünscher zu raten?

1. Erster Schritt für Sie, wenn Sie Keinezeitwünscher sind: Raus aus der Ohnmacht, die die Zeit Ihnen diktiert. Übernehmen Sie stattdessen die Macht über Ihre Zeit. Zumindest in einigen Bereichen. Drehen Sie einfach den Spieß um, treiben Sie mit der Zeit Ihr Spielchen.

Das funktioniert mit simplen Schritten.
Haben Sie sich schon einmal Gedanken darüber gemacht, wann Sie warum was machen?
Warum gehen Sie ins Bett? Weil es Zeit ist? Oder weil Sie müde sind? Ich kenne Menschen, die richten ihr Schlafengehen ausschließlich nach der Uhr. »Der beste Schlaf ist der vor Mitternacht«, sagen sie, auch wenn dies wissenschaftlich nicht belegt ist. Andere meinen, sie bräuchten jede Nacht mindestens acht Stunden, andernfalls seien sie tagsüber zu nichts zu gebrauchen. Ein Blick auf die Uhr, und zeigt diese an, dass sie nur fünf Stunden Schlaf hatten, fühlen sie sich nahezu automatisch unausgeschlafen und müde, was nicht selten die Folge einer sich selbst erfüllenden Prophezeiung ist. Lassen Sie abends und morgens mal die äußere Uhr ticken, wie sie will, hören Sie bewusst nur auf die innere Zeit.
Selbst in unserem elementarsten Bedürfnis, nämlich zu essen, richten sich viele von uns eher nach der Zeit als nach dem tatsächlichen Hungergefühl. Um 12 Uhr heißt es: »Mahlzeit!« Dieses Essverhalten kann übrigens ein Grund für Übergewicht sein. Der Psychologe Stanley Schachter lud Studenten abends in einen Raum, in dem er die Uhren manipuliert hatte. Für einige der Probanden war es früher als die gewohnte Abendessenszeit, für andere später. Die Teilnehmer sollten sich nun aus einer bereitgestellten Schale mit Crackern bedienen. Übergewichtige Menschen aßen mehr, wenn sie meinten, es sei ihre gewöhnliche Essenszeit, sie dürften folglich ihrem Essenswunsch nachkommen. Jene Probanden, die Normalgewicht hatten, ließen sich von der Uhrzeit keineswegs beeindrucken, sie aßen dann, als sie den Wunsch verspürten, zu essen. Und nicht, weil es ihnen die Zeit vorschrieb.

2. Schaffen Sie sich bewusst Zeitinseln.
   Wie sieht ein ganz gewöhnlicher Tag bei Ihnen bezogen auf die Zeiteinteilung aus? Haben Sie einmal darüber nachgedacht, wie viel Frei- und Eigenzeit Ihnen in 24 Stunden bleibt?
   Es lohnt sich, dessen bewusst zu werden. Führen Sie doch eine Woche lang Tagebuch, in dem Sie Ihren Umgang mit der Zeit verfolgen.
   Unterscheiden Sie dabei vier Zeiten:

   - die berufliche Zeit,
   - die Freizeit mit »Verbindlichkeiten«,
   - die Eigenzeit,
   - die Langeweile.

   Die berufliche Zeit erklärt sich von selbst.
   Unter Freizeit mit »Verbindlichkeiten« verstehe ich hier Fitnessprogramm, Joggen, Unternehmungen mit der Familie, Spielen mit den Kindern, Ausgehen mit dem Partner usw. Sie sehen, Verbindlichkeiten stehen hier nicht nur für ein »Müssen«, sie können auch ein freudvolles »Wollen« sein. Aber anders als in der Eigenzeit ist es eine Zeit, die Sie mit entsprechend wichtiger Aktivität ausfüllen.
   Eigenzeit hingegen meint jene Zeit, in der nichts geschieht, absolut nichts. In dieser Zeit können Sie chillen, vor sich hin träumen, den Gedanken einfach nur nachhängen, über Ihre Wünsche und Ziele nachdenken.
   Und Langeweile: Es ist die Zeit, die für Sie zäh und quälend verstreicht. Dabei kann sie sich durchaus auch über die anderen Zeiten legen – über langweilige Bürostunden, ein langweiliges Treffen mit einem faden Zeitgenossen, über ein eintöniges Fitnessprogramm.

Wählen Sie im Tagebuch für jede dieser Zeiten eine eigene Farbe.
Spätestens nach einer Woche werden Sie sehen, welche Farbe dominiert, vor allem auch, ob und wann Sie sich Eigenzeit genommen haben.
Nehmen Sie sich nun selbst vor, die Eigenzeit sukzessive zu steigern. Auf mindestens drei Mal täglich 15 Minuten. Schaffen Sie auf diese Weise Zeitinseln, in denen Sie selbst und Ihre Wünsche, Ihre Träume und Gedanken im Mittelpunkt stehen. Sonst nichts, absolut nichts!
Zeitinseln können Sie schaffen, indem Sie an anderen Zeitfenstern Zeit abknapsen. Wirbeln Sie bewusst den Zeitplan ein wenig durcheinander, soweit es das Leben zulässt.
Frühstücken Sie nicht, wie sonst, um 7 Uhr, sondern vielleicht mal um 6 Uhr 30, danach gönnen Sie sich ein wenig Ihrer Zeit. Mittags gehen Sie nicht um 12 Uhr in die Kantine, nehmen Sie stattdessen ein Brötchen in die Hand und gehen Sie in den Park, um etwas Eigenzeit zu genießen. Oder Sie lassen abends die *Tagesschau* ausfallen, mit anderen Worten, spielen Sie mit der Zeit wie ein Jongleur. Das mag anfangs schwerfallen, wir Menschen sind schließlich Gewohnheitstiere. Dennoch können Sie sich auf diese Weise wunderbar für den Wert der Zeit und für den Wert der Eigenzeit sensibilisieren. Insbesondere aber erfahren Sie so, dass Sie aktiv mit der Zeit umgehen können, nicht bloß passiv auf den Druck reagieren.
Lassen Sie unbedingt auch einmal das Gefühl von Langeweile aufkommen, betrachten Sie diese nicht als quälend, sondern nutzen Sie sie.
In langweiligen Sitzungen könnten Sie Langeweile in kreative Denkprozesse umwandeln, schlicht und einfach

durch Herumkritzeln auf einem Papierblock. Langeweile kann nämlich durchaus Ihre Kreativität steigern, wie Psychologen feststellten. In einem Experiment setzten sie einen Teil ihrer Probanden vor der Lösung einer kreativen Aufgabe Langeweile aus, der andere Teil durfte sich sofort an die Arbeit machen. Die Langweilertruppe, so das Ergebnis, schnitt besser ab und präsentierte kreativere Ergebnisse.

3. Lösen Sie sich von gefühltem Zeitdruck.
   Eine überaus simple und in jeder Situation anwendbare Strategie, den gefühlten Zeitdruck zu senken, ist den beiden Forschern Etkin und Evangelidis zufolge langsames Atmen. Mehr nicht. Einfach langsamer atmen als gewöhnlich.
4. Eine weitere gute Strategie ist eine Einstellungsänderung der gefühlten Stresssituation gegenüber. Bewerten Sie diese bewusst besser, indem Sie auch die Vorteile bedenken, die die momentane Situation mit sich bringt.
   Auf diese Weise sinken sowohl Zeitnot als auch die Angst, nicht alles bewerkstelligen zu können.

Der Wunschträumer

Tagträume

Ich hatte Sie eingangs gefragt, was Sie sich wünschen. Erinnern Sie sich an den Prozess, der daraufhin in Ihrem Kopf abgelaufen ist?

In den meisten Köpfen herrscht beim Wünschen ein flüchtiges Wirrwarr, bei dem die Gedanken an Begehrtes, Erstrebtes, Ersehntes hin und her fliegen. Manche verpuffen, sie sind flüchtig, vage und plötzlich nicht mehr da. Erst einmal. Bis sie wiederkommen. Und dann genauso schnell wieder vergehen. Wünsche können etwas herrlich Leichtes und Unverfängliches an sich haben. »Der Wunsch ist der Wille, der sich selbst nicht ganz ernst nimmt«, hat der Schriftsteller Robert Musil einst notiert. Wie recht er hatte. Natürlich sind Wünsche mit einem Hauch von Hoffnung verbunden, dass sie in Erfüllung gehen könnten, zugleich aber auch mit der Befürchtung verknüpft, sie könnten niemals Wirklichkeit werden.

Oftmals münden solche Wunschgedanken in Tagträume.

Bei vollem Bewusstsein Wünsche zu träumen ist wunderbar. Es sind spezielle, sehr wichtige Träume, die sich nicht mit der Gegenwart und dem beschäftigen, was um uns herum ist. Früher galten Tagträume als verpönt, man hielt sie für überflüssig, denn sie standen für mangelnde Konzentration. Sigmund Freud meinte gar, sie wären eine Vorstufe hysterischer Symptome.

Tagträume sind jedoch wichtig, weil sie unsere langfristigen, wahren Sehnsüchte widerspiegeln und somit Hinweise auf unsere tiefen, verborgenen Wünsche geben.

Wir ziehen uns mit dieser schweifenden Träumerei in unsere Innenwelten zurück, erleben dort eine Art Parallelwelt, in der alles so ist, wie wir es uns wünschen.

Wir sollten uns für unsere Tagträume sensibilisieren, denn sie können zudem eine überaus entspannende und wohltuende Wirkung auf uns ausüben. Auch wenn wir uns dabei von der Realität entfernen, so begegnen wir in Tagträumen unserem Selbst, mehr noch, als wir es in unseren nächtlichen Träumen tun.

Tagträume sind überdies Ausdruck von Kreativität. So

können beispielsweise Menschen, bei denen das Aufmerksamkeitsdefizit-Syndrom diagnostiziert worden ist, sich bekanntlich schlecht auf eine Sache konzentrieren, weil ihre Gedanken stets umherschweifen. Dafür finden sie in ihren Tagträumen verblüffend kreative Ideen.

Und schließlich steigern Tagträume unser vorausschauendes Denken, wenn wir uns bildhaft ausmalen, was sich auf welche Weise zutragen könnte.

Die Schattenseite von Tagträumen ist ein überbordendes Abdriften, wenn unser Gehirn eigentlich volle Konzentration auf eine bestimmte Tätigkeit bräuchte. Das geschieht vor allem dann, wenn uns fade ist, wir mit einer Aufgabe unterbeschäftigt sind oder schlicht und einfach keine Freude oder Lust an ihr haben. Wenn wir zum Beispiel im Büro an einer monotonen Tipperei von Daten hocken oder Stunden über Stunden in einem langweiligen Meeting verbringen ... schwups, sind die Gedanken weg, dort, wo sich unsere Wünsche befinden. Wissenschaftler stellten fest, dass wir Tagträumen dann erliegen, wenn wir unseren Geist nicht besonders intensiv beanspruchen. Unser Gehirn befindet sich in solchen Momenten in einer Art Stand-by-Modus. Dabei nutzt es die freien Kapazitäten für Gedanken, die uns tief im Inneren beschäftigen.

Wünsche, sicherlich auch versäumte Wünsche, zählen dazu. Zumal Tagträume auch dazu dienen, die Vergangenheit zu verarbeiten, um für die Zukunft besser gerüstet zu sein.

Meistens springen wir in unseren Tagträumen hin und her, jonglieren zwischen dem Hier und Jetzt, der Realität und unserer fantastischen Parallelwelt.

Bei einer Studie der Harvard University wurden 2000

Teilnehmer gebeten, drei Mal täglich per App ihre momentane Gefühlslage wiederzugeben und dabei anzugeben, ob sie gerade den Gedanken freien Lauf lassen. 50 Prozent der Zeit ließen die Probanden die Gedanken frei schweifen, etwa beim Zähneputzen, aber auch beim Lesen, wobei sie Zeilen mehrfach lasen, weil sie nicht bei der Sache waren. Die wenigsten Gedankenwanderungen fanden, alles andere wäre auch verwunderlich, während des Sexualverkehrs statt.

Die Häufigkeit unserer Tagträume und Fantasien ist ein Hinweis auf das Ausmaß der Sorgen, die wir uns gerade machen, oder der Kompromisse, die wir im Leben eingehen.

Unsere Tagträume stehen somit in engem Zusammenhang mit unserer allgemeinen Stimmung, vor allem mit negativen Empfindungen. Wenn wir beim Träumen allzu sehr ins Grübeln geraten, sollten wir uns, so empfehlen manche Wissenschaftler, im Meditieren üben.

Ein Selbstversuch: Ich setze mich hin, gönne mir eine halbe Stunde Tagträumen. Ich blicke auf die Uhr und suche nach einem Thema. Wovon könnte ich träumen? Ich finde erst einmal gar nichts. Ich schließe die Augen. Unter Palmen am Meer, im Sand liegen, ein schönes Buch lesen. Der Klassiker halt, denke ich, nichts wirklich Originelles. Ich könnte mir einen idealen Tag erträumen. Wie sähe der aus? Wie würde ich morgens erwachen? Mit wem? Was geschähe dann? Mir wollen auch hierzu keine Tagträume gelingen.

Draußen wird es langsam dunkel, ich sehe das Wolkenspiel am Himmel. Irgendwann ist es so weit, ich beginne tatsächlich zu träumen. Träume allerdings von der Vergangenheit, schwelge in Zeiten, in denen alles einfacher erschien.

Ich denke an Menschen, die auf Wolken reisen, dann

springen meine Gedanken zu dem Buch, das meine Mutter kurz vor ihrem Tod geschrieben hat, über den Traumtänzer, der auf den Wolken lebt. Ich denke an meine Mutter, denke für einen kurzen Moment an ihren letzten Atemzug, schiebe den Gedanken schnell beiseite. Ich möchte schöne Tagträume, kein Grübeln.

Die halbe Stunde ist vergangen. Und ich fühle mich schläfrig.

Ich befinde mich in einem Default-Mode-Netzwerk. So nennen Forscher den Zustand, in dem sich das Gehirn in einem Ruhezustand befindet. Mein medialer präfrontaler Cortex, der alles um mich herum, Dinge, Erlebnisse, Ereignisse, von oben herab bewertet, wird dann besonders aktiviert. Aktiv wird auch die Gehirnregion, die für das autobiografische Gedächtnis verantwortlich ist. Wenn die Gedanken schweifen und mein Gehirn im Default-Mode-Netzwerk arbeitet, beschäftige ich mich vor allem mit mir selbst.

Ein solches vermeintliches Nichtstun, so sagen Psychologen, ist wichtig fürs Wünschen, Tagträumen ist die erste Stufe hierfür, denn es ist auf mittel- oder langfristige Wünsche und Ziele gerichtet.

Und: Wir können in einem solchen Zustand ungewöhnlich kreativ sein.

Wenn wir uns beim Tagträumen beobachten, uns dabei »erwischen«, sprechen Forscher wie der US-Psychologe Jonathan Schooler von einem Metabewusstsein. Dieses kann uns dazu verhelfen, die kreative Kraft des Tagträumens für uns zu nutzen.

Es ist dies eine Erfahrung, die ich selbst oft mache. Stecke ich im Schaffensprozess des Schreibens irgendwo fest, weiß ich nicht weiter, egal wie intensiv ich nachdenke, dann suche ich bewusst den Zustand des Abdriftens, bemühe mich, mein Gehirn in den Stand-by-Modus zu schalten. Das gelingt besonders gut, wenn ich in Gedanken auf einen Berg gehe, dabei an nichts mehr denke oder mich im Halbschlaf befinde. Ich verlasse mich dann auf das, was geschieht, lasse mich fallen und vertraue darauf, dass mein Gehirn einen Lösungsweg findet, ohne dass ich bewusst nachdenke. Ich habe einen Zettel und einen Stift in Reichweite, um die aufkommenden Gedanken festzuhalten. Denn so schnell, wie dieser Phase Kreatives entspringt, so schnell wird es wieder vergessen.

Versuchen Sie sich einmal selbst im Tagträumen. Legen Sie das Buch beiseite und lassen Sie Ihre Gedanken wandern. Irgendwohin. Lassen Sie sich treiben, bemühen Sie sich dabei, eine Metaebene zu erreichen, indem Sie sich selbst in Ihren Tagträumen beobachten. Möglicherweise werden Sie nun merken, dass dieses Gedankenwandern ein gewisses Eigenleben führt. Es kommt und geht, wie es will. Zugleich können wir durch unser bewusstes Beobachten viel darüber erfahren, welche Wünsche tief in uns stecken.

Vielleicht fällt es Ihnen leichter, wenn Sie dabei die Augen schließen. Nehmen Sie sich Zeit für diese Übung und trinken Sie dabei keinen Alkohol. Der lässt Ihre Gedanken zwar schnell abgleiten, erschwert jedoch das Erreichen der Metaebene. Wundern Sie sich nicht, wenn Ihnen das Gedankenwandern zunächst etwas Mühe bereitet, etwa weil Sie sich als Nichtstuer empfinden, als jemand, der sinnlos Zeit verdaddelt.

Gerade der Keinezeitwünscher wird sich hier besonders schwertun.

Nimmt dieser an einer Studie zum Gedankenschweifen teil, kann es durchaus geschehen, dass er sich selbst Stromschläge verpasst, um die als leer empfundene Zeit zu überbrücken. Das jedenfalls stellte sich bei einem Experiment heraus, welches der Psychologe Timothy Wilson mit seinen Kollegen durchgeführt hatte. Bevor Menschen auf Kommando die Zeit mit wandernden Gedanken totschlagen, verpassen sie sich lieber einen unangenehmen Stromschlag, für dessen Vermeidung sie vorher Geld bezahlt hätten.

Tagträumen löst in uns eine gewisse Ambivalenz aus. Einerseits können wir es genießen und kreativ nutzen, andererseits hat es auch seine Schattenseiten.

Die Psychologin Gabriele Oettingen etwa steht Tagträumen durchaus kritisch gegenüber. Zwar können sie uns über missliche und unglückliche Lebenssituationen hinweghelfen, jedoch hemmen sie uns, sobald wir uns mit ihnen begnügen und im realen Leben nicht mehr wirklich aktiv werden. Sobald uns das Träumen fest im Griff hat und Wunschträume überhandnehmen, entziehen sie uns die Energie, die wir benötigen, um Wünsche wahr werden zu lassen.

»Halli hallo!«, sucht Lucile Hilfe im Internet.

»Eigentlich spreche ich nie mit jemandem über meine Probleme, weil ich immer ganz gut selbst damit klar komm (zumindest analysemäßig), aber hierbei interessiert mich mal ob das noch jemand kennt.

Also:

Ich bin süchtig nach Tagträumen.

Manchmal kann ich mich zu nichts aufraffen, weil ich lieber irgendwo rumsitz/rumliege, um meinen Tagträumen nachzugehen …

Heute ist übrigens wieder so ein Tag.

Ich wache auf, bleib liegen um tagzuträumen, schlafe dabei ein, wache auf, tagträume, stehe auf, trink Kaffee, tagträume dabei, geh in mein Zimmer um TV zu gucken.

Irgendwie stellt mich das TV-Gucken aber nicht zufrieden,

also tagträume ich eine Runde. Und wenn ich abends schlafen gehe, leg ich mein Buch schon zur Seite, obwohl ich noch nicht müde bin um?! tagzuträumen.

Na ja, wie gesagt, es beeinträchtigt meinen Alltag ziemlich, weil ich nun mal lieber tagträume anstatt einkaufen zu gehen, Sport zu treiben, was auch immer.

Meine Tagträume sehen folgendermaßen aus:

Eine für mich perfekte Welt (was nicht bedeutet, dass es in meinem Traumleben keine Niederschläge gibt), in der ich so bin, wie ich immer sein möchte (wie ich früher einmal war).

Meistens sind meine Tagträume wie aus einem total kitschigen Liebesroman. Ich träume auch ewig lang eine Geschichte, bis zum Liebeshappyend.

Ich könnte ganze Bücher damit füllen, die nur keiner außer mir lesen würde, ha ha.

Als ich noch jünger war, war es immer ein ausgedachter Traumjunge, der in meinen Träumen die Hauptrolle spielte.

Jetzt, wo ich älter bin, habe ich mir jemand Neuen ausgedacht.

Es spielen also immer dieselben Personen in meinen Träumen mit (mein gebastelter Traummann nun mal).

Meine Frage ist nun: Wer kennt diese Sucht noch?

Und gibt es in der Psychologie einen Begriff dafür?«

Die vielen Antworten, die Lucile auf ihre Frage in einem Internetforum erhielt, hatten alle eines gemeinsam: Tagträume werden als wunderbar empfunden und genossen, wenn sie nicht von den eigentlichen Aufgaben ablenken, so dass man unaufmerksam und fahrig wird.

Problematisch werden Tagträume auch dann, wenn sie in ein negatives Grübeln über uns selbst ausarten. So stellte man fest, dass depressive Menschen und solche, die unter dem Aufmerksamkeitsdefizit-Syndrom leiden, beim Tagträumen ihr Default-Mode-Netzwerk nicht mehr abschalten konnten. Meditieren, sagen Forscher, würde dann helfen, das überaktive Grübelnetzwerk zu zügeln.

Übrigens: Die Fähigkeit des Tagträumens nimmt mit zunehmendem Alter ab, möglicherweise, weil ältere Menschen weniger Kapazitäten übrig haben, derart zu träumen.

Nachtträume

Verlassen wir das Träumen am Tag und wenden uns der Nacht zu. Was geschieht mit unseren Wünschen, wenn es draußen finster wird, wir die Augen geschlossen haben, im Bett liegen und in den Schlaf gleiten?

Dann kommt die Zeit für unsere verschwundenen und verdrängten Wünsche. Viele von ihnen landen in unserem Unterbewusstsein, wo sie rumoren und gären, meinen vor allem die Vertreter der Psychoanalyse. Oder sie werden zu Träumen, die uns dann nachts ereilen. Erinnern wir uns am Tag darauf an sie, holen sie uns wieder ein.

»Niemand hat eine Ahnung davon, dass der Traum kein Unsinn, sondern eine Wunscherfüllung ist«, schrieb Sigmund Freud im Jahr 1897. Ihm zufolge sind unsere Wünsche und Sehnsüchte in unseren Träumen verborgen, meist auf verzerrte und bizarre Weise. Wir träumen unsere Wünsche, so Freud, damit diese unseren Schlaf nicht stören. Somit fungiert der Traum als Hüter unseres Schlafs. Diese Wünsche, sagt die Psychoanalyse, müssten gedeutet werden.

Dieser Annahme widersprach die moderne Traumforschung zunächst, schließlich seien während des Träumens keine Gehirnregionen aktiv, die mit unseren persönlichen Erlebnissen verbunden sind.

Der Hirnforscher Mark Solms konnte Sigmund Freud rehabilitieren. In seinen Studien gelang ihm der Nachweis, dass während des Träumens unser Belohnungssystem oder Motivationssystem aktiv ist. Dieses schüttet Botenstoffe aus, treibt unsere Neugierde an und reagiert auf die Befriedigung unserer grundlegenden Bedürfnisse wie Hunger, sexuelle Erregung, aber auch Anerkennung. »Ich glaube«, sagte Solms in einem *Spiegel*-Interview, »der Traum regelt genau das: er erlaubt dir, virtuell alles zu tun, was du willst, anstatt aufzuwachen und es wirklich zu tun.«

In unseren Träumen verarbeiten wir nicht nur das Erlebte und Anstehende, wir verdauen nicht nur das, was uns belastet, wir träumen auch unsere Wünsche und Sehnsüchte, in denen vor allem Jugendliche ihr Selbst suchen.

Weil wir nur selten unsere Wünsche so ausleben, wie sie in uns gären, weil sie stattdessen verschlüsselt, mit Symbolen beladen sind, gibt es Traumforscher und Traumdeuter wie Michael Schredl oder Klausbernd Vollmar.

Wenn wir im Traum fliegen, wenn eine schwarze Katze um die Ecke kommt, wenn wir wieder ein Baby sind … dann hat es jeweils exakt dieses beziehungsweise jenes zu bedeuten.

Derart einfach lassen sich die verborgenen Wünsche nicht aus dem Erträumten lesen, sagen die beiden Deuter. Vielmehr sollte man berücksichtigen, welche Gefühle während des Träumens vorherrschten und welche Erinnerungen sowie Emotionen im realen Leben damit verbunden sind.

Träume ich von einer Schlange, ist dies für mich, die unter einer extremen Schlangenphobie leidet, eine klare Angelegenheit: Ich wünsche mir, niemals einer Schlange zu begegnen. Träumt ein Schlangenbeschwörer von einer Königskobra, könnte der Wunsch anders aussehen: Er könnte gerade diese Schlange haben wollen, um mit ihr Geld zu verdienen. Schlangentraum ist eben nicht Schlangentraum.

Einigen typischen Träumen, die von vielen Menschen auf ähnliche Weise geträumt werden, können jedoch allgemeine Bedeutungen zugeschrieben werden.

Sollten Sie Kinder haben, die Ihnen von ihren Träumen erzählen, stellen Sie vielleicht fest, dass Ihre Kleinen häufig von Tieren träumen. Denn die rangieren auf der kindlichen Traumliste ganz weit vorne. Katzen, Löwen, Affen und Tiger sind da die bevorzugten Tiere. Traumforschern zufolge liegen diesen verborgene Wünsche zugrunde: Träume von einem zärtlichen Kätzchen könnten der Wunsch nach mehr Kuscheln sein, ein Löwe steht für den Wunsch, stärker zu sein. Wovon auch immer wir träumen, zunächst erscheinen Träume unkontrollierbar aus uns herauszuquellen. Sie tauchen auf, beglücken oder quälen uns. Und ob wir uns an sie erinnern oder nicht, ist eine Frage des Erwachens.

Träumen Sie manchmal von Verfolgungen?

Dann wünschen Sie, nicht mit einer befürchteten Situation konfrontiert zu werden. Sie wollen fliehen.

Träumen Sie vom Fall ins Bodenlose?

Dann haben Sie Angst, alles zu verlieren.

Träumen Sie von Prüfungen?

Dann ahnen Sie, dass Sie schlecht auf etwas vorbereitet sind.

Träumen Sie, dass Sie nackt sind?

Dann wünschen Sie, Sie wären gerne woanders, weil Sie hier und jetzt nicht wirklich Ihren passenden Platz gefunden haben.

Einer ganz speziellen Art des Träumens sind Wissenschaftler kürzlich auf die Spur gekommen: dem Klarträumen. Bei dieser Art des Träumens können wir den Ablauf unseres Traumes kontrollieren. Klarträumer berichten, dass sie während des Traums neben sich stehen, sich sozusagen von oben betrachten und in dem Moment, in dem sie träumen, genau wissen, dass sie träumen. Gleichzeitig wirken die Bilder, die ihnen im Schlaf erscheinen, unglaublich real.

Sich seinen eigenen Traum träumen, was will man mehr? Kein Wunder, dass Klarträumer ihr Talent nutzen und mit entsprechender Technik ihre Fertigkeit verfeinern. Wer von Ihnen zu den Klarträumern zählt, kann sich glücklich schätzen. Wissenschaftler um die Entwicklungspsychologin Elisa Filevich stellten nämlich fest, dass das Hirnareal von Klarträumern, das für die Selbstreflexion zuständig ist, besonders stark ausgeprägt ist.

Der Sichselbstwünscher

Traurig grüßt der, der ich bin, den, der ich sein könnte«, heißt es in einem Gedicht von Friedrich Hebbel.

Mit diesen Worten kommen wir nun zum Sichselbstwünscher.

Dabei geht es um die Wünscher, deren Gedanken überwiegend um die Veränderung des Selbst kreisen. Es geht um die Menschen, die allzu gerne mal aus ihrer Haut schlüpfen, anders sein, sich vollkommen verändern wollen, weil sie mit sich, dem Äußeren, dem Inneren und/oder den Lebensumständen unzufrieden sind.

Klaffen hier Wunsch, Erwartungen und Realität zu weit auseinander, entstehen in uns Konflikte. Wir sind unzufrieden, frustriert, schlimmstenfalls auch deprimiert.

Ein Bereich, auf den sich die Wünsche des Sichselbstwünschers beziehen, ist das äußere Erscheinungsbild. Ob Mann oder Frau, die überwiegende Mehrheit legt großen Wert auf attraktives Äußeres, Frauen etwas mehr als Männer.

Ich möchte gerne so aussehen wie Angelina Jolie oder wie einst Sophia Loren. Die Augen von Julia Roberts und die Figur von Nicole Kidman wären auch ganz gut.

Wie schön wäre es, wären wir jünger, schlanker, besser proportioniert, die Haare länger, dichter, die Haut frischer und reiner, die Nase kürzer, die Ohren kleiner, schier unendlich erscheint die Wunschliste der Sichselbstwünscher, wenn es sich um das Optische handelt.

Verschiedenen Statistiken zufolge sind zwei Drittel der Frauen mit ihrem Aussehen unzufrieden. Zwei von drei Frauen! Und nur 18 Prozent sind sehr zufrieden mit sich. Andere Studien gehen hier von gerade mal zehn Prozent Zufriedenheit aus.

Wünsche, die das Selbst betreffen, vor allem, was das äußere Erscheinungsbild betrifft, zählen zu den besonders wichtigen, oftmals auch frustrierenden Wünschen des Sichselbstwünschers. Denn diese lassen sich meist nur sehr aufwendig, teuer, bisweilen auch schmerzhaft erfüllen, wenn überhaupt.

In Zeitschriften begegnen uns begnadete Körper, die in ihrer zur Makellosigkeit retuschierten Form jedwede Hoffnung zunichtemachen, im Vergleich dazu jemals wirklich schön zu sein. Ja, viele von uns erliegen allzu schnell dem Fluch des ständigen Vergleichs. »Spieglein, Spieglein, an der Wand, wer ist die Schönste im ganzen Land?«

»Wer auch immer, du bist es keinesfalls, nicht einmal annähernd, schau dich doch an, nein, schau dich besser nicht an«, gibt der unerbittliche Spiegel zurück.

Je mehr wir uns von ihm beeindrucken lassen, umso unglücklicher und verzweifelter werden wir.

Der Wunsch nach Schönheit ist derart stark, dass Menschen ihren Körper zur Baustelle machen, sich den Kiefer oder die Nase brechen lassen, um ihr Gesicht einem fragwürdigen Ideal anzunähern. Mit Laser, Spritzen und Skalpell wird Fett an der einen Stelle entfernt, an der anderen untergespritzt, Falten werden mit Botox zum Verschwinden gebracht, und es soll Frauen geben, die scheuen nicht einmal Korrekturen an der Vagina, wenn die großen Schamlippen zu groß und schlaff geworden sind.

Das Internet leistet diesem Prozess Vorschub. Vor allem junge Menschen, die sich in hohem Maße über ihr Aussehen identifizieren, lechzen mit ihren Selfies nach Bestätigung im Netz. Oder sie lassen sich auf Plattformen wie prettyscale.com bewerten, bei der sich der Sichselbstwünscher von anderen die Frage beantworten lässt: Bin ich schön oder hässlich?

Seit jeher ist der Wunsch nach Schönheit tief in uns Menschen verwurzelt. Immer schon wurden die Körper geformt und geschmückt, die Haare kunstvoll gebunden, die Gesichter mit Make-up verschönert, um die Attraktivität zu steigern.

Mit Schönheit verbinden wir Erfolg, Respekt, bessere Leistung, eine höhere Intelligenz, größere Sympathie. Schöne Menschen, das besagen alle hierzu durchgeführten Studien, haben es im Leben einfacher als weniger gut aussehende.

Nicht zuletzt steigert Schönheit das Selbstwertgefühl attraktiver Menschen, was sich in jeder Hinsicht erleichternd für sie auswirkt. Schöne Menschen knüpfen schneller Kontakte, tun sich in der Partnerwahl leichter, gelten als kompetenter, zudem können sie ihre negativen Eigenschaften durch das ansprechende Aussehen überdecken.

Kein Wunder also, dass wir Schönheit für derart erstrebenswert ansehen.

Die starke Sehnsucht nach Schönheit kann pathologische Züge annehmen und zu einer Krankheit werden, die einen eigenen Namen trägt: Dysmorphophobie. Darunter versteht man ein Leiden, bei dem der Blick in den Spiegel für den Betrachter geradezu zur Qual wird. Von hundert Menschen leiden schätzungsweise ein bis zwei Personen unter diesem Krankheitsbild, das auf mangelnden Selbstwert und schlechte Erfahrungen im Jugendalter zurückzuführen ist. Manche von diesen Erkrankten wollen nicht einmal mehr das Haus verlassen, so sehr plagt sie ihr vermeintlich hässliches Aussehen. Sie versuchen gegen ihr Problem anzukämpfen, indem sie entweder gänzlich unscheinbar als graue Mäuse durchs Leben ziehen oder sich im Gegenteil auffällig stilisieren. Und wer es sich leisten kann, eilt von einer Schönheitsoperation zur anderen.

Zwar können gelungene Schönheitsoperationen kurzfristig Glücksgefühle erzeugen, dem übermäßigen Wunsch nach einem attraktiveren Aussehen dauerhaft zu begegnen gelingt nur, wenn wir lernen, uns so zu lieben, wie wir sind. Selbst dann, wenn unsere Schönheit in unseren Augen langsam vergangen, besser gesagt anders geworden ist, faltiger, und die Zeichen eines gelebten Lebens trägt.

Schönheitskorrekturen sind Teilbereich dessen, was Ärzte als neuen Trend ihres Berufsfeldes beschreiben. Sie nennen es Entgrenzung der Medizin. Kranke wünschen Heilung. Gesunde wünschen jedoch zunehmend eine Verbesserung dessen, was ist: noch mehr Wohlgefühl, noch mehr Schönheit, noch mehr geistige Leistung.

So manch ein Sichselbstwünscher wünscht sich auf diffuse Weise, anders zu sein, als er ist. Schüchternheit ist dabei ein nicht unwesentliches Thema. Hemmungen im Umgang mit anderen Menschen, soziale Unsicherheiten werden als ein großes Manko gesehen, ebenso fehlender Witz, Esprit und die Fähigkeit, andere Menschen in Bann zu ziehen. Man möchte ein Mal im Mittelpunkt stehen, möchte raus aus dem Gewand der grauen Maus.

Es gibt eine spezielle Zeit, in der der Sichselbstwünscher so richtig sein kann, was oder wer er gerne wäre.

Der Karneval oder Fasching kann für verkleidungswillige Sichselbstwünscher eine besonders spannende und, wenn man so will, auch experimentierfreudige Zeit sein. Die Beliebtheit dieser närrischen Zeit lässt sich unter anderem dadurch erklären, dass Sichselbstwünscher hinter der Maskerade ihre geheimen Wünsche ausleben können. Sie, und nicht nur sie, schlüpfen in eine andere Haut, werden verwegen wie ein Pirat, wild wie ein Tiger, zart wie eine Prinzessin, verrucht wie eine Domina … Dabei können sie ungehindert, weil unerkannt, Grenzen überschreiten, die ihnen im Alltag gesetzt sind oder die sie sich setzen. Sie knüpfen leichter Kontakt, halten mit ihrer Meinung nicht hinter dem Berg, sie zeigen ein Verhalten, das nicht an der Tagesordnung ist, sind ausgelassen, provozieren, necken, flirten und sind verrückt.

In dieser Zeit experimentieren Menschen mit anderen Rollen oder erlauben sich, auch selbst mal aus der Rolle zu fallen und endlich einmal nicht den Regeln zu entsprechen.

Geheime Wünsche ausleben, dieses »So tun, als ob«, kann wahre Wunder bewirken und steigert, so meinen manche Psychologen, das Selbstwertgefühl, wirkt sich aber auch positiv auf unsere körperliche Verfassung aus …

So tun, als ob man anders wäre, verstärkt das Anderssein. Diese Erkenntnis haben sich inzwischen, zumindest in den USA, Unternehmen, in denen Kreativität und Einzigartigkeit eine wichtige Rolle spielen, zunutze gemacht. Zappos ist so ein Unternehmen, oder Method Products. Deren Gründer Adam Lowry und Eric Ryan haben mit umweltfreundlichen Reinigungsmethoden den US-Markt revolutioniert. Ihr Hauptkapital ist Kreativität. Die Mitarbeiter sollen diese entsprechend ausleben, indem sie im Büroalltag möglichst schräg, durchgeknallt auftreten, »weird« eben, wie das trendige Credo innovativer Start-up-Unternehmen heißt. Sie können und sollen sich so kleiden, wie sie sich fühlen, wie sie ihre inneren Bedürfnisse am besten nach außen tragen. Sie sollen zeigen, was sie und ihre Persönlichkeit und Leidenschaft ausmacht. In diesen Unternehmen verwundert nicht weiter, wenn ein Mitarbeiter mal eben im Schlafanzug oder Supermanoutfit erscheint.

Die enorme Wirkung der ausgelebten Andersartigkeit belegte die Psychologin Ellen Langer Ende der 1970er Jahre mit einem spannenden Experiment, dem sogenannten Counter-Clockwise-Experiment. Die Psychologin lud 75-jährige Männer zu einer, wie sie ihnen sagte, Art Rückzugsresort ein, zu dem sie nur Zeitschriften, Bücher, Fotos mitnehmen durften, welche vor dem Jahr 1959 erschienen waren. Auf diese Weise sollten sich die Männer mental 20 Jahre zurückkatapultieren, als sie Mitte 50 waren. Bevor die Teilnehmer ins Resort zogen, untersuchte die Forscherin sie hinsichtlich jener physischer und psychischer Faktoren, die in der Regel stark mit dem Altern einhergehen: die grundsätzliche Wahrnehmungsfähigkeit, die Haltung und Kraft des Körpers sowie das Kurzzeitgedächtnis. Anschließend sollten sich die Männer eine Woche lang an diesem Ort so kleiden, verhalten und über Themen reden, als lebten sie im Jahr 1959. Bald schon begannen die Probanden, über ihren damaligen Job zu sprechen, über den damaligen Präsidenten Eisenhower, über die damalige politische Situation. Nachdem die Männer sieben Tage lang in dieser 20 Jahre zurückliegenden Zeit gelebt hatten, untersuchte Langer die oben genannten physischen und psychischen Faktoren ein zweites Mal – mit erstaunlichen Ergebnissen. Die Männer waren in jeder Hinsicht jünger geworden, sie hatten eine andere, aufrechtere Körperhaltung, mehr Kraft, eine schärfere Wahrnehmung und zeigten ein besseres Kurzzeitgedächtnis. Ein »So tun, als ob«, das zeigten auch andere Experimente auf dem Gebiet, kann einen enormen Einfluss auf uns ausüben.

Was heißt das für den Sichselbstwünscher?

Aus der eigenen Haut schlüpfen kann nicht nur innere Einstellungen ändern, es wirkt sich auch auf die gesamte körperliche Verfassung aus.

Spätestens kommenden Februar, zur närrischen Zeit, sollten Sie diesen Effekt mal an sich selbst ausprobieren.

Was tun?

Doch letztlich kann dem Sichselbstwünscher nur einer helfen bei der Wunscherfüllung, anders sein zu wollen: er selbst. Unumgänglich dabei: die grundsätzliche Akzeptanz dessen, was ist. Anders zu sein sollte für den Sichselbstwünscher bedeuten: Ich werde anders, indem ich mir nicht mehr wünsche, anders sein zu wollen. Es ist, wie so vieles andere auch, eine Einstellungssache, eine Frage der Entscheidung, meint Jens Corssen. Zu unserem Leben gehört auch die Art unserer Attraktivität, unsere Persönlichkeit, gehören unsere derzeitigen Lebensumstände, gehört schließlich auch das Schicksal, das das Leben für uns bereithält.

Die grundlegende Einstellung eines »Ich bin dafür« sei die wesentliche Basis für eine gehobene Gestimmtheit, meint Corssen. Lebenslust, Zufriedenheit, innere Strahlkraft, Humor, Natürlichkeit, die nach außen dringen, sind gewinnend, überzeugend und wirken weitaus attraktiver als der schöne Schein. Solche Menschen lachen häufiger, tragen die Sympathie steigernden Krähenfüßchen um die Augen. Zufriedenheit prägt die Gesichtszüge ebenso wie ständige Verstimmtheit.

Mit anderen Worten: Der Sichselbstwünscher sollte sich auf seine Stärken besinnen, er sollte nicht hadern mit dem, was er für schlecht, hässlich, unpassend hält, stattdessen das Beste aus dem machen, was ist. Er sollte sich in Gelassenheit und Zufriedenheit üben, vor allem sollte er sich für eine gehobene Gestimmtheit entscheiden.

Menschen, die auf diese Weise mit sich selbst im Reinen sind, wirken auf andere attraktiv und anziehend. Gegen eine solche gehobene Gestimmtheit können perfekter Teint, tadellose Figur, strahlende Zähne, teures, stylishes Outfit usw. niemals konkurrieren, zumindest auf Dauer nicht. Das eine ist ein Hingucker, eine Erscheinung wie ein Gemälde, ein Kunstwerk, mal mit weniger, mal mit mehr Geschmack ausgestattet. Das andere, sich selbst so zu lieben, wie man geschaffen worden ist, macht Menschen unabhängig vom Alter attraktiv, denn sie strahlen Authentizität und Zufriedenheit aus. »Schön ist eigentlich alles, was man mit Liebe betrachtet«, sagte der Lyriker Christian Morgenstern.

So manch ein Sichselbstwünscher neigt vor allem dann zum Hadern, wenn es um die Partnerwahl geht. »Wer will mich schon so, wie ich bin?«, fragt er sich und wünscht sich eine andere, eine attraktivere Erscheinung.

Trost für die resignierten und frustrierten Sichselbstwünscher halten die Erkenntnisse auf dem Gebiet der Partnerwahl bereit: »Gleich und Gleich gesellt sich gern«, ist eine wohl untersuchte Erkenntnis bei dem Matching von Mann und Frau. Wenn der Sichselbstwünscher meint, es läge an seinem Aussehen, wenn es mit der Partnersuche nicht so ganz klappt, sollte er sich vor Augen halten: Das Durchschnittsaussehen ist, wie die Bezeichnung schon verrät, eben durchschnittlich. Mehr nicht und auch nicht weniger. Auch wenn wir geneigt sind, einen deutlich attraktiveren Partner zu wählen, einen, dessen Aussehen uns jeden Tag aufs Neue glücklich macht, vielleicht auch wegen des »Wow«-Effekts bei anderen, ist uns mit dessen gutem Aussehen langfristig nicht gedient, wenn wir in den anderen Werten nicht übereinstimmen. An Schönheit sieht man sich satt, sie wird irgendwann zur Gewohnheit und Selbstverständlichkeit. Nicht aber die vielfältigen charakterlichen und geistigen Eigenschaften, die immer wieder erfreuen, überraschen und begeistern können.

Daher soll der Sichselbstwünscher seine Stärken genießen, Zufriedenheit gewinnen, an der gehobenen Gestimmtheit arbeiten, sich nicht gegen, sondern für das Leben entscheiden, mit all seinen Höhen und Tiefen.

Geheime Wünsche. Ich nehme an, jeder von uns hat solche Wünsche, über die er nicht sprechen möchte, weil er sie für heikel, vermessen, unpassend hält.

Es sind Wünsche, die wir nicht verraten wollen, denn sie könnten uns bloßstellen oder andere über uns lächeln, wenn nicht gar spotten lassen. »Was? Du? Hast? Solche? Wünsche?«, könnten sie sagen.

Geheime Wünsche können peinlich sein, dreckig, blutrünstig, ekelhaft, mit anderen Worten, komplett daneben.

Auch aggressiv geartete Wünsche bleiben meist geheim, dann, wenn man dem anderen am liebsten …

Zu den geheimen Wünschen zählen oftmals auch die schwärmerischen Wünsche, die nach vergeblicher, verzehrender Liebe.

Wir halten Wünsche geheim, wenn sie unserer Meinung nach für andere Ohren nicht passend sind.

Es sind Wünsche, die sich querstellen zu dem, was als normal empfunden wird, Wünsche, die eine Seite von uns zeigen, die wir gerne geheim halten.

Haben Sie geheime Wünsche? Solche, die so geheim sind, dass Sie diese bislang niemandem anvertraut haben? Ich denke ja, denn mehr Menschen als angenommen sind auf einem bestimmten Gebiet Geheimwünscher. Die Wünsche, die ich hier anspreche, dienen der Lust. Viele Geheimwünscher empfinden sie oft selbst als derart abwegig, dass sie nur in ihren Fantasien stattfinden, in denen sie schwelgen, wenn sie ganz alleine mit sich sind.

Dabei sind jene geheimen sexuellen Wünsche beziehungsweise Fantasien besonders spannend, die wir kurz vor dem Orgasmus im Kopfkino haben. Diese Wünsche geben nämlich Auskunft über unsere tatsächliche sexuelle Präferenz, über das, was uns so richtig anmacht.

Erotische Fantasien und diesbezügliche geheime Wünsche wollen wir nicht unbedingt ausleben. Im Gegenteil, der Kick, den uns die Fantasie verleiht, ist meist größer als alles, was wir in der Realität erleben könnten.

Heimliche Fantasien sind keineswegs auch heimliche Wünsche. In der Fantasie ist der Fantasierende der Mächtige beziehungsweise die Mächtige. Handelt es sich um heimliche Wünsche, so wird das Ganze schon realitätsnäher. Wohl aber entspringen viele heimliche Wünsche den Fantasien.

Nehmen wir Unterordnungs- und Vergewaltigungsfantasien als Beispiele von Geheimwünscherinnen. Einer Untersuchung von Jenny Bivona und Joseph Critelli zufolge sollen immerhin 30 bis 60 Prozent aller Frauen von gewaltsamem Sex träumen. Vergewaltigungsfantasien versinnbildlichen hier: Ich wünsche, derart begehrt zu werden, dass ein Mann nicht mehr an sich halten kann und mich nimmt. Mit aller Macht und aller Lust. Er ist dabei animalisch, männlich, stark. In solchen erregenden Fantasien ist der Akt jedoch nicht schmerzvoll, Frauen haben ihn unter Kontrolle.

Die enge Verknüpfung von Angst und Erregung ist sicherlich ein Grund für den großen Erfolg von *Shades of Grey*, einer Romantrilogie, bei der es um weibliche Unterwerfung und kalte männliche Dominanz geht, meint die Ärztin und Sexualtherapeutin Jutta Kossat. »Etliche meiner Patientinnen erzählten mir, dass sie nach Lektüre dieses Buches wieder mehr Lust am Sex mit ihrem Partner hatten, weil es die Fantasie ankurbelt. Der weibliche Wunsch nach Hingabe ist groß«, weiß Kossat. Und eine *Stern*-Umfrage erbrachte jüngst, dass knapp ein Viertel der Deutschen durch Dominanz und Unterwerfung im sexuellen Spiel angemacht wird.

In dem Zusammenhang beispielhaft ist der Film *9½ Wochen* mit Mickey Rourke und Kim Basinger. Die beiden Protagonisten leben hier eine kurze, höchst erotische Liebe aus, in der Unterwerfung und Angst Trigger sind. Augen werden verbunden, die Haut mit Kaltem und Heißem berührt, der Sex steckt auf lust- und angstvolle Weise voller Überraschungen.

Viele Geheimwünscher schämen sich ihrer Fantasien, auch ihrer heimlichen Wünsche. »Meine Patienten fragen mich immer wieder, ob sie denn normal wären, bei dem, was ihnen im Kopfkino Lust bereitet«, erzählt Kossat.

Sex zu dritt, Sex im Aufzug, Sex mit Til Schweiger oder George Clooney, geschlagen werden von einer Domina, im Keller an Handschellen aufgehängt, Sex mit dem Chef, der Nachbarin, Sex mit Voyeuren im Hintergrund: Es gibt keine Grenzen.

»Was ist normal, was nicht mehr?«, fragen sich die Geheimwünscher. Das, was wir in Filmen oder im Internet sehen, führt immer wieder zu Abgleichen mit den eigenen Fantasien und heimlichen Wünschen. Dabei klafft die Schere oft ziemlich auseinander, Verunsicherung macht sich breit, und ein gewaltiger Leistungsdruck entsteht.

Anders als bei heimlichen Fantasien verhält es sich mit den heimlichen sexuellen Wünschen, deren tatsächliche Erfüllung für ein gutes Sexualleben wichtig ist.

Jeder von uns hat diesbezüglich konkrete Vorstellungen: Kerzenlicht, langes Vorspiel, Stimulation hier oder dort, Rollenspiele der verschiedensten Art, als Rotkäppchen verkleidet, mit Lackstiefeln, geschnürt, gewickelt, gefesselt, Sex mit Schlanken, mit Fülligen und vieles mehr.

Je weniger wir über unsere heimlichen Wünsche reden, je mehr wir hier zum Geheimwünschen neigen, desto mehr verstärken sich die Wünsche, und desto schwieriger ist das Loslassen. Bisweilen werden dann die heimlichen Wünsche zu Zwangsgedanken. Sie drängen sich immer wieder auf, durchdringen den Kopf, wir verlieren die Kontrolle über sie. Sind wir von Zwangsgedanken geplagt, fangen wir an zu leiden. Wir schämen uns für unsere Wünsche, beginnen sie abzulehnen und gegen sie anzukämpfen. »Je mehr wir versuchen, unsere Fantasien einzuschränken, desto mehr dominieren sie unser Leben«, sagt Jutta Kossat.

Gleichzeitig wird das Verschweigen der heimlichen Wünsche zu einem gewissen Machtinstrument, wenn es einseitig geschieht. Weiß oder erahnt ein Partner die heimlichen Wünsche des anderen, kommt diesen nach, hält aber gleichzeitig die eigenen Wünsche verborgen, erfährt er das Selbstwirksamkeitsprinzip: Ich bewirke, also bin ich. Ich schenke dem anderen Lust, meine bleibt ihm gegenüber ein Geheimnis. »Solche Menschen geben Sex, halten jedoch die eigene, wahre Intimität zurück«, sagt Kossat. »Die Zurückhaltung der eigenen Lust ist eine für Frauen typische, oft unbewusste Machtausübung in einer Partnerschaft.«

Was uns in Gedanken antörnt, woher unsere heimlichen sexuellen Wünsche und Fantasien stammen, wie sie aufgekommen sind, entzieht sich meist unserer Kenntnis. Fest steht, dass sie irgendwann bis zum 18. Lebensjahr entstanden sind. Danach bleiben sie unser Begleiter.

Irreversibel.

Für immer.

Zwar können wir Vermutungen anstellen, indem wir die erste bewusste Erregung mit einem entsprechenden Ereignis verknüpfen. Dennoch bleibt der wahre Grund für unsere sexuellen Wünsche weitgehend verborgen. Und, was noch viel wichtiger ist: Wir können nichts für sie.

Die Geheimwünscherei ist auf diesem Gebiet stark ausgeprägt. Nur bei 50 Prozent aller Paare kennen beide die heimlichen Fantasien des Partners. »Bei meinen Patienten sind es noch weniger, kaum jemand weiß um die gegenseitigen Vorlieben. Wie sollen Männer ahnen, was Frauen wollen, wenn diese ihre geheimen Wünsche nicht aufdecken?«, fragt Kossat. Einer Studie der Charité zufolge haben 90 Prozent der Frauen ihrem Partner schon öfter einen Orgasmus vorgetäuscht. Damit es endlich vorbei ist, damit der Partner zufrieden ist, damit frau zeigt, dass sie zu einem Orgasmus fähig ist. Die geheimen, die wahren Wünsche bleiben unerfüllt.

Wie offen und ehrlich können Sie mit Ihrem Partner über Ihre Bedürfnisse sprechen? Und umgekehrt?

Falls nicht, haben Sie mal darüber nachgedacht, warum Sie es nicht tun? Warum Sie hier ein Geheimwünscher sind?

Nach wie vor besteht eine gewisse Sprachlosigkeit, wenn es um Sexualität geht. Vielen Menschen fehlt der Mut, offen über ihre heimlichen Wünsche zu sprechen. Es beginnt schon früh, im Elternhaus. »Wasch dich da unten«, sagen die Eltern, das »da unten« bedeutet die Scham. Kein Wunder, dass Sexualität bei den Geheimwünschern schambelegt ist. Zärtlichkeiten, Küsse wurden im Elternhaus derer, die später ihre heimlichen Wünsche allzu sehr verdrängen, nie gesehen, erklärt Kossat. In vielen Köpfen herrscht die Meinung, über Sex brauche man ohnehin nicht zu reden, der läuft quasi von alleine. Doch dann bleiben die heimlichen Wünsche außen vor.

Etliche vermuten, sie würden vom Partner zurückgestoßen oder ausgelacht, sobald dieser erst einmal von den heimlichen Wünschen erfährt.

Und bei so manchem hat sich Resignation eingestellt. »Über Wünsche zu reden bringt ja ohnehin nichts«, denken sie. »Mein Partner kann oder will mich nicht verstehen oder darauf Rücksicht nehmen.«

Ein weiterer Grund für das Verschweigen heimlicher Wünsche sind die möglichen Konsequenzen, die sich daraus ergeben könnten. Das gilt vor allem für Frauen. »Sie fühlen sich dann als Erfüllungsgehilfin der männlichen Wünsche«, meint Kossat. »Wünsche des Partners könnten Angst machen, weil sich die Frauen dann innerlich genötigt fühlen, diese Wünsche auch zu erfüllen.«

In der Tat verspüren insbesondere Männer heimliche Wünsche, die sie ungern verraten, da sie doch recht speziell sind. Viele ihrer Erregungen entstammen normabweichenden sexuellen Impulsen. Sobald die Männer oder ihre Beziehungen darunter leiden, nennt man diese Impulse Paraphilien. Diese speziellen Vorlieben beziehen sich beispielsweise auf nichtmenschliche Objekte, auf Schuhe, Socken, Stofftiere und dergleichen. Oder auf das Quälen und Unterdrücken des Partners. 2009 erbrachte die Berliner Männerstudie der Charité unter der Leitung von Michael Beier, dass 57 Prozent der interviewten Männer durch paraphile Gedanken erregt werden. Etwa ein Drittel dieser Männer empfindet diese heimlichen Fantasien als ungut. Sie haben ein schlechtes Gewissen und Schuldgefühle. Deswegen wehren sie sich gegen sie und tun alles dafür, diese Fantasien nicht auszuleben.

Neben den Geheimwünschern, die nicht über die heimlichen Wünsche sprechen wollen oder können, gibt es solche, die ihre Wünsche erst gar nicht mehr spüren. Sie haben den Zugang zu ihnen verloren. Zu diesen zählen Jutta Kossat zufolge meist die Frauen. »Viele meiner Patientinnen horchen nicht in sich hinein. Wenn ich sie frage, was sie sich in sexueller Hinsicht wünschen, zucken sie mit den Schultern. Keine Ahnung, sagen sie dann.« Mit dieser Wunschlosigkeit leben viele glücklich. Es fehlt ihnen an nichts. Der wunschlos, lustlos ausgelebte Sex wirkt dann freilich alles andere als verstärkend. Man will nichts mehr davon, eher weniger, am besten gar nichts mehr. »Die Frauen kommen nur dann in meine Praxis, wenn der unzufriedene Partner Druck auf sie ausübt.« Es sind vor allem jene Frauen, die sich in ihrem eigenen Körper nicht wohl fühlen, die nicht glauben können, dass sie lustvoll und begehrenswert sind.

Wenn die heimlichen Wünsche in der Partnerschaft irgendwann dann doch zum Thema werden, geschieht es meist mit vorwurfsvollem Unterton. »Du musst doch wissen, was ich will, schließlich kennst du mich ja. Du hättest spüren sollen, dass ich dieses oder jenes nicht mag. Aber du denkst ja immer nur an dich!« Diese Sätze spiegelten ein typisches Muster wider, meint Kossat.

Meistens beziehen sich diese Vorwürfe auf die unterschiedliche Einstimmung zum sexuellen Akt. Frauen wünschen sich Entspannung, um Sex genießen zu können, sie brauchen Zeit für sich, wollen in guter Stimmung sein, mit sich und der Beziehung im Reinen. Männer hingegen genießen Sex zur Entspannung.

Unausgesprochene, heimliche Wünsche bleiben unerfüllte Wünsche. Sie führen zu Frust, häufig auch zu Lustverlust. Paare, in denen die Partner beide ausgeprägte Geheimwünscher sind, kein Wort über ihre verborgenen Wünsche verlieren, diese auch nicht im Verhalten andeuten, pendeln sich irgendwann auf einem niedrigsten gemeinsamen Nenner ein, wenn es um den Austausch von Zärtlichkeiten geht. Kaum mehr ein Küssen, seltene Umarmungen, wenig Streicheleinheiten, Verlust der Leidenschaft. Heimliche Wünsche, allen voran jene, für die man sich schämt oder gegen die man ankämpft, sollten ausgesprochen werden, betonen Sexualtherapeuten, dann verlieren sie ihre Impulskraft und werden nicht zu Zwangsgedanken.

Was tun?

»Um die geheimen Wünsche des Partners kennenzulernen, muss man langsam ins intime Gespräch einsteigen. Von oben nach unten fragen«, meint Kossat, »keinesfalls mit der Holzhammermethode.«

Kommen Sie Ihrem Partner sachte näher, und das in jeder Hinsicht, nicht nur in sexueller.

Fragen wie »Sag mal, Schatz, wie hättest du es denn gerne?« sind gänzlich kontraproduktiv.

Beginnen Sie mit der Partnerschaft im Allgemeinen, um sich nach und nach auf das sensible Terrain vorzutasten. Lernen Sie Ihren Partner kennen. Stellen Sie viele W-Fragen, was, warum, wie, womit, worunter, und das auf spielerische Weise. Nehmen Sie sich dabei Zeit und seien Sie möglichst entspannt. Fragen Sie, was Ihnen in den Sinn kommt, beispielsweise:

Welches Essen magst du am liebsten?

Welche Filme siehst du gerne?

Wann hast du das letzte Mal herzlich gelacht?

Welches waren deine Jugendsünden?

Wo, an welchem Ort der Erde wärst du jetzt gerne?

Wann habe ich dir das letzte Mal eine große Unterstützung bedeutet?

Wobei fühlst du dich besonders unwohl?
Womit kann ich dir helfen?
Welchen Wein trinkst du am liebsten?
Wo fühlst du dich am wohlsten?
Wann kannst du Zärtlichkeiten am ehesten genießen?

Die Antworten können Sie vertiefen, indem Sie nachhaken mit Fragen wie:
Wie meinst du das?
Was steckt dahinter?

So oder ähnlich könnten Sie sich langsam und behutsam aneinander herantasten, bis Sie bei Ihren geheimen Wünschen angelangt sind.

Fällt es den Geheimwünschern dennoch zu schwer, oder erscheint es ihnen gar unmöglich, die heimlichen sexuellen Wünsche in die Partnerschaft zu tragen, weil Hemmung, Scham und Befürchtung, nicht verstanden zu werden, zu groß sind, sollten Sie Ihre heimlichen Fantasien gedanklich in den sexuellen Akt nehmen. Sie sollten keinesfalls verdrängen, was sie lustvoll macht. »Das vergessen zu viele, oder sie empfinden es als Verrat am Partner, wenn sie währenddessen an eine andere Situation denken, an einen anderen Partner, möglicherweise an mehrere Partner oder an eine andere Situation oder Umgebung«, sagt Kossat.

»Ich mach es jetzt einfach!

Soll ich oder soll ich nicht?

Soll ich mir diesen Wunsch erfüllen?

Oder vielleicht lieber den anderen?

Könnte ich mir überhaupt einen der beiden Wünsche erfüllen?

Ja, denke ich.

Ich sollte es tun. Ich habe es mir so lange schon gewünscht, also tu ich es.

Jetzt.

Ich mach es jetzt einfach!

Oder doch nicht?

Hm …

Es spricht so einiges dagegen.

Und etliches dafür.

Ich könnte mir aber auch beide Wünsche erfüllen.

Wenn ich genauer nachdenke, dann … hm …

Ich weiß nicht.

Ach, ich lass es erst mal sein.

So, wenigstens diese Entscheidung ist gefallen. Ich lass es erst mal sein, ich mach es jetzt einfach nicht.«

Kennen Sie einen solchen inneren Dialog mit sich selbst? Führen Sie ihn des Öfteren? Zu oft? So dass Sie auf der Stelle treten und Wünsche versäumen?

Falls ja, zählen Sie zur Gruppe der Zauderwüscher.

Einen Zauderwünscher erkennt man zum Beispiel in einem Restaurant, wenn er ewig über einer Speisekarte grübelt, sich ständig umentscheidet. Oder wenn es um die Planung des nächsten Urlaubs geht. Da fährt der Zauderwünscher entweder dorthin, wo er immer hinfährt, oder er benötigt eine tage-, gegebenenfalls auch wochenlange Entscheidungsperiode, bis er sich durchgerungen hat, mal was Neues auszuprobieren.

Warum ist der Zauderwünscher eigentlich so zögerlich? Woher rührt dieses enervierende Hin und Her?

Ein Zuviel an Möglichkeiten

Der Zauderwünscher scheitert unter anderem an einem Zuviel des Angebots.

»Langeweile«, sagte einmal ein Bekannter zu mir, »entsteht nicht daraus, dass wir nicht wissen, was wir machen sollen. Sie entsteht daraus, dass wir uns bei der Vielzahl der Möglichkeiten, die uns offenstehen, nicht entscheiden können, was wir tun sollen oder wollen.« Eine interessante Aussage, wie ich finde. Dieses aus Unentschlossenheit resultierende Gefühl der Leere aufgrund eines Zuviels lässt sich auch auf das Wünschen übertragen.

Mittlerweile gibt es für nahezu all unsere Lebensbereiche eine enorme Vielzahl an Wunschmöglichkeiten, vor allem, wenn es um materielle Wünsche geht. Die Entscheidung, was man sich wünschen und auch erfüllen will, wird zunehmend schwieriger. Die Auswahl erscheint unermesslich, bisweilen aufreibend unübersichtlich.

Reisen sind hier ein gutes Beispiel. Nie zuvor gab es derart viele Angebote, nie zuvor war es so erschwinglich, nie zuvor konnte man so günstig von einem Ort, von einem Land oder Kontinent zum anderen reisen. Wir stehen vor der Qual der Wahl.

Die Vielfalt der Wunschmöglichkeiten bezieht sich nicht nur auf Materielles, sondern auch auf die Wahl des Wohnorts, den Lebensstil, auf unsere Identität, auch auf die Berufswahl. So können Studierende heutzutage zwischen 16634 Studiengängen wählen. 16634!

Bei all diesen unübersichtlichen Wahlmöglichkeiten, wie nur sollen wir, allen voran die Zauderwünscher, uns entscheiden?

Welchen Wunsch erfülle ich mir? Den ins Ausland zu fahren, den, ein Fernstudium zu beginnen, oder den, mir einen Hund anzuschaffen?

Wir könnten meinen, je mehr Alternativen wir haben, desto eher können vor allem die Zauderer abwägen, was für sie am besten ist. Mit dieser Annahme liegen wir jedoch vollkommen falsch.

Haben Sie mal einen Zauderwünscher im Supermarkt beobachtet? Meine Großmutter war eine extreme Zauderwünscherin. Mit ihr einkaufen zu gehen war stets eine zeitaufwendige und nervenaufreibende Angelegenheit. Im Schneckentempo bewegte sie sich von Regal zu Regal. Jede Joghurtsorte wurde auf die Inhaltsstoffe untersucht. Wie viel Fett, wie viel Zucker, wie hoch ist der Fruchtanteil, wie viele Kalorien, wie teuer? Um sich dann nicht entscheiden zu können.

Dann ging es weiter zu den Shampoos: welche Inhaltsstoffe, welche Wirkung, welcher Preis, welche Menge?

Um sich dann nicht entscheiden zu können.

Irgendwann ging sie mit einem Bund Petersilie, einer Dose Tomatenmark oder einer Packung Nudeln aus dem Laden.

Mehr brauche sie für den Moment nicht, sagte sie dann. Den Rest wolle sie anderntags kaufen. Mit anderen Worten:

Sie hat sich dazu entschieden, sich erst mal nicht zu entscheiden. Auf diese Weise konnte sie bei ihrer Wunscherfüllung weder falsch noch richtig handeln.

Wenn die Auswahl unsere Entscheidungen zu sehr strapaziert, wählen wir oft erst gar nicht. Insofern gilt mitnichten die Devise, je mehr uns zur Wahl steht, desto zufriedener sind wir. Achten Sie mal bei Ihrem nächsten Einkauf in einem Drogeriemarkt auf Ihren inneren Entscheidungsprozess, wenn Sie beispielsweise ein neues Duschgel ausprobieren wollen. Nach einiger Zeit diverser Vergleiche fühlen Sie mit großer Wahrscheinlichkeit ein gewisses Unwohlsein. Ihr Gehirn, argumentiert der Psychologe Gerd Gigerenzer, stolpert bei dieser Auswahlvielfalt über die magische Sieben, plus/minus zwei. Sieben Informationen sind für uns halbwegs gut zu verdauen, was darüber liegt, überfordert unser Kurzzeitgedächtnis, wie ein Experiment von Sheena Iyengar und Mark Lepper zeigte. Die beiden Psychologen bauten zwei unterschiedliche Stände mit verschiedenen Marmeladen auf. Der eine Tisch war mit 24 Sorten reichlich bestückt, auf dem anderen standen nur 6 Sorten zur Auswahl.

Die Menschen wurden zwar von dem reichhaltigen Angebot mehr angezogen, die Vielfalt führte bei ihnen jedoch nicht zur Kaufentscheidung, die trafen sie bevorzugt bei dem überschaubaren Tisch mit den wenigen Gläsern.

Der Erfolg von Discountern lässt sich nicht zuletzt auch auf die Tatsache zurückführen, dass sie uns die Qual der Wahl nehmen. Wir müssen uns nicht entscheiden, wiegen uns dabei in der Sicherheit, die Qualität des Angebots sei von den Discountern ausreichend geprüft worden.

Ein wahres Eldorado für Zauderwünscher.

Jeder Mensch triff täglich rund 20 000 Entscheidungen: Marmelade auf das Brot oder lieber Wurst? Heute ein Spiegelei oder lieber ein gekochtes? Den roten Pulli anziehen oder lieber den blauen?

Nicht wenige dieser vermeintlich bewussten Entscheidungen werden auf einer vorbewussten Ebene vollzogen.

Zauderwünscher oder Spontanwünscher?

Dass wir mit einem unendlich großen Füllhorn leben, voller Wunschmöglichkeiten, klingt traumhaft. Einerseits. Andererseits merken wir umso stärker, was wir nicht besitzen, wir bemerken zunehmend, was wir nicht erreicht haben und auch niemals erreichen werden können. Und umso mehr fürchten wir, etwas verpassen zu können oder uns einen falschen Wunsch erfüllt zu haben. Das gilt insbesondere für die Zauderwünscher.

Zauderwünscher sind die Grübler unter uns.

Bauchentscheidungen lassen sie so gut wie nicht zu.

Besonders schwierig wird es für den Zauderwünscher, wenn er einen komplexen Wunsch angeht, bei dessen Erfüllung gleich mehrere Entscheidungen erforderlich sind, wie es etwa bei einer Urlaubsreise der Fall ist. Zunächst grübelt der Zauderwünscher, ob er in den Urlaub fahren oder lieber zu Hause bleiben soll. Dann stellt er sich die Frage nach dem Reiseland. Italien oder Spanien, Norwegen oder lieber in eine fernöstliche Region?

Danach brütet der Zauderwünscher gefühlte Ewigkeiten über der Frage, wie er am besten dorthin gelangen könnte. Mit dem Flugzeug, der Bahn oder doch lieber mit dem Auto. Nachdem er sich endlich für den Flug entschieden hat, informiert er sich stundenlang über Vor- und Nachteile des einen und anderen Fluganbieters.

Schließlich kommt noch die Hotelwahl dran: Was für einen schweren, langen Prozess durchläuft ein Zauderer, wenn er dem Wunsch nach einer Reise nachkommen will und er jeden einzelnen Schritt bis ins letzte Detail auf Herz und Nieren überprüft.

Ganz anders sind die Spontanwünscher. Wie der Name verrät, entscheiden sie ohne langes Hin und Her.

Spontanwünscher lassen sich eher von ihren Impulsen, ihrem Bauchgefühl leiten. Kommt ihnen plötzlich eine Reise in den Sinn, sagen sie: »Klar, warum nicht wieder einmal eine Reise!« Kuba soll es sein, Hotel in Havanna, danach mit einem Mietwagen quer über die Insel. Da muss der Spontanwünscher nicht lange nachdenken, er macht es – wenn die finanziellen Mittel gerade zur Verfügung stehen. Er geht in den nächsten Reiseladen oder bucht online. Das, was ihm gerade in den Sinn kommt, einfach so, ganz gleich ob er dabei das Optimum an Möglichkeiten ausschöpft oder nicht.

Die Zauderwünscher unter Ihnen würden jetzt jedoch argumentieren: »Wie kann man so einem schnellen Urteil trauen? Es ist doch nicht überlegt, es ist nicht abgewogen, gerade bei großen Entscheidungen ist es doch Wahnsinn, aus dem Bauch heraus zu entscheiden! Nein, wenn ich mir einen lang ersehnten Wunsch erfülle, dann muss das auch genauestens überlegt sein, bevor ich es hinterher bereue.« Zauderwünscher stellen Kosten-Nutzen-Rechnungen auf. Sie überlegen hin und her, und sie bedenken die Reue, die unter Umständen auftreten könnte, wenn sie sich einen falschen Wunsch erfüllt haben und nichts mehr daran ändern können. Die falsche Frau geheiratet zu haben, sich fälschlicherweise einen Hund angeschafft zu haben, fälschlicherweise in ein Reiseland gefahren zu sein, in dem nicht alles so läuft, wie man es sich vorgestellt hatte.

Einige Zauderwünscher werfen dem Spontanwünscher gerne Unüberlegtheit vor.

Andere hingegen beneiden und bewundern den Spontanwünscher um dessen Fähigkeit, schnell zu entscheiden. »Wie kann der Spontanwünscher so schnell entscheiden? Wie macht er das bloß?«, fragen sie sich.

Bauchentscheidungen des Spontanwünschers

Wie nur kann sich der Spontanwünscher mit seinen Bauchentscheidungen über sämtliche Zweifel erheben, die den Zauderwünscher immer wieder hemmen?

»Alles, was wirklich zählt, ist Intuition«, sagte Einstein einst. In der Tat spricht so einiges für Bauchentscheidungen.

Wie funktionieren Bauchentscheidungen eigentlich?

Fest steht: Sie entstehen nicht im Bauch. Wir Deutsche haben die intuitiven Entscheidungen nur symbolisch dorthin verlagert. In Frankreich beispielsweise spricht man von Herzentscheidungen.

Der Psychologe Gerd Gigerenzer meint, Bauchentscheidungen folgten den Faustregeln, die sich die evolvierten Fähigkeiten unseres Gehirns zunutze machen.

Anders als Instinkte beziehungsweise instinktives Entscheiden, das auf rein biologischen Mechanismen beruht, basieren Intuitionen auf unseren Erfahrungen und Gewohnheiten, deren Existenz uns nicht bewusst sein muss. Sie schlummern tief in uns und werden bei Bauchentscheidungen geweckt und abgerufen.

Plötzlich und überraschend sind sie da, tauchen aus unserem Innersten auf. Warum wir dann so und nicht anders entschieden haben, wissen wir hinterher nicht mehr genau.

Intuitive Entscheidungen haben eine starke Macht: Sie beschleunigen unser Handeln, sie lehren uns, mit Fehlentscheidungen umzugehen, auf uns selbst und auf die eigenen Erfahrungen, die wir im Leben gemacht haben, zu vertrauen.

Sind Frauen die besseren Bauchentscheider? Spricht man zu Recht von weiblicher Intuition?

Interviews mit 1016 Männern und Frauen hatten diese Frage zum Inhalt.

Die Ergebnisse zeigten, dass sie sich nicht pauschal beantworten lässt. Im Privatleben zumindest kann eine ausgeprägte weibliche Intuition beobachtet werden. Unter anderem wählen Frauen intuitiv den besseren Partner. Das glückliche weibliche Händchen bei der Partnerwahl bestätigten selbst die Männer. Doch auch in Börsenfragen, einem Gebiet, auf dem sich bevorzugt die Männer tummeln und sich entsprechend viel Wissen angeeignet haben, entscheiden Frauen intuitiv besser. Geht es hingegen um Intuition bei der Mitarbeiterführung, meinen Männer, mit ihrem Bauchgefühl besser als Frauen entscheiden zu können – was diese allerdings ganz und gar nicht bestätigen. Sie seien es, die auf diesem Gebiet intuitiver und klüger entscheiden – was wiederum die Männer anders sehen.

Wenn Männer intuitiv entscheiden, führen sie ihren Entscheidungsprozess auf weniger Gründe zurück. Irgendetwas war eben gut. Oder irgendwie schlecht, deswegen hat man sich letztlich dagegen entschieden, sagen sie. Die intuitive Entscheidung von Frauen hingegen stützt sich stets auf mehrere Faktoren.

Bauchentscheidungen und die Macht der Gewohnheit

So impulsiv Bauchentscheidungen sein mögen, so durchsetzt sind sie von unseren unbewussten Ängsten, von unseren Befürchtungen und von der Macht der Gewohnheit.

Ein Beispiel hierzu:

Was glauben Sie, welche dieser beiden Städte größer ist: Detroit oder Milwaukee? Überlegen Sie nicht allzu lange. Entscheiden Sie sich aus dem Bauch heraus, ganz impulsiv.

Und?

Fiel Ihre Wahl auf Detroit?

Mit großer Wahrscheinlichkeit wählten Sie Detroit.

Warum ich das meine?

Detroit ist eine Autostadt, möglicherweise ist Ihnen die Assoziation »General Motors« in dem Moment gekommen. Von Detroit haben Sie vielleicht auch schon häufiger in den Nachrichten gehört als von Milwaukee. Den meisten von uns jedenfalls dürfte Detroit bekannter und vertrauter vorkommen.

Anders sieht es bei den Amerikanern aus. Ihnen sind beide Städte ähnlich vertraut. Lässt man amerikanische Studenten schätzen, welche der beiden Städte größer sei, kommen diese eher ins Grübeln als die Deutschen, wie ein Experiment von Daniel Goldstein und Gerd Gigerenzer zeigte.

Detroit ist die richtige Antwort, und die Wahrscheinlichkeit, dass jene, denen die amerikanischen Städte nicht so geläufig sind, richtiglagen, ist größer als bei denen, die sich bewusst oder nach langem Nachdenken entschieden haben – häufig auch für Milwaukee.

Die Detroit-Wähler unter Ihnen haben nach der sogenannten Rekognitionsheuristik entschieden. Das bedeutet, sie haben nach einem Wiedererkennungs- und Vertrautheitsprinzip entschieden, gemäß dem Motto: Was ich kenne, ist auch richtig.

Entscheidungen, die wir vermeintlich aus dem Bauch heraus treffen, greifen in Wirklichkeit auf alte Erfahrungen zurück. Es ist dies eine lebenswichtige Strategie, aus Fehlern zu lernen und das Gelernte im Bedarfsfall schnell und unkompliziert abzurufen.

Ob Spontan- oder Zauderwünscher, unbewusst gehen wir bei Entscheidungsprozessem den angenehmen Weg des Vertrauten, weil unser Gehirn Gewohnheit, Wiedererkennung und Vertrautheit als Belohnung empfindet.

Und so verwundert nicht weiter, wenn wir, die Zauderwünscher insbesondere, jene Wünsche, mit denen wir uns auf sicherem Terrain bewegen, eher zulassen und und mit größerer Wahrscheinlichkeit verfolgen als Wünsche, die wir mit geringer Vertrautheit und hohem Risiko assoziieren.

Dieser Weg des Vertrauten greift ungemein subtil in unsere Entscheidungen ein, wie sich bei einem Experiment der beiden Forscher Richard Nisbett und Timothy Wilson zeigte. Sie stellten einen Verkaufsstand auf, an dem sie Strümpfe anboten, die sich hinsichtlich Qualität in keiner Weise unterschieden. Die Probanden sollten nun jene Socken heraussuchen, die ihrer Meinung nach die hochwertigere Qualität versprachen. Automatisch griffen die Teilnehmer zu den Socken, die rechts hingen. Kein Wunder.

Die rechte Hand ist bei den meisten Menschen die dominante, also wird rechts die richtige Entscheidung sein. Das, sagen die Forscher, sei der wahre Hintergrund für die Wahl.

Auch bei den Zauderwünschern, sosehr diese über ihre Wünsche und Entscheidungen grübeln mögen, entscheidet das Unterbewusste mit all seinen Emotionen mit.

Und dieses entscheidet in ungeheurer Geschwindigkeit, oftmals schneller, als wir ahnen.

Beginnen wir ganz am Anfang, dort nämlich, wo wir noch gar nicht bewusst entschieden haben. Können Sie sich vorstellen, dass jemand zehn Sekunden, bevor Sie den Entschluss gefasst haben, etwas zu tun, schon weiß, was Sie tun werden?

Unvorstellbar, aber wahr!

Der Hirnforscher John-Dylan Haynes zum Beispiel zählt zu diesen Hellsehern. Zumindest dann, wenn es sich um simple Entscheidungen handelt und wenn er Sie dabei in einen Kernspintomografen steckt, ein Gerät, das Ihre Hirnaktivität misst. Haynes würde Ihnen in die rechte wie in die linke Hand ein kleines Gerät geben, an dem Sie eine Taste betätigen können. Nun sollten Sie zu einem Zeitpunkt, den Sie frei wählen können, mal die eine, mal die andere Taste drücken. Den Zeitpunkt dieser Entscheidung können Sie sich anhand schnell wechselnder Bilder merken, auf denen unterschiedliche Zahlen zu sehen sind. So sehen Sie zum Beispiel die Zahl Drei, während Sie entscheiden, die Taste mit der linken Hand zu drücken. Bei Drei, sagen Sie hinterher zu Haynes, habe ich mich für die linke Taste entschieden.

Sie meinen also, bei der Zahl Drei eine Entscheidung getroffen zu haben. Haynes wusste allerdings zehn Sekunden vor Ihnen, dass Sie die linke Taste drücken würden, weil der Kernspintomograf eine entsprechende Aktivität in Ihrem Gehirn angezeigt hatte. Hat Ihr Kopf für Sie entschieden, sozusagen automatisch, ohne Sie zu fragen, was Sie wirklich wollen? Hat es Sie gedacht, ohne dass Sie ein Wörtchen mitreden konnten?

Es scheint so.

Das Haynes-Experiment bestätigte, was Jahre zuvor schon das berühmte Experiment von Benjamin Libet erbracht hatte. In diesem konnte der Physiologe nachweisen, dass einer einfachen Handbewegung, zu der sich seine Probanden bewusst entschieden haben, eine Gehirnaktivität vorausgegangen war. Bevor wir also meinen, uns bewusst zu entscheiden, haben sich in uns bereits eine Reihe unbewusster Prozesse in Gang gesetzt, die zehn Sekunden später ins Bewusstsein dringen.

Bei diesen unbewussten Prozessen fließen Erfahrungen aus unserem Leben, besonders der Kindheit, allerlei Assoziationen und Einstellungen mit ein.

Nun liegt berechtigterweise die Frage nahe: Wie frei ist unser Wille eigentlich? Wie frei fällen wir unsere Entscheidungen? Wie frei sind wir in unseren Wünschen? Libet und Haynes hatten mit ihren Experimenten heftige Debatten ausgelöst, und in der Quintessenz ergibt sich Folgendes:

Unsere Wünsche sind nicht frei von den unzählig vielen Einflüssen des Lebens. In unserem Gehirn wiederum sind all diese Erlebnisse gespeichert, sind in einem für jeden Menschen einzigartigen neuronalen Netz verankert. Was wir sind, unser Selbst, ist ebenfalls in unserem Gehirn verankert. Insofern entscheidet das Gehirn nicht autonom für sich, sondern wir entscheiden mit ihm, somit sind auch diese vorbewusst getroffenen Entscheidungen unsere ureigenen Entscheidungen.

Eine besonders wichtige Rolle spielt unser Unterbewusstsein, wenn wir uns bei Entscheidungen überfordert fühlen. In solchen Momenten klinkt sich im Gehirn die Amygdala, Trägerin der Emotionen, in die Entscheidungsprozesse des Neocortex, wo unser bewusstes Denken stattfindet, mit ein.

Es ist dies ein überaus hilfreicher und guter Prozess, meint der Psychologe Ap Dijksterhuis. Dessen Experimente über Kaufentscheidungen ergaben, dass man bei komplexen Entscheidungen besser mal eine Nacht darüber schlafen sollte, um in dieser Zeit sein Unbewusstes walten und in die Entscheidung mit einfließen zu lassen. Am nächsten Morgen können wir dann Wunsch und Wunscherfüllung unter Umständen unter einem gänzlich neuen Blickwinkel betrachten.

Wer ist stärker: Kopf oder Bauch?

Soll ich auf meinen Bauch hören oder auf meinen Verstand?

Nehmen wir ein Beispiel, das manch einer möglicherweise bereits selbst erlebt hat.

Sie sind in einer festen Beziehung. Eigentlich lieben Sie Ihren Partner. Bis jetzt haben Sie eine wunderschöne Zeit zusammen verbracht. Sie sind miteinander vertraut, kennen den anderen in- und auswendig. Sicherlich, bisweilen streiten Sie, manchmal auch heftig. Es gibt Tage, an denen könnten Sie Ihren Partner an die Wand klatschen. Doch überwiegen die schönen Tage und die unglaubliche Vertrautheit.

Eines Tages begegnen Sie jemandem, bei dem es Ihnen schier den Atem verschlägt. Sie lernen sich näher kennen, und Sie wehren sich zunächst gegen Ihre Gefühle. Diese sind aber intensiver, verlangender als je zuvor. Sie kommen einander näher, treffen sich heimlich, Sie haben sich unwiederbringlich verliebt. Sie begehren einander, lieben sich an versteckten Orten. Abends, wenn Sie nach Hause zu Ihrem Partner kommen, sind Sie einerseits beflügelt von den Schmetterlingen im Bauch. Andererseits erschlägt Sie Ihr schlechtes Gewissen. Wochen, wenn nicht gar Monate vergehen auf diese Weise, Sie lügen, um zu betrügen. Sie wünschen nichts sehnlicher als Leidenschaft, Lust und die neue Liebe zu leben. Gleichzeitig wollen Sie Ihre alte Liebe nicht verlieren, ihr vertrautes Leben, die Gewohnheit.

Der Zwiespalt zerreißt Sie schier, Sie fühlen, dass Sie sich entscheiden müssen zwischen der alten Liebe und der neuen. Sie suchen sich Rat bei einer Freundin. »Nimm einen Zettel und schreibe in zwei Spalten links und rechts zu jeder Person die Pros und Kontras und schau, wer dabei besser wegkommt. Für diese Person entscheidest du dich dann«, rät sie.

Und so setzen Sie sich eines Abends hin. Vertrautheit, Geborgenheit, Einfühlsamkeit, schreiben Sie in die linke Spalte für Ihren Partner, aber auch Gewohnheit, Streitereien. In der rechten Spalte notieren Sie für die junge Liebe: Leidenschaft, Kribbeln im Bauch, Entdecken, Begehren, Heiterkeit, Unbeschwertheit.

Sie stellen schnell fest, wer bei dieser Liste besser wegkommt. Es ist eindeutig …

Sie grübeln noch ein wenig, dann entscheiden Sie sich.

Gegen diese Eindeutigkeit. Gegen die Person, von der Sie selbst schwarz auf weiß vor sich stehen haben, Sie gäbe Ihnen mehr Glück und Zufriedenheit. Für den Kopf, für den Verstand, nicht aber für den Bauch.

Den wohlgemeinten Rat, Vor- und Nachteile aufzuschreiben, den wir in Momenten der Unentschiedenheit oft hören, gab einst auch Benjamin Franklin seinem Neffen. »Dieser Art moralischer Algebra habe ich mich häufig in wichtigen und zweifelhaften Angelegenheiten bedient, und obwohl sie nicht mathematisch exakt sein kann, hat sie sich für mich häufig als außerordentlich nützlich erwiesen«, sagte Franklin zu ihm.

Wir Menschen mit unserer Intelligenz funktionieren jedoch nicht so simpel, argumentiert Gigerenzer dagegen.

Dass sich Franklins Neffe, auch er stand damals zwischen zwei Frauen, ebenfalls anders entschieden hatte, als die Auflistung ihm vorgab, verwundert nicht weiter. Die Intuition, die Bauchentscheidung, wies ihn in eine andere Richtung. Entscheidungen rein rational nach Kosten-Nutzen-Rechnungen zu fällen führt uns schnell in den Wald, aus dem wir aufgrund der Unübersichtlichkeit nicht mehr herausfinden.

Geraten Verstand und Gefühl in Konflikt, entsteht zwischen ihnen eine Art Machtkampf.

Wenn ich den Wunsch verspüre, mich ausschließlich von Pommes frites und Schokolade zu ernähren, oder den unbändigen Wunsch habe, mitten in der Arbeitszeit aufzustehen und sofort das Büro zu verlassen, weil draußen die Sonne scheint und ich lieber zum Schwimmen gehe, als Akten zu ordnen, entscheidet der Verstand mit, indem er ein Veto einlegt. Er sorgt dafür, dass impulsives Wünschen, das uns kurz- und langfristig schaden könnte, unterdrückt wird.

Ist der Verstand jedoch abgelenkt, gewinnt der Bauch beziehungsweise das impulsive Wünschen die Oberhand.

Das können Sie an sich selbst testen. Stellen Sie doch mal ein Stück Kuchen auf den Küchentisch, daneben einen Teller mit Obst. Ihr Verstand sagt Ihnen, Obst ist besser und gesünder als der Kuchen. Der Verstand rät Ihnen vom Kuchen ab, rät Ihnen: Greif zum Obst, wenn Du naschen willst!

Das Widerstehen könnte Ihnen gelingen – vorausgesetzt, Ihr Verstand ist nicht zu sehr mit etwas anderem beschäftigt, etwa mit der Jahresabschlusssteuer.

Forscher führten ein derartiges Experiment durch. Sie baten ihre Versuchspersonen, sich eine Reihe Zahlen zu merken. Während der Aufgabe führten sie die Testpersonen, ganz beiläufig, an einem Buffet vorbei, auf dem Obst und Schokokuchen aufgetischt waren. Hier ließ sich beobachten, dass Personen, die sich eine lange Zahlenreihe zu merken hatten, eher zu Kuchen griffen als jene, deren Verstand nur mit ein paar wenigen Zahlen abgelenkt war.

Beobachten Sie sich mal, wann impulsive Entscheidungen die Macht übernehmen und Sie Ihre guten Vorsätze brechen. Oft geschieht dies, wenn Sie durch andere Dinge zu sehr gestresst sind oder davon in hohem Maß in Anspruch genommen werden.

Welchen Nutzen hat mein Wunsch

Versuchen Sie mal in der kommenden Woche, Ihre Entscheidungsprozesse zu beobachten. Wann, warum und wie entscheiden Sie, sich einen Wunsch zu erfüllen, beispielsweise shoppen zu gehen und einen neuen Mantel zu kaufen?

Sie werden feststellen, stets wird dabei die Frage auftauchen, welchen Nutzen die Entscheidung für Sie hat.

Was bringt mir das? Was bringt mir ausgerechnet dieser neue Mantel, wäre da nicht der andere besser, weil der eine hochwertigere Qualität hat, infolgedessen auch länger hält? Brauche ich wirklich diesen kostspieligen Geldbeutel? Oder finde ich nicht irgendwo einen ähnlichen für weniger Geld?

Warum im Urlaub ausgerechnet nach Italien? Ist Kroatien nicht die bessere Alternative? Derartige Grübeleien stellen vor allem die Zauderwünscher an, schließlich wollen sie Maximales aus ihren Entscheidungen herausholen.

Das Fatale an diesen Grübelfragen:

Wir werden niemals zur richtigen Antwort gelangen. Niemals werden wir den wirklichen Nutzen unserer Entscheidungen im Vorfeld mit Gewissheit ausmachen können.

Der Wirtschaftswissenschaftler Herbert Simon nimmt

uns die Illusion, alles über alle Alternativen und Folgen in Erfahrung bringen zu können.

Nehmen wir einen Autokauf als Beispiel. Was alles gilt es da zu berücksichtigen? Technische Details, Ausstattung, Verbrauch, Stärke, Farbe, Design, Steuer, Versicherung, Wertminderung und vieles mehr, und das von vielen Marken, die wiederum zahlreiche Modelle anbieten. Deswegen überlegen wir vor der Entscheidung, welche Kriterien bei unserem Wunsch eine besondere Rolle spielen. Farbe, Form und Höchstgeschwindigkeit, beispielsweise.

Etwas leichter fällen Sie Entscheidungen, wenn Sie bei Ihrem Wunsch auf ein ganz spezielles Detail Wert legen, etwa auf die Farbe, wenn Ihr größter Wunsch ein Auto im Zebralook ist. Stoßen Sie nach langem Suchen endlich auf ein schwarz-weiß gestreiftes Auto, werden Sie bei Ihrem Entscheidungsprozess der Zufriedenheitsregel folgen, wie Simon diesen Vorgang nennt. Und mit großer Wahrscheinlichkeit zuschlagen, ohne weitere Details zu berücksichtigen.

Kosten-Nutzen-Überlegungen verleiten gerne zum sogenannten kontrafaktischen Denken. Das bezieht sich auf versäumte Wünsche und beschreibt ein Denken im Konjunktiv. Was wäre, wenn ich es anders gemacht hätte? Hätte, würde: Beim kontrafaktischen Denken grübeln wir sozusagen gegen die Fakten, gegen das, was ist.

Meistens dient das kontrafaktische Denken dem eigenen Wohlgefühl. Hätte ich nicht angerufen, wäre Max jetzt nicht mein Ehemann. Wäre ich damals nach der Party im Auto von Bernd mitgefahren, hätte ich dessen Unfall miterleben müssen. Wäre ich eine Woche später nach Mallorca geflogen, hätte ich nur schlechtes Wetter gehabt. Gut, dass alles anders kam.

Wir denken aber auch kontrafaktisch, wenn etwas nicht eingetreten ist, was wir uns gewünscht hätten. Dabei kommt Unzufriedenheit auf, wenn wir das Geschehen oder den Wunsch nur ganz knapp verpasst haben. Wenn Sie beispielsweise zwei Lose kaufen und eines davon an eine Bekannte verschenken. Als Gewinn winkt ein Kleinwagen. Wenn Sie nun leer ausgehen, Ihre Bekannte aber Besitzerin eines Kleinwagens ist, war das Glück zum Greifen nah. Dann geht es los in Ihrem Kopf mit dem kontrafaktischen Grübeln.

Worüber, glauben Sie, grübeln Sie länger? Wenn Sie Wünsche versäumt haben, die Sie sich eigentlich ganz gerne erfüllt hätten? Wenn Sie beispielsweise niemals in die USA geflogen sind, weil stets irgendwelche Gründe dagegensprachen, obwohl Sie sich es so sehr gewünscht hatten?

Oder wenn Sie sich einen Wunsch erfüllt haben, der Sie dann doch nicht so richtig befriedigt hat? Wenn Sie etwa eine teure Tasche erstanden haben, über die Sie sich dann im Nachhinein nicht wirklich freuen konnten, weil das Geld Sie reute oder die Farbe und das Material doch nicht passten?

Anzunehmen wäre doch, der erfüllte Wunsch, der dann nicht dem entsprach, was man sich vorgestellt hatte, böte besonders viel Stoff zum Grübeln. Immerhin hatte man sich ihn erfüllt.

Psychologen sehen das jedoch anders. Es sind die versäumten Wünsche, die uns mehr quälen. Denn hier wird unser kontrafaktisches Denken von der Fantasie beflügelt, alles wird bis ins Detail ausgemalt, so dass die versäumten Wünsche intensiver und länger in unseren Köpfen wirken als die fälschlicherweise erfüllten Wünsche.

Haben Sie schon einmal von dem tragischen Unfall des Phineas Gage gehört?

Phineas lebte in der ersten Hälfte des 19. Jahrhunderts in den USA und arbeitete als Vorarbeiter bei einer Eisenbahngesellschaft. Er war ein ruhiger, besonnener und durchaus kluger Mann. Eines Tages erlitt er bei Sprengungsarbeiten einen schweren Unfall. Eine drei Zentimeter starke Eisenstange von über einem Meter Länge durchbohrte seinen linken Wangenknochen und trat oben aus der Schädeldecke wieder aus. Phineas hatte Glück im Unglück. Er überlebte die Verletzungen, seine Intelligenz, seine Sprache, sein Gedächtnis blieben ihm. Allerdings wurde er nach dem Unfall zu einem unzuverlässigen, impulsiven Wesen mit kindischen Zügen. Im Alter von 37 Jahren starb er, vermutlich an einem nicht enden wollenden epileptischen Anfall. Sieben Jahre nach seinem Tod, im Jahr 1867, exhumierte man seine Leiche, sein Schädel wurde in einem Museum ausgestellt. 1994 schließlich befassten sich Forscher mit den Hirnarealen, die bei Phineas' Unfall zerstört worden waren, und stellten Läsionen im orbifrontalen und präfrontalen Cortex fest. Es ist dies eine Hirnregion, die neben der Emotionsregulierung auch für Handlungssteuerungen, für Entscheidungen zuständig ist. Der bedauernswerte Phineas war durch den Unfall unfähig geworden, Entscheidungen zu fällen, gleichzeitig hatte er seine Triebe nicht mehr unter Kontrolle, er missachtete soziale Normen, vor allem aber flachten seine Empfindungen ab. Er wurde gefühlskalt.

Jahre später, im Jahr 1982, machte der berühmte Neurologe António Damasio einen Fall publik, der ihn an Phineas Gage erinnerte. Es war der Patient Elliott Smith. Bei ihm hatte man gleich hinter der Stirn einen Tumor entfernt. Die Operation hatte Elliott gut überstanden. Ähnlich wie bei Gage waren weder Gedächtnis noch Intellekt oder Sprachvermögen beeinträchtigt. Dennoch wurde der Mann lebensuntauglich, weil er sich nicht mehr entscheiden konnte. Legte man ihm Stifte mit mehreren Farben auf den Tisch, konnte er nicht zu schreiben beginnen, weil er nicht wusste, welchen Stift er wollte. Er wusste nicht, was er anziehen sollte, welches Fernsehprogramm er wählen wollte. Elliott konnte zwischen seinen Wünschen nicht mehr entscheiden. Die Wahl wurde für ihn zur Qual.

Entscheidungsunfähigkeit, die krankhaft ist, hat sogar einen eigenen Namen: Abulie. Sie ist die Folge einer Stirnhirnerkrankung. Der Wille ist nicht mehr stark genug, die Erkrankten führen keine der Handlungen mehr aus, die sie sich vorgenommen haben.

Eine Begleiterscheinung dieser Unfähigkeit bei seinem Patienten Elliott, so Damasio, nachdem er sämtliche Freunde und Bekannten des Erkrankten befragt hatte, waren die fehlenden Emotionen. Der Forscher dehnte seine Untersuchungen aus, um einen Zusammenhang zwischen Emotionen und Entscheidungsfähigkeit zu erkunden. Alsbald bestätigte sich seine erste Annahme: Fehlen Emotionen, können wir uns zwischen unseren Wünschen nicht oder nur noch ausgesprochen schwer entscheiden. Stattdessen tun wir nichts und verharren im Status quo.

Selbstverständlich bedeutet dies nicht, dass Zauderwünscher emotionslos wären, gleichwohl ist es für jene unter uns, die sich auffallend schlecht entscheiden können, lohnenswert, sich Gedanken über ihre grundlegende Gefühlswelt zu machen, anstatt nur an der Entscheidungsfreude zu arbeiten.

Zaudern oder spontan wünschen. Wie sollte man sich entscheiden? Grübeln oder sich auf die Intuition verlassen? Diese Frage lässt sich nicht global beantworten. Vielmehr muss die Antwort situationsbezogen gegeben werden. Grundsätzlich fallen Entscheidungen leicht, wenn eine Option deutlich besser ist als die andere. Wenn das Menü, Pizza, Salat und ein Getränk freier Wahl, auf der Mittagskarte 6 Euro kostet, eine Pizza allein auf der Tageskarte aber 6 Euro 50, dürfte die Entscheidung ziemlich einfach sein.

Je komplexer und unübersichtlicher das Für und Wider ist, je mehr Informationen und Auswahlmöglichkeiten sich uns bieten, desto problematischer wird für uns der Vergleich. Denn nahezu alles, was zur Wahl steht, hat bekanntermaßen Vor- wie auch Nachteile.

Was also tun?

Wollen oder können?

Der Verhaltenstherapeut Jens Corssen beantwortet diese Frage recht pragmatisch:

Viele Zauderwünscher meinen und sagen, sie könnten sich nicht entscheiden. Sie wägen Vor- und Nachteile gegeneinander ab und liegen ihren Mitmenschen mit einem »Ach, wie soll ich mich da entscheiden?« unablässig in den Ohren.

Doch können sie nicht entscheiden, oder wollen sie es nicht tun? »Sie wollen nicht«, meint Corssen. »aber das wissen viele Zauderwünscher nicht. Sie wollen nicht, weil sie keine Veränderungen im Leben wünschen. Andernfalls wären sie die Veränderung angegangen.«

Zaudereien, so Corssen, könne man am besten begegnen, indem man sich auf Veränderungsprozesse einlässt beziehungsweise diese aktiv sucht. Mal in einen neuen, anderen Stadtteil gehen, in dem man noch nie gewesen ist. Ein Verkehrsmittel wählen, das man sonst nie nutzt ...

Neues erleben macht lebendig und nährt den Boden für den Mut zur Veränderung.

Würfeln

Warum nicht würfeln? Zauderwünscher sollten das durchaus einmal versuchen! Sie können von dieser simplen Methode durchaus profitieren, sagt Corssen. Legen Sie aber vorher fest, was Sie jeweils tun werden: 1 = Ich kaufe ein kleines Stadtauto, 2 = Ich buche den Traumurlaub in Thailand, 3 = Ich gönne mir eine Kreuzfahrt usw. Die Idee hinter diesem Würfeln ist die Erkenntnis, dass nicht nur das Ankommen glücklich macht, sondern auch der Weg zum Ziel. Würfeln bedeutet eine Entscheidung, es folgt das Handeln, und damit verbunden sind neue Erfahrungen, wie es ist, es einfach mal zu machen.

Darüber schlafen

Wissenschaftlichen Erkenntnissen zufolge ist es keinesfalls so, dass die Qualität der Entscheidungen, denen extrem viel Grübelzeit vorangegangen ist, wächst.

Vermeiden Sie folglich allzu langes Nachdenken. Irgendwann muss Schluss damit sein, andernfalls landen Sie in der Grübelfalle.

Und die macht unglücklich, wie die Psychologin Erin Sparks herausgefunden hat. Sie befragte 52 Studenten, wie diese ihre Entscheidungen fällen, eher im Grüblermodus oder eher spontan, aus dem Bauch heraus.

Anschließend legte sie ihnen eine große Auswahl diverser Poster von Landschaften, Bildern, Städten, Bauwerken usw. vor mit der Bitte, diese nach Gefallen zu sortieren: das schönste an den Anfang, das hässlichste ans Ende.

Das Poster, das den jeweiligen Studenten am besten gefiel, durften diese sogar mit nach Hause nehmen.

Sparks beobachtete ihre Probanden, wie diese sich beim Sortieren der Poster entschieden, und teilte sie in die zögerlichen, lange nachdenkenden Zauderwünscher und in die Spontanwünscher ein, die schnell eine Wahl zu ihrer Zufriedenheit trafen.

Eine Woche später nahm Sparks nochmals Kontakt zu ihren Studenten auf und fragte sie, wie glücklich sie mit dem geschenkten Poster seien, ob es denn an der Wand hinge oder ob es in die Ecke gelegt beziehungsweise gar weitergeschenkt worden war.

Das Ergebnis: Die Zauderwünscher, die bei ihren Entscheidungen lange nachgedacht hatten, waren hinterher mit dem Resultat weniger zufrieden als die Spontanwünscher. Die Zauderer haben das Poster seltener zu Hause aufgehängt und häufiger weitergeschenkt. Die Freude an dem Poster wurde bei ihnen durch Reue beziehungsweise durch den Zweifel geschmälert, ob sie nicht besser doch ein anderes Motiv hätten wählen sollen.

Fazit: Das ständige Hin-und-her-Jonglieren zwischen möglichen Alternativen verhindert, dass wir mit dem glücklich sind, wofür wir uns entschieden haben.

Extremen Spontanwünschern sei noch gesagt: Allzu

schnelles Festlegen bringt Sie nicht weiter, zu groß ist dann die Gefahr einer Fehlentscheidung und der nachfolgenden Reue, sagt zumindest die Forschung.

Verfahren Sie stattdessen nach der Taktik des »Auf-morgen-Verschiebens«. Bevor Sie in einem Wunschprozess entscheiden, sollten Sie am besten ein Mal, gegebenenfalls zwei oder mehrere Male darüber schlafen, damit in dieser Zeit Ihr Unbewusstes seinen Beitrag leisten kann.

Keinen Zeitdruck aufkommen lassen

Vermeiden Sie bei Wunschentscheidungen Deadlines. Das nämlich versetzt Sie in einen Stress, der gutes Denken behindern kann.

Und Sie laufen Gefahr, sich von Zufällen oder Manipulationen leiten zu lassen. Das zeigten Experimente an einem Weinregal. Dort ließen sich die Kunden von Musik dazu verleiten, den dieser Musik entsprechenden Wein zu kaufen. Bei Beschallung durch deutsche Schlager griffen die Leute nahezu automatisch zu deutschen Weinen. Klangen jedoch Chansons aus den Lautsprechern, wählten die Kunden eher französische Weine. Spontanwünscher tappen hier besonders leicht in die Falle und glauben, ihr Bauchgefühl hätte ihnen zum richtigen Wein geraten. Den Zauderern können derartige Verführungstricks weniger anhaben, wie der Wissenschaftler Ben Newell bei fingierten Autokäufen zeigen konnte. Spontanwünscher ließen sich dabei viel schneller von oberflächlichen, nicht relevanten Informationen zu einem »falschen« Autokauf verführen, wohingegen die Zauderer, wenn ihnen eine zeitliche Grenze gesetzt worden war, eine bessere, durchdachtere Wahl zeigten.

Ein schwarz gekleidetes Mädchen, eines aus der düsteren Gothicszene, geht einsam durch eine belebte Straße mit hell gestrichenen Häusern und bunt gekleideten Menschen. Das Mädchen blickt ernst drein. Es spürt offensichtlich die ablehnenden Blicke der anderen, während es mit gesenktem Kopf an ihnen vorbeischlendert.

Das Mädchen öffnet das Gartentor seines Elternhauses und blickt auf seine Hand: Zu seinem Erstaunen klebt schwarze Farbe daran. Das Mädchen hebt den Kopf, am Haus lehnt eine Leiter, auf der sein Vater mit einem Farbroller in der Hand steht. Das Haus ist nahezu fertiggestrichen. Schwarz. Pechschwarz.

So ganz anders in dieser hellen, bunten Straße.

»Sag es mit deinem Projekt«, mit diesem Slogan weist der Werbespot eines Baumarkts auf gesellschaftliche Ausgrenzung hin. Weit mehr als 2,5 Millionen Mal wurde diese Werbung auf Youtube angeklickt, und das *Handelsblatt* schreibt über diesen Spot, er berühre die Menschen auf der ganzen Welt.

Was macht diesen Spot so erfolgreich?

Und was hat er mit unserem Thema des Wünschens zu tun?

Es geht um die Emotionen. Dieser Spot unterstreicht die Sehnsucht nach Gemeinsamkeit und Dazugehörigkeit. Er zeigt die Trauer, die wir empfinden, wenn wir uns aus der Gemeinschaft ausgeschlossen fühlen. Zudem weckt er das Mitgefühl für jemanden, der seine ganz speziellen Wünsche auslebt, auch und gerade, wenn diese nicht der Norm entsprechen.

Aus der Norm zu fallen bedeutet, anders zu sein. Es bedeutet aber auch, mutig zu sein.

Als soziale Wesen, die wir sind, können wir aber ohne unsere Mitmenschen nicht überleben. Wir sind angewiesen auf sie, wollen uns in eine Gemeinschaft eingebettet wissen. Entsprechend stark schmerzen Zurückweisung und Ausgrenzung.

Die Vorteile, die sich aus unserer Anpassung ergeben, liegen auf der Hand. Als unauffällige Mitläufer ecken wir nirgendwo an, werden wir weniger kritisiert und benötigen nicht die Energie, den eigenen Standpunkt verteidigen zu müssen. Wir fühlen uns geschützt, unterstützt und geborgen. Viele unserer Verhaltensweisen, unserer Gedanken und unserer Einstellungen werden von der Sehnsucht nach gesellschaftlicher Akzeptanz und sozialer Einbettung bestimmt.

So ist es auch mit unseren Wünschen, und es verwundert nicht weiter, dass sich unsere Wünsche im Sog dessen befinden, was sich andere wünschen. Das, was andere haben, das, was »in«, was die Norm ist, das, was uns Medien und Werbung suggerieren, das wünschen wir, nicht alle, aber vor allem die Normwünscher unter uns.

Dem starken Bedürfnis nach Einbettung in die Gemeinschaft steht, wenn auch bei jedem unterschiedlich stark ausgeprägt, der Wunsch nach Selbstbestimmung gegenüber. Um diesen Graben zu überbrücken, integrieren wir das Wertesystem der Gesellschaft in unser Selbst, behaupten die beiden Psychologen Richard Ryan und Edward Deci.

Diese moralischen Normen, die vorgeben, was wir uns wünschen dürfen, erzwingen in uns bisweilen den Verzicht auf die Realisierung von Wünschen, die wir als unsere eigenen tief in unserem Inneren spüren. Auf diese Weise machen wir die Wünsche anderer zu unseren eigenen – und werden zum Normwünscher.

Am häufigsten findet eine solche »Wunschübernahme« zwischen Eltern und Kindern statt, wenn die Nachkommen die versäumten oder nicht erfüllten Wünsche ihrer Eltern leben sollen. Dies ist umso mehr der Fall, je mehr die Eltern ihre Kinder als wesentlichen Teil ihres Selbst empfinden. Psychologen sprechen dann von einer Projektion der elterlichen Wünsche.

In einem Experiment eines Forscherteams um den Psychologen Eddie Brummelmann wurden Eltern gebeten, in einem Fragebogen anzugeben, bis zu welchem Grad sie ihre Kinder als eigenständige Persönlichkeit oder als Teil von Vater und Mutter sehen.

Im Anschluss daran sollte eine Gruppe der Eltern ihre eigenen versäumten Wünsche zu Papier bringen. Was wären sie selbst gerne geworden, was hätten sie gerne erlebt, wie hätten sie am liebsten ihr Leben gestaltet?

Eine andere Gruppe der Eltern sollte nicht die eigenen versäumten Wünsche aufschreiben, sondern die von engen Freunden oder Bekannten.

Schließlich baten die Forscher alle Probanden, vorgegebene Statements wie »Meine Tochter soll es mal besser haben als ich« zu beurteilen.

Das Ergebnis überrascht nicht weiter: Eltern, die sich stark mit ihren Kindern identifizierten, übertrugen ihre versäumten Wünsche auf sie. Das galt vor allem für jene Eltern, die sich im Vorfeld die eigenen unerfüllten Wünsche in Erinnerung gerufen hatten.

Die meisten Kinder, die zum Opfer elterlicher Wunschgedanken geworden sind, übernehmen auch die Rolle dieses Wunscherfüllers und verdrängen die eigenen Bedürfnisse und Sehnsüchte, stellte bereits in den 1970er Jahren der berühmte Psychoanalytiker Horst Eberhard Richter fest.

Die Bereitschaft, eigene Werte und Wünsche den der anderen anzupassen, ist von Mensch zu Mensch unterschiedlich stark ausgeprägt.

Ausgesprochen anfällig für Anpassungsprozesse und sogenannte Normwünsche sind jene unter uns, die Autoritätspersonen grundsätzlich viel Respekt entgegenbringen. Wenn es Ihnen als Kind niemals in den Sinn kam, gegen die Eltern oder Lehrer zu protestieren, wenn Sie später dem Chef niemals die Meinung sagten, wenn Sie stattdessen innerliches Zittern überkommt, sobald Sie einer Person begegnen, der Sie sich unterlegen fühlen, dann ist die Wahrscheinlichkeit groß, dass Sie Ihre Wünsche dem anpassen, was man von Ihnen erwartet.

Das gilt auch für diejenigen unter uns, deren Selbstwertgefühl nicht besonders ausgeprägt ist. Sie suchen mehr Halt und Rückendeckung in der Gruppe als Menschen mit starkem Selbstwertgefühl.

Was tun?

Erster Rat: Nicht jammern! Warum bin ich da, wo ich bin? Warum konnte ich mir nicht jene Wünsche erfüllen, die ich so sehr wollte? Warum habe ich stattdessen getan und gemacht, was man von mir erwartet hat? Warum erfüllte ich, nahezu fremdgesteuert, Wünsche der anderen?

Normwünscher, sagt Corssen, wollen nicht auffallen. Mit ihrer Unscheinbarkeit gehen sie auf Nummer sicher. Allerdings sollten sich Normwünscher dann nicht darüber beklagen, dass ihnen ein gewisses 08/15-Image angelastet wird. Sie sollten nicht darüber jammern, dass sie keinen besonderen USP haben und als relativ unauffällig, wenn nicht gar langweilig wahrgenommen werden.

Gedankenwanderung

Möchte man sich jedoch aus dem Normwünschen herausbewegen, geht Corssen mit seinen Klienten das Projektionsspiel durch, in dem sich der Normwünscher gedanklich auf Reisen begibt.

»Denken Sie sich doch mal zehn Jahre weiter«, fordert der Verhaltenstherapeut dann seine Klienten auf. »Ich begegne Ihnen zufällig auf der Straße, Sie lächeln, wirken glücklich und vollkommen entspannt. Offenbar sind Sie mit sich und Ihrem Leben zufrieden. Ich spreche Sie an und frage Sie, ›Ist ja schön, dass wir uns mal wiedersehen. Wie geht es Ihnen denn? Sie sehen ja freudestrahlend aus.‹

›Ja‹, antworten Sie, ›es geht mir gut, sehr gut.‹

›Das ist ja wunderbar‹, sage ich. ›Was hat sich denn in den letzten zehn Jahren bei Ihnen getan, dass es Ihnen jetzt so gutgeht?‹«

Corssen fordert nun seine Klienten auf, das Leben zu beschreiben, das sie zu so einem glücklichen Menschen machte. Minutiös, Schritt für Schritt.

Und die Klienten legen los. Sie erzählen, welchen Wünschen und Sehnsüchten sie gefolgt sind, wie sie Lebensumstände geändert haben, unter denen sie lange litten, und welche Träume sie sich erfüllt haben. Sie projizieren ihre Wünsche in die Zukunft. »Ich habe mir eine große Kamera geleistet, bin nach China in die hohen Berge Yunnans gereist, wo ich eine Fotoreportage gemacht habe. Meinen Job habe ich gekündigt, sitze nicht mehr jeden Tag im Büro. Ich habe zwar wenig Geld, aber das Leben macht mir Spaß.«

Warum, will Corssen nach dem Projektionsspiel dann stets wissen, weicht das bisher gelebte Leben derart von den Wünschen und Idealvorstellungen ab?

»Es geht halt nicht anders«, sagten die Klienten dann, »ich kann mir ein solches Traumleben nicht leisten. Ich muss doch eigentlich ... irgendwie sollte ich doch ... man erwartet von mir ... ich kann doch nicht einfach ...«

Und so weiter und so fort.

Corssen betont, das Projektionsspiel diene nicht dazu, den Klienten zu einer kompletten Lebensänderung aufzufordern, vielmehr gehe es um die Frage: Warum bin ich da, wo ich gerade bin – und nicht woanders? Denn abschließend stellt er die Frage: »Warum sind Sie nicht dort, wohin Sie sich gewünscht haben?«

Auf diese Weise können wir unsere bislang erfüllten Wünsche und Träume kritischer reflektieren, inwiefern sie tatsächlich unsere eigenen sind und ob wir wichtige Wünsche versäumt haben, weil wir jene erfüllt haben, die andere von uns erwartet haben.

Ungewöhnliches wagen

An der Angst vor sozialer Zurückweisung lässt sich arbeiten. Normwünscher können sich in ihrer Wahrnehmung desensibilisieren und es weniger tragisch nehmen, wenn sie meinen, andere würden sie belächeln oder gar missachten, sobald sie sich nicht konform verhalten.

Eine derartige Desensibilisierung wird in kleinen Schritten angegangen, indem man sich systematisch vornimmt, ein Mal bewusst aus der Reihe zu tanzen, etwas zu tun, was ungewöhnlich ist. Corssen rät an dieser Stelle gerne zu dem sogenannten Kuckucksspiel, das zwar ein klein wenig verrückt anmuten mag, aber große Wirkung im Seelenleben zeigt. »Gehen Sie auf eine belebte Straße, springen in die Höhe und rufen laut Kuckuck!«

Die Leute werden den Kopf schütteln. Sie werden womöglich denken, da ist ein Verrückter. Doch von Mal zu Mal werden Sie weniger Wert auf die Reaktion der Menschen legen. Es wird Ihnen zunehmend egal werden. Und Sie werden bemerken: Nicht Sie, sondern die anderen haben ein Problem. Die anderen beschäftigen sich mit Ihnen, grübeln, was mit Ihnen los ist. Während Sie selbst, irgendwann desensibilisiert, den nächsten Schritt angehen können. Eine kleine Wunscherfüllung, die für Sie ungewöhnlich ist. Gönnen Sie sich bewusst etwas, worüber andere den Kopf schütteln würden. Gönnen Sie sich mal ein Wochenende nur für sich selbst, eine kleine Auszeit. Egal wie andere darauf reagieren. Oder gehen Sie in einen Laden und kaufen sich etwas, womit Sie schon lange geliebäugelt hatten, es jedoch nie erstanden haben, weil Sie ahnten, andere würden sich über Sie wundern. Sie könnten wie ein kleines Kind im Sandkasten Bagger spielen, dieses Mal jedoch mit einem echten Bagger in einer echten Sandgrube. Oder mal in einem Flugsimulator sitzen und einen Kapitän mimen. Oder in einem Windkanal das Gefühl erleben, fliegen zu können. Oder ein Fotoshooting als Model erleben …

Nähern Sie sich in kleinen Schritten jenen versäumten Wünschen, die Sie sich als Normwünscher nie zu erfüllen trauten. Wenn Sie gleichzeitig an Ihrer Desensibilisierung arbeiten, kann es Ihnen gelingen.

Sehnen, Begehren, Vermissen, Neiden, Gieren, Sich-Freuen und viele Regungen mehr: Bedürfnisse und Wünsche äußern sich in Emotionen und werden von ihnen gesteuert. Unsere Gefühle sind für uns von ebensolcher elementarer Wichtigkeit wie all unsere lebenserhaltenden Organe. Abschalten können wir unsere Gefühle nicht.

Emotionen regeln auf subtile Weise unseren Alltag, in ihnen sind all unsere bisherigen Erlebnisse und Erfahrungen gebündelt und beeinflussen unser Denken und Handeln. Nicht umsonst leitet sich das Wort Emotion von »ex« (aus, heraus) und »movere« (bewegen) ab.

Um unsere eigenen Wünsche zu hinterfragen, benötigen wir einen guten, einen gesunden Zugang zu unseren Gefühlen,um herauszufinden, wonach wir uns eigentlich sehnen und was wir wirklich wollen.

Nicht wenige von uns vernachlässigen ihre Gefühle. Sie behandeln sie geradezu stiefmütterlich, indem sie sich zu wenig mit ihnen auseinandersetzen, sich zu selten fragen, warum sie gerade so fühlen, wie sie es tun.

Wissen Sie, wie Sie sich gerade im Moment empfinden? Jetzt, während Sie diese Zeilen lesen? Fühlen Sie doch kurz in sich hinein. Könnten Sie Ihre momentane Stimmung auf Skalen festmachen, zwischen glücklich – unglücklich, optimistisch – pessimistisch, offen – verschlossen, aktiv – passiv? Wünsche zu spüren setzt nämlich etwas ganz Wichtiges voraus: Wir müssen in uns gehen, in uns horchen, fühlen, was wir wollen. Mit anderen Worten, wir müssen unsere Gefühle, Empfindungen und Sehnsüchte wahrnehmen.

So einfach dies für Sie klingen mag, so schwierig ist es für manche Menschen. Es sind die Gefühlswünscher, die nicht mehr wissen, was sie wirklich wollen, weil sie sich selbst nicht mehr spüren. In ihnen herrscht innere Leere. Nichts ist mehr da, kein Gefühl, weder Freude noch Trauer, nur eine gewisse Abgestumpftheit.

Emotionen, die wir vermeintlich nicht mehr spüren, sind jedoch nicht wirklich verschwunden. Sie gären in uns und suchen sich ihren Weg nach draußen in Form von körperlichen Malaisen oder psychischen Problemen wie Erschöpfungszuständen oder Depressionen.

Menschen, die sich selbst lieben, anstatt zu wünschen

Der richtige Zugang zu den eigenen Gefühlen und somit zu den eigenen Wünschen ist besonders selbstbezogenen Personen mit ausgeprägter Selbstverliebtheit und übersteigerter Eitelkeit erschwert.

Solchen als Narzissten bezeichneten Menschen fehlt es sowohl an Selbstwertgefühl als auch an Sensibilität für sich selbst. Wer bin ich wirklich, was macht mich aus, was fühle ich, welche Wünsche stecken tief in mir? Diese Fragen können oder wollen Narzissten für sich nicht beantworten.

In Wirklichkeit tief verunsichert, weil ihnen die wahre Liebe zu sich selbst fehlt, kompensieren Narzissten ihre empfundene Wertlosigkeit in Größenfantasien, gleichzeitig plagen sie unspezifische Ängste, Niedergeschlagenheit, manchmal auch Depressionen. Narzissten sind schnell gekränkt und empfinden große Scham, wenn ihr Ego kritisiert wird. Aus diesem Grund haben sie eine schützende Mauer um sich erbaut. Schuld, wenn mal etwas danebengeht, wenn sich Wünsche nicht erfüllen lassen, haben stets die anderen.

Ausgeprägte Narzissten haben Probleme, sich in die Gefühle ihrer Mitmenschen zu versetzen, was sich im zwischenmenschlichen Umgang zweifelsohne mehr als irritierend auswirkt. Gleichzeitig sehnen sich Narzissten verzweifelt nach Anerkennung, Respekt und Liebe durch die anderen, was bedeutet: Narzissten stützen ihren Selbstwert vor allem auf das, was sie als Rückmeldung durch andere erfahren. Da diese durchaus schwankend sein kann, mal positiv, mal negativ, haben Narzissten auch kein stabiles Bild von sich, von ihren Gefühlen und von ihren tiefen Wünschen.

Sich selbst stets im Zentrum wähnend, suchen sie nach Bewunderung und Achtung, was ein Antrieb für den starken Erfolgs- und Leistungsdruck ist, unter dem viele Narzissten stehen. Besonders wichtig ist den Narzissten, dass sie bevorzugt behandelt werden. Ihre Wünsche, so meinen sie, sollten ihnen von den Augen abgelesen werden.

Nicht wenige dieser Wünsche ließen sich durchaus eher als Größenfantasien bezeichnen, in denen es um Macht, Glanz, außergewöhnliche Schönheit und ein übersteigertes Ideal von Liebe geht.

Die Gefühlswelt von Narzissten ist durchdrungen von Neid, wenn sie meinen, andere hätten mehr erreicht als sie selbst. Gleichzeitig vermuten sie schnell, andere würden mit Neid auf sie blicken.

Die Wurzeln des Narzissmus liegen neben angeborenen Persönlichkeitsmerkmalen auch in der Kindheit, wenn die Kleinen wiederholt seelisch verletzt und danach nicht mehr liebevoll aufgefangen wurden. Vielen fehlte es an elterlicher Zuwendung, Geborgenheit und empathischen Gefühlen. Die Gefühle der späteren Narzissten wurden in deren Kindheit entweder nicht wahrgenommen oder unterdrückt.

Das Phänomen der Selbstverliebtheit in leichter, aber auch in schwerer, ja krankhafter Form durchzieht die westliche Gesellschaft immer mehr, beobachten Forscher wie der Sozialpsychologe Hans-Werner Bierhoff. Verwirkliche dich selbst, liebe dich so, wie du bist, lautet die ichbezogene Devise. Anders als früher sind Narzissten inzwischen gesellschaftlich salonfähig geworden.

Die meisten Wünsche dieser Narzissten stehen im Dienst der Selbstdarstellung und Selbstverwirklichung, der Selbstvermarktung. Wünsche hingegen, die die Wünschenden tief im Inneren wirklich bewegen und freuen können, sind rar.

Der Wunsch, Gefühle zu zeigen

Kommen Ihnen die folgenden Situationen bekannt vor?

Vormittags vom Chef nicht gegrüßt zu werden, mittags in der Kantine von Kollegen ignoriert zu werden, beim Einkaufen von einem Drängler an der Kasse überholt zu werden, abends in einer geselligen Runde immer wieder das Wort abgeschnitten zu bekommen …

Da rumort es meistens gewaltig in uns, dennoch bleiben wir ruhig. »Wozu sich stressen?«, denken wir, scheinbar gelassen.

Zu den Gefühlswünschern zählen auch jene Menschen, die meinen, sich ihre Gefühle nicht leisten und so zum Ausdruck bringen zu können, wie sie es gerne täten. Dem Chef mal ordentlich die Meinung sagen, sich dem Partner gegenüber so richtig gehenlassen, weinen, schreien, toben.

Gefühlswünscher schlucken ihre Emotionen runter, um des lieben Friedens willen oder weil sie die Konsequenzen eines möglichen Konflikts nicht ertragen wollen.

Sicherlich, im Sinne eines harmonischen Zusammenlebens können wir uns es schlicht und einfach nicht leisten, immer und überall unseren Gefühlen freien Lauf zu lassen.

Sie ständig zu verdrängen, stets gute Miene zum bösen Spiel machen, stets den Schein zu wahren versuchen macht auf Dauer krank und führt dazu, dass wir zum Gefühlswünscher werden, dessen größter Wunsch darin besteht, endlich mal zu zeigen, was tief in ihm wirklich los ist.

Das gilt im Übrigen nicht nur für die negativen Emotionen wie Wut, Trauer, Ärger, Enttäuschung, sondern gleichermaßen für die positiven Empfindungen wie Liebe und Freude.

Nicht jedermann kann dem anderen seine Zuneigung offen und ehrlich eingestehen.Wie schwer fällt es manchmal, ein »Ich liebe Dich« oder ein »Ich sehne mich nach dir« über die Lippen zu bringen, auch wenn man es sich noch so sehr wünscht und fühlt, dass dies gerade jetzt für die Beziehung gut und wichtig wäre.

Gefühlswünscher fürchten durch Offenlegung ihrer Zuneigung ihre Seele verletzbar und angreifbar zu machen. Was, denken sie, wenn der andere die Gefühle so nicht erwidert? Was, wenn der andere mit meinen Empfindungen Schindluder betreibt, sie ausnützt, sich über sie lustig macht? Gefühlswünscher wünschen sich einen anderen Umgang mit ihren Gefühlen, sie würden gerne mehr von ihnen preisgeben, können es aber nicht.

Was tun?

Vor allem: reden, reden, reden. Gefühlswünscher sind gut beraten, bewusst daran zu arbeiten, ihren Gefühlen mehr verbalen Ausdruck zu verleihen.

»Ich bin traurig, dass du gehst. Ich ärgere mich, weil du mal wieder viel zu spät gekommen bist.« Wie sehr Reden hilft, konnte der Forscher Mathew Lieberman anhand eines Experiments nachweisen. Er legte seinen Probanden Fotos von Gesichtern vor, die ärgerlich oder traurig dreinblickten. Mittels Hirnscanner beobachtete er, wie es bei seinen Testteilnehmern zu einer Aktivität in der unter anderem für die Verarbeitung von Panik- und Angstgefühlen zuständigen Amygdala kam. Sobald die Probanden das, was sie sahen, verbal mit einem »Ich sehe ein trauriges oder ein verärgertes Gesicht« kommentierten, ging die Aktivität in dieser Hirnregion merklich zurück.

Hilfreich ist auch ein kleines Heft mit einem Stift oder ein Computer, in dem Sie ein Tagebuch anlegen. Schreiben Sie sich Ihre Gefühle von der Seele, schreiben Sie, was Sie bewegt, was Sie geärgert hat, über was Sie sich freuen konnten. Und was Sie gerne anders hätten.

Der Prestigewünscher

Mein Haus, mein Auto, mein Pferd. Von jeher wünschen sich Menschen Materielles, um ihren Status zu unterstreichen und für alle sichtbar zu machen.

Hier stehen die Wünsche im Dienst des sozialen Vergleichs.

Ich zeige dir, was ich habe, zeige du mir, was du hast.

Ausgestattet mit einer Art Sozialradar, vergleichen wir Menschen uns mit anderen, um so Auskunft über unser Selbst zu gewinnen. Wo bin ich, wo stehe ich?

Der andere und das, was wir konkret von ihm über uns erfahren, sowie die Vermutung darüber, was er wohl von uns denken könnte, dient uns sozusagen als Spiegel und formt unser Selbst.

Die Art und Weise, wie wir bei unseren sozialen Vergleichen vorgehen, variiert von Person zu Person und von Situation zu Situation.

Mal vergleichen wir uns mit Personen, die unserer Meinung nach in Rang und Hierarchie unter uns stehen, Menschen, die weniger erfolgreich sind als wir, weniger vermögend, weniger attraktiv. Auf diese Weise erhöhen wir unser Selbst. Zu solchen Abwärtsvergleichern zählen vor allem die wettbewerbsorientierten Männer, die ihren Status unterstreichen wollen.

Mal vergleichen wir uns mit Menschen, die unserer Einschätzung nach wichtiger, bedeutender, reicher, auf alle Fälle besser und beneidenswerter sind als wir. In solchen Fällen ist unser Blick nach oben gewandt, und wir stellen fest: Der andere hat ein größeres Auto, eine schönere Frau, einen erfolgreicheren Mann, einen besseren Job.

Entsprechend nach oben zielen unsere Wünsche: Wir wünschen uns ein schöneres, größeres Zuhause in einer besseren Wohngegend. Wir besäßen gerne mehr Reichtum, wären gerne besser angesehen.

Sind unsere sozialen Vergleiche allzu sehr nach oben gerichtet, kann das unsere Lebensfreude trüben. »Was bin ich nur für ein Versager«, denken wir dann bisweilen und neigen dazu, mit unserem Schicksal zu hadern. »Was nur hätte ich anders tun können, um besser dazustehen?«, fragen wir uns und empfinden dabei das Leben als ungerecht und schwer.

Gerade manche Hochleistungssportler können ein Lied davon singen. Die Psychologin Victoria Medvec hat Medaillengewinner nach ihrem Zufriedenheits- und Glücksgefühl gefragt. Wer, meinen Sie, stellte sich dabei als glücklicher heraus? Der, der im Wettbewerb Zweiter, oder der, der Dritter wurde?

Klar, der Gewinner der Silbermedaille, dürfte Ihnen nun spontan in den Sinn kommen, klingt auch irgendwie logischer. Ist aber falsch.

Es sind die Sportler auf Rang drei. Diese verglichen nämlich ihre Leistung nach unten, also mit dem Vierten oder Fünften. Die Silbermedaillenträger hingegen verglichen sich nach oben, mit dem Sieger.

Daraus entsteht Frust.

Zu einem ähnlichen Resultat ist die Informatikerin Ulrike Lechner gekommen. Mittels diverser Tests konnte sie nachweisen, dass wir lieber 100 000 Euro verdienen, solange die anderen nur 50 000 Euro haben, statt 200 000, wenn die anderen 300 000 auf ihr Konto bekommen. Wir verzichten auf 100 000 Euro, nur weil wir dabei schlechter als andere abschneiden. Das klingt nahezu unfassbar, spiegelt jedoch die durchschnittliche Haltung wider.

Menschen, die sich im Vergleich nach oben orientieren, verfallen bei ihren Wünschen nicht selten dem Snob- oder Veblen-Effekt. Ihr Wünschen besteht überwiegend darin, den Status zu heben. Sie wünschen sich das, was sich andere weder erlauben noch leisten können, möglichst exklusiv und einzigartig muss es sein. Prestigewünscher wünschen sich die Taube auf dem Dach, den Spatz in der Hand können sie nicht genießen.

Das Wort Snob wird von manchen von »sine nobilitate« hergeleitet, was »ohne Adelstitel« bedeutet. Es beschreibt jene Personen, die früher nicht dem exklusiven Kreis zugehörig waren, sich aber danach sehnten. Klassische Prestigewünscher eben.

Mit allerlei Tricks schlichen sie sich in elitäre Clubs, Zusammenkünfte und Vereinigungen ein, zu denen sie standesgemäß eigentlich keinen Zugang hatten.

Später, im 19. Jahrhundert, betrachtete man diese Prestigewünscher als gesellschaftliche Emporkömmlinge.

In ähnliche Richtung wie der Snob-Effekt geht der sogenannte Veblen-Effekt, der Geltungseffekt, bei dem sich Prestigewünscher etwas wünschen, und, wenn sie können, auch leisten, nur weil es teuer ist und man es einfach hat, wenn man zu einer gewissen Geltung gelangt ist. Der Besitz eines bestimmten Objekts erhöht das Selbstwertgefühl, wobei beim Veblen-Wunsch die Nachahmung dominiert, weniger die individuelle Absonderung innerhalb einer gesellschaftlichen Schicht.

Jeder soll und kann es sehen, das fette Auto, die kostbare Uhr, den teuren Anzug, die funkelnden Steine im Collier.

Der Veblen-Wunsch richtet sich vor allem nach der Höhe des Preises. Wer über Ressourcen verfügt, die andere nicht haben, gewinnt an Macht und Einfluss, was wiederum die Wahrnehmung des eigenen sozialen Status beeinflusst, gemäß dem Motto: Ich kaufe, ich besitze, also bin ich.

Ein gewisser Zusammenhang zwischen Besitz und Status scheint uns in die Wiege gelegt zu sein. Besitz bedeutet automatisch Überleben.

»Mein«, dieses trotzige »Mein«, wer Kinder hat, weiß, wovon hier die Rede ist. Ab dem Alter von ungefähr 18 Monaten tun kleine Kinder gerne kund, dass etwas ihnen gehört. »Meine Schaufel! Meine Puppe!«

Sie können kaum laufen, schon identifizieren sich die Kleinen mit ihrem Besitz, sie verteidigen ihn, ja sie betrachten ihn gar als einen Teil von sich selbst. So lange, bis die Persönlichkeit gestärkt ist und die Kinder merken, dass sie auch teilen und daraus durchaus großen Nutzen ziehen, beispielsweise Freundschaften festigen können.

Der gute eigene Status gilt Forschungsarbeiten zufolge zwar als ein wichtiger Faktor für seelische und körperliche Gesundheit. Aufgeblasene Machtgefühle mit entsprechenden Wünschen nach Statussymbolen können jedoch ebenso krank machen wie die Ohnmacht, die Prestigewünscher überkommt, sobald sie sehen, dass es andere besser haben als sie selbst.

Besitztumseffekt

Snob-Effekt, Veblen-Effekt, das ist noch nicht alles, wenn es den Prestigewünscher mit seinen Statuswünschen erst einmal richtig erwischt hat. Gesteigert werden seine Wünsche nach Besitz durch den sogenannten Besitztumseffekt, auch Endowment-Effekt genannt. Was der Prestigewünscher besitzt, hält er dann meistens für besonders wertvoll, jedenfalls für wertvoller, als es von anderen gesehen wird.

Der Psychologe Daniel Kahneman hat hierzu ein interessantes Experiment durchgeführt. Einem Teil seiner Versuchsteilnehmer drückte er mit den Worten »Nun seid ihr Besitzer dieses Gegenstandes« einen Kaffeebecher in die Hand. Die andere Gruppe fragte er, was sie zahlen würde, um den Kaffeebecher zu erstehen. Zwischen den Besitzern und den potenziellen Käufern tat sich ein enormer Graben auf. Die Verkäufer hätten den Becher im Schnitt für knapp über sieben Dollar verkauft, die Käufer hätten jedoch nur knapp drei Dollar bezahlt.

In unserem Besitztumsdenken sehen wir Menschen das, was uns gehört, in der Regel als mindestens doppelt so wertvoll an, als ein möglicher Käufer es einschätzt.

Jene unter uns, die den Wert ihres Selbst durch Besitz steigern wollen, neigen nicht selten zum Horten. Weil alles vermeintlich so wertvoll ist, wird alles gesammelt, wird nichts weggeworfen, selbst wenn es sich, objektiv betrachtet, um vollkommen wertlos gewordene Gegenstände handelt.

Der Schmerz, den ein Prestigewünscher bei der Trennung von seinem Besitz fühlt, kann übrigens durchaus größer sein als die Freude über den Gewinn, den er durch den Verkauf erzielen könnte. Das lässt sich sogar in unserem Gehirn nachweisen. Der Psychologe Brian Knutson gab seinen 24 Probanden Spielgeld von jeweils 60 Dollar. Damit konnten sie zu festgelegten Preisen zwei aus insgesamt sechs Elektronikprodukten wie Digitalkamera, USB-Sticks und MP3-Player auswählen. Anschließend fand ein gegenseitiges Kaufen und Verkaufen statt. Während die Testteilnehmer über ihre Käufe und Verkäufe entschieden, wurde deren Hirnaktivität mittels Magnetresonanztomografie gemessen. Beim Verkauf dieser Gegenstände wurde in den Gehirnen die gleiche Region aktiviert wie bei physischen Schmerzen.

Wenn Wünsche nur im Dienst der anderen stehen, also einzig und allein darauf zielen, den eigenen Stellenwert in der Gesellschaft zu festigen und den anderen zu zeigen, wer man ist beziehungsweise wer man sein möchte, stellt sich die Frage, ob beim Bestreben, sich diese Wünsche zu erfüllen, nicht andere, langfristig wesentlich schönere Wünsche versäumt werden. Wie borniert und falsch reine Snobwünsche sein können, hat der englische Schriftsteller William Makepeace Thackeray beschrieben. Durch ihn kam der Begriff des Snobs in aller Munde. Thackeray wurde 1811 als Sohn eines reichen Kolonialbeamten in Kalkutta geboren. Binnen kürzester Zeit brachte er sein ererbtes Vermögen durch und musste fortan so leben, wie er es sich in seinen schlimmsten Alpträumen nicht hätte vorstellen können: Arm wie einer aus dem gewöhnlichen Volk. In seinem Werk *Vanity Fair (Jahrmarkt der Eitelkeit)* zieht Thackeray über die Parvenüs, die Möchtegerns und über die Hochstapler her, die alles unternehmen, um sich den Wunsch nach sozialer Akzeptanz zu erfüllen.

Was sind die Folgen des Prestigewünschens?

Sie können es mit folgendem Test am eigenen Leib ausprobieren, vorausgesetzt, Sie zählen nicht zum Kreis der oberen Zehntausend:

Schneiden Sie Fotos von den Lebenswelten der Schönen und Reichen aus, Fotos, auf denen überwiegend Glamour und Luxus zu sehen sind: protzige Villen, teure Autos, wertvolle Uhren, die sich Normalsterbliche nicht leisten können, Wellnesshotels, am besten mit fünf Sternen.

Dann schneiden Sie Fotos aus, die weder Armut noch Reichtum widerspiegeln, beispielsweise von schönen Landschaften. Hauptsache, sie haben nichts von Luxus und Wohlstand an sich.

Nehmen Sie sich nun zwei Abende Zeit für diese Abbildungen. Versetzen Sie sich an dem einen Abend in die Welt der Reichen und Schönen, an dem darauffolgenden in die diesbezüglich neutrale Welt. Betrachten Sie die Fotos lange und intensiv, lassen Sie Ihre Fantasie spielen und sämtliche Assoziationen und Wünsche aufkommen.

Sie werden sehen, das Eintauchen in Glanz und Ruhm wird einen unguten Beigeschmack in Ihnen hervorrufen. Mit großer Wahrscheinlichkeit werden Sie sich an dem »Luxusabend« weniger wohlfühlen als an dem darauffolgenden »neutralen Abend«. Möglicherweise geraten Sie beim Anblick all des Glamours ins Grübeln. Sie könnten trauriger, auch ein wenig ängstlicher werden. Ihnen ist weniger nach Freunden, eher nach Alleinsein zumute, Materielles geistert Ihnen durch den Kopf. Der Luxusabend macht Sie einsam und unzufrieden, weil Sie sehen, was Sie nicht haben. Sie denken an Ihre Position in der Gesellschaft, sind unzufrieden mit dem, was Sie sind.

Anders, wenn Sie in eine mehr oder weniger neutrale Welt getaucht sind, dort gibt es keine sozialen Vergleiche, nichts, was Sie denken ließe, wie anders das Leben doch hätte sein können.

Menschen, deren Lebensziel primär in der Anhäufung von Reichtum besteht, sind im Schnitt unglücklicher als jene, die weniger materialistisch eingestellt sind. Das stellten die beiden Psychologen Tim Kasser und Richard Ryan in den 1990er Jahren fest. Auch der Ökonom Richard Easterlin bestätigte: Menschen würden mit wachsendem Wohlstand keineswegs glücklicher. Die Dänen sind hier ein gutes Beispiel: Obgleich sie im Durchschnitt weniger verdienen, schätzen sie sich glücklicher ein als die reicheren Luxemburger, Schweden oder Österreicher.

Noch extremer sieht es bei den Spaniern aus, die wirtschaftlich bekanntermaßen alles andere als gut dastehen. Dennoch empfinden sie sich als überdurchschnittlich glücklich.

Gleichwohl muss darauf hingewiesen werden, dass Geld – bis zu einem gewissen Grad, wohlgemerkt – sehr wohl zur Zufriedenheit beitragen kann, wenn das Leben, das man sich davon leistet, insgesamt stimmig ist. Nicht umsonst soll die Schweiz das glücklichste Land der Welt sein.

Fazit: Egal welchen Wunsch Prestigewünscher sich wünschen, sie werden stets erleben und mit anschauen müssen, dass andere Schöneres, Größeres und Besseres besitzen. Wahre Zufriedenheit und anhaltendes Glück wird der Prestigewünscher mit seiner Art des Wünschens nicht erreichen.

Was tun?

Seien Sie stolz, erwarten Sie aber kein Glück. »Einem Prestigewünscher würde ich keinesfalls dazu raten, von seinem speziellen Wünschen loszulassen«, erklärt Corssen. »Ich würde es ihm nicht ausreden, zu schwierig ist es, tief sitzende Werte zu verändern. Subjektiv betrachtet, sind die Leute extrem stolz darauf, was sie alles geschafft haben. Wichtig ist nur, dass der Prestigewünscher Stolz nicht mit Glück verwechselt. Dieses lässt sich bekanntlich nicht mit Anhäufung von Reichtum erlangen.«

Prestige, Geld und die damit verbundene Anerkennung mag das »äußere Ich« befriedigen, jenes »Ich«, mit dem wir uns nach außen hin präsentieren. Nicht aber das »innere Ich«. Dieses sehnt sich weniger nach Prestige und Reichtum, sondern nach Harmonie, zwischenmenschlicher Verbundenheit und innerer Zufriedenheit. Wer in sich ruht, guten Mutes, ausgeglichen und mit sich im Reinen ist, dessen Wünsche kreisen weniger ums Prestige.

Doch wie ließe sich ein Prestigewünscher von seinen Wünschen abbringen?

Ganz einfach: mit Erlebnissen und Gegenwartserfahrungen.

Prestigewünscher tun sich Gutes damit, wenn sie sich weniger auf die Wünsche konzentrierten, die auf den Snob- oder Veblen-Effekt abzielen. Besser wäre, sich im Wünschen von Besitz auf Erlebnisse und Erfahrungen zu verlagern, wie eine groß angelegte Untersuchung von Bruce Headey und Kollegen in Deutschland belegt.

Prestigewünscher sollten sich eine Reise, ein Abenteuer, das Sie nicht mehr vergessen werden, wünschen und erfüllen. Sie sollten sich ein wunderschönes Konzert oder einen Tanzkurs gönnen. Besonders glückbringend sind all jene Wünsche, durch die sie ihre Freundschaften pflegen. Sie sollten Gäste zu sich einladen, Geschenke machen und sich über die Freude der Beschenkten freuen. Nur ein solches Wünschen macht dauerhaft glücklicher.

»Ich bin, was ich tue, nicht, was ich habe«, heißt der Titel einer Studie der beiden Psychologen Travis Carter und Thomas Gilovich. Erlebnisse, so die Forscher, werden enger mit dem Selbst verknüpft als gekaufte Dinge. Positiv kommt hinzu, dass sich Erlebnisse im Gedächtnis verklären können, mit der Zeit in der Erinnerung noch schöner werden. Und: Erlebnisse sind nicht austauschbar, infolgedessen weniger von späterer Reue durchdrungen. Bei Materiellem hingegen könnten wir am nächsten Tag im Schaufenster eine bessere Uhr finden, Ihr Nachbar könnte eines Tages ein tolleres Auto vor seiner Garage stehen haben.

Erinnern Sie sich doch mal kurz an eines Ihrer intensivsten Erlebnisse. An einen schönen Urlaub, an eine Begegnung mit lieben Menschen, kurzum, an eine Erfahrung, die durchaus schon lange zurückliegt. Möglicherweise werden Sie sich dabei der schönen Verklärung bewusst, die dann in Ihrem Kopf stattfindet. Erlebnisse können auf diese Weise, anders als Materielles, doppelte und nachhaltige Freude bereiten.

Ein weiterer Vorteil von Erlebniswünschen besteht in der großen Vorfreude, die diese auslösen. Anders als bei der Vorfreude auf Gegenstände wie eine kostbare Uhr, schöne Schuhe oder ein Smartphone, Dinge, die wir uns visuell exakt vorstellen können, tauchen wir in der Vorfreude auf Erlebnisse in Fantasien ein, in denen wir uns in den schillerndsten Farben ausmalen, was uns alles erwarten könnte. Das blaue Meer, die Palmen am weißen Strand, abends ein Cocktail an einer kleinen Bar. Die Studien der Psychologen Thomas Gilovich und Amit Kumar zeigten, dass wir bei der Vorfreude auf Erlebnisse im Vergleich zu der auf Materielles weniger nervende Ungeduld verspüren. Da fehlt schlicht und einfach die ausmalende, Zeit verkürzende und Zeit auskostende Vorstellungskraft.

»Meine Frau, die Ilsebill, die will nicht so, wie ich es will.« Sie will mehr und mehr.

Wer kennt es nicht, das »Märchen von dem Fischer und seiner Frau«, die sich vom verzauberten Butt einen Wunsch nach dem anderen wünschte, dabei in ihrer Maßlosigkeit zur Gierwünscherin wird. Als sie schließlich wie der liebe Gott werden wollte, landete sie wieder dort, wo alles begonnen hatte: in einer kleinen armen Hütte, zusammen mit ihrem Mann, der ohnmächtig ihrer Gier nachgegeben hatte.

Wünsche haben einen üblen Beigeschmack, wenn sie ausufern und zur Gier werden.

Den wohl berühmtesten Gierwünscher kennen wir in Gestalt des Königs Midas. Der wünschte, alles solle zu Gold werden, was er berührte, mit der Folge, dass er schier verhungerte, bis er den Goldwunsch durch einen zweiten rückgängig machen konnte.

Mehr haben wollen, als man im wahrsten Sinn des Wortes verdauen kann, ist ein wesentliches Merkmal der Gier, vor allem, wenn es dabei auf Kosten anderer geht.

Wahrlich erschreckend sind diesbezüglich die Forschungsergebnisse von Christopher Hsee und Kollegen. Ihnen zufolge liegt die grundsätzliche Neigung zur Gier in unseren Genen. Sie schlummert also in jedem von uns.

Wie viele Tafeln Schokolade können Sie in fünf Minuten essen, ohne dass Ihnen schlecht wird? Eine halbe Tafel, eine ganze, vielleicht sogar zwei Tafeln?

Nun stellen Sie sich vor, Sie landen im Versuchslabor des besagten Mr. Hsee. Der würde Ihnen einen Kopfhörer aufsetzen und Sie vor die Wahl stellen:

Entweder Sie hören fünf Minuten lang lauschige Musik

und können anschließend das Labor wieder verlassen. Oder Sie hören fünf Minuten lang lauschige Musik, die aber immer wieder von unangenehmen Geräuschen unterbrochen wird. Als Entschädigung erhalten Sie, je nachdem, wie lange Sie die akustischen Störgeräusche vorher ertragen konnten, eine entsprechende Menge Schokolade, die Sie allerdings innerhalb von fünf Minuten verzehren müssen. Was Sie in fünf Minuten nicht schaffen, müssen Sie wieder zurückgeben. Sie werden schnell feststellen, dass Sie in Ihrer Einschätzung dessen, was Sie in fünf Minuten essen können, ziemlich richtigliegen. Sie werden aber auch feststellen, dass Sie nahezu das Dreifache »verdienen« wollen, obgleich Sie von vornherein wissen, dass es Ihnen ohnehin nichts nützt. Denn mehr geht nicht rein in fünf Minuten, und der Rest bleibt beim Forscher. Wir Menschen haben eine angeborene Neigung zu horten, so viel mitzunehmen, wie uns irgendwie möglich ist, insbesondere dann, wenn wir meinen, es sei einfach und leicht zu haben.

So machten es auch die Versuchsteilnehmer von Hsee. Ein Teil seiner Probanden ertrug ausgesprochen viel Lärm für nichts. Für eine viel zu große Menge Schokolade, von der sie von vornherein ahnten, dass sie sie niemals essen können und die sie anschließend wieder zurückgeben werden.

Besonders anfällig für dieses gierige, nutzlose Horten waren übrigens jene, die für das Ertragen des quälenden Lärms mehr Schokolade angeboten erhalten hatten. Hsee unterteilte seine Probanden nämlich auch noch in diejenigen, die vergleichsweise viel Schokolade für den Lärm erhielten, und in diejenigen, die weniger bekamen. Für Letztere lohnte sich die Gier weniger, der Preis war schlicht und einfach zu hoch.

Das Experiment verdeutlicht zudem auf anschauliche Weise, dass wir in unserer Gier an die Grenzen unserer Belastbarkeit gehen. Denn das taten bei dieser Studie sowohl die Gering- als auch Vielverdiener.

Nie genug haben, nie das Gefühl einer Sättigung empfinden, Gierwünscher haben es schwer im Leben.

Sie sollten bedenken, dass sie auf Kosten ihrer Gesundheit wünschen. Denn sie hören in ihren Bemühungen nicht dann auf, wenn sie, objektiv betrachtet, genug von etwas haben, sondern erst dann, wenn ihre Energie nicht mehr zur Wunscherfüllung ausreicht und die Gesundheit streikt. Der gefühlte Mangel endet nicht, ganz gleich ob auf dem Konto 100 000, eine Million oder zehn Millionen Euro liegen. Selbst jene, von denen wir annehmen, sie badeten im Geld, meinen, sie bräuchten das Drei- bis Vierfache davon, um endlich wirklich glücklich zu werden.

Gier kann man sich wie eine Lawine vorstellen. Kommt sie erst einmal ins Rollen, nimmt sie schnell an Fahrt auf, wird größer und größer, wie unsere Wünsche größer und größer werden und bloß noch von dem simplen Wunsch nach mehr diktiert werden.

Erschwerend kommt hinzu, dass Gierwünscher nicht mehr richtig genießen können. Denn beim Geld kommt es weniger darauf an, wie viel wir haben, sondern, was wir damit machen. Ob wir es vom Geiz getrieben anhäufen oder ob wir es für schöne Erfahrungen ausgeben.

Wollen wir trotz all der negativen Eigenschaften der Gier dennoch ein klein wenig Positives abgewinnen, denken wir an den leidenschaftlichen und gewissermaßen auch archaischen Aspekt, der der Gier anhaftet.

Ursprünglich, als die Ressourcen noch knapp waren, benötigten unsere Vorfahren die Gier, um zu überleben. Nicht lange nachdenken, stattdessen sofort zuschnappen, wenn sich etwas ergibt, es sich einverleiben, an sich raffen, egal wie viel es ist, egal ob wir nicht schon längst genug haben – wer weiß schon, wann es wieder was gibt. Gier resultierte ursprünglich aus extremer Knappheit. Das hat sich zumindest in den wohlhabenden Ländern vehement geändert.

Hier speist sich Gier inzwischen aus dem Überfluss.

Gleichwohl gibt es gewisse Abstufungen im Gierwünschen. Nicht alle Menschen sind gleich gierig in ihrem Habenwollen.

Wie ist es um Sie bestellt? Zählen Sie zu den Gierwünschern?

Der Psychologe Patrick Mussel erstellte zur Giereinschätzung einen Fragebogen, den seine Probanden auf einer Skala von 1 (trifft überhaupt nicht zu) bis 7 (trifft vollständig zu) ausfüllen sollten.

Hier eine Auswahl seiner Fragen:

Wie würden Sie sich einschätzen?

Ich strebe danach, mir viele Dinge kaufen zu können.

Ich habe sprichwörtlichen Hunger nach mehr.

Für Konkurrenten habe ich nicht viel Mitgefühl übrig.

Ich empfinde das Geschäftsleben als ein Spiel, bei dem man mitspielen muss, um zu gewinnen.

Ich werde immer bestrebt sein, mein Einkommen und Vermögen zu mehren.

Es bereitet mir Genugtuung, etwas zu besitzen, das andere nicht haben.

Mein Handeln ist stark auf materielle Dinge ausgerichtet.

Für einen satten Gewinn muss man auch mal fünf gerade sein lassen.

Es macht mir nichts aus, wenn ein anderer in eine finanzielle Notsituation gerät.

Ich kenne keine Gewissensbisse.

Viel Geld zu verdienen ist mein wichtigstes Ziel.

Menschen, die dumm genug sind, sich abzocken zu lassen, haben es nicht anders verdient.

Ich verhalte mich manchmal kaltherzig und abgebrüht.

Ich bewundere Menschen, die teure Häuser, Autos oder Kleidung besitzen.

Mir würde es bessergehen, wenn ich bestimmte Dinge besitzen würde, die ich nicht habe.

Es macht mir nichts aus, wenn jemand, den ich nicht mag, verletzt wird.

Ich hätte Schwierigkeiten, einem lukrativen Geschäft zu widerstehen.

Neigen Sie dazu, die Mehrheit der Fragen überwiegend mit einem »Trifft zu« zu beantworten, tendieren Sie zum Gierwünscher.

Gier kommt aus unserem tiefsten Inneren und bezieht sich auf all das, was wir, geprägt durch die Gesellschaft, für unser Leben als absolut notwendig ansehen: ein tolles Haus, ein großes Auto, teure Markenkleidung.

Befriedigt werden will die Gier so schnell und zügig wie möglich. Wir wollen dann nicht mehr warten, können keine vernünftigen Gedanken fassen, erliegen ihr impulsiv.

Gierwünscher geraten überdies leicht außer Kontrolle, und sie gehen auch hohe Risiken ein, um ihren Wünschehunger zu stillen. Der Wissenschaftler Johannes Hewig testete dies mit einem virtuellen Luftballon, den die Probanden am Computer aufblasen sollten. Je mehr Luft hineingepumpt wurde, desto mehr Geld versprach der Forscher seinen Probanden. Platzte der Ballon, gab es allerdings kein Geld. Nach mehreren Durchgängen erhielt der Sieger eine entsprechende finanzielle Belohnung. Vorher unterteilte der Forscher seine Probanden mittels Fragebögen in gierige und weniger gierige Menschen. Bei manchen Teilnehmern steigerte der Forscher die Gier noch ein wenig, indem er diese vorher mit dem Lebenslauf eines besonders gierigen Menschen konfrontierte.

Während die Probanden den Ballon aufpumpten, maß Hewig deren Hirnströme.

280 Millisekunden nach Ende des Pumpens verzeichnete er in den Gehirnen der weniger gierigen Teilnehmer eine Reaktion, die man als »feedbackbezogene Negativierung« bezeichnet. Dabei checkt das Gehirn, ob wir besser oder schlechter gehandelt haben als erwartet. Diese feedbackbezogene Negativierung ist ein für uns Menschen ungemein wichtiger Prozess, denn er lässt uns aus Fehlern lernen. Im Fall des Experiments trat diese Negativierung auf, wenn die Probanden zu früh aufgehört hatten zu pumpen und es sich hinterher herausstellte, dass eigentlich viel mehr Luft reingegangen wäre.

Die Ergebnisse des Experiments zeigen aber nicht nur, dass Gier sich künstlich aktivieren lässt, wie dies durch Geschichten von Gierigen bewirkt worden war. Die Gierigen pumpten den Ballon auch öfter auf als die Nichtgierigen, womit sie häufiger Gefahr liefen, dass dieser zerplatzte und das bisher Gewonnene verlorenging. Vor allem aber kommt bei Gierwünschern hinzu, dass bei ihnen der Effekt der Negativierung ausbleibt, was bedeutet: Gierwünscher lernen nicht aus ihren Fehlern. Forscher vermuten, dass Gierige die warnenden Hinweisreize schlichtweg ausblenden.

So übrigens ließe sich erklären, warum so manch ein Nimmersatt alles riskiert, um sich jeden Wunsch, vor allem den nach Geld, zu erfüllen.

Hat man erst mal Blut geleckt, steigt die Risikofreude. So lassen sich die Ergebnisse der Studie interpretieren.

Ganz oben auf der Wunschliste des Gierwünschers steht

Geld. Sich endlich mal das leisten zu können, was man sich stets ersehnt hat. Mithalten mit anderen, nicht ständig verzichten müssen. Es ist dies ein verständlicher Wunsch. Jedoch gerät er bei so manch einem leicht aus dem Ruder, wenn die Gier nach mehr durchschlägt. Bei solchen Menschen kann Geld wahren Sogcharakter haben, weil es das Belohnungssystem im Gehirn aktiviert. Dadurch löst es nimmersattes Wohlbehagen und herrliche Zufriedenheit aus. Dieses Gehirnareal kennt kein Genug, es will mehr und mehr der schönen Empfindungen. Gefährlich wird diese Spirale bei Führungskräften, in deren Macht es steht, nach diesem Mehr zu streben. Der Hirnforscher Christian Elger nennt sie die »Visionäre«, Menschen, die gierig alles und jeden vorantreiben.

Ihnen stehen die »Buchhalter« gegenüber. Diese sind nicht so sehr auf Geld fixiert, entsprechend weniger wird deren Belohnungszentrum aktiv, wenn es um Reichtum geht. Bei den Buchhaltern hat die Vernunft ein großes Wort mitzureden.

Elger meint, es läge in unseren Genen, zu welcher Gruppe Mensch wir gehören.

Geld oder Sex, das Hochgefühl beim Gewinn großer Summen oder beim Orgasmus – egal um welche Euphorie es sich handelt, sie löst in unserem Gehirn das Gleiche aus wie Giergefühle.

Das heftige neuronale Feuerwerk findet im Nucleus accumbens statt, in dem Teil unseres Gehirns, der bei Erregung und Verlangen aktiv wird. Dieser ist ständig auf der Suche nach neuen Belohnungen, wird deswegen auch das »Seeking-System« genannt. Gerät dieses System aus dem Gleichgewicht, weil die Impulse im Nucleus accumbens gar zu heftig sind, können wir unsere Wünsche nicht mehr reflektieren, sie nicht aufschieben und unter Kontrolle halten. Dann geht es mit uns durch, dann werden wir so richtig gierig. Wir werden aber auch neugierig und wagen etwas, insofern lässt es die Vermutung zu, dass dopaminbegleitete Gier in der Evolution auch einen gewissen Sinn macht, vorausgesetzt, sie geht nicht ausschließlich auf Kosten anderer.

In ihrer stärksten Ausprägung hat Gier Rausch- und Suchtcharakter. Wir können nicht mehr aufhören, wissen nicht, wann es genug ist. Sättigung will sich nicht einstellen, selbst dann nicht, wenn wir merken, wie uns die Gier quält und wie sie uns, oftmals auch anderen, schadet.

Hat man den einen Gierwunsch erfüllt oder verdrängt, erscheint bereits der nächste.

Gier kann zur Droge werden, stellte der Psychiater und Neurologe Hans Breiter fest. Fiebert ein Kokainsüchtiger der Droge entgegen, tut sich in seinem Nucleus accumbens das Gleiche wie bei einem Börsenspekulanten, wenn der mit hohem Risiko großen Gewinn einfahren kann. Wiederholt sich dieser Kick, wird die Gier zur Sucht. Spätestens dann wird es gefährlich, weil weniger der erwartete Reichtum, vielmehr der Kick eine Rolle spielt, bei dem es zur Ausschüttung von Dopamin, körpereigenen Opiaten, kommt. Parkinsonpatienten, denen dopaminfördernde Medikamente verabreicht werden, entwickeln schnell eine pathologische Spielsucht, die nach Absetzen der Medikamente sofort verschwindet. Das Gefährliche an der Gier ist ein häufiger Weggefährte: der Neid. Beides geht oft Hand in Hand und macht das Gespann so destruktiv und gemein.

Auch wenn wir ahnen, dass gieriges Wünschen belastend ist, weil wir dafür viel opfern, Zeit, Kraft, Gesundheit, bisweilen auch die Grenzen der Legalität überschreiten und sehr oft anderen schaden, ist Gier selten ein Thema, über das wir bewusst reflektieren. Oder kennen Sie jemanden, der von sich selbst schon einmal gesagt hat: »Ich bin gierig, ich will mir einen Wunsch nach dem anderen erfüllen, das ist mein Problem. Und jetzt will ich dagegen ankämpfen.«

Dies ist aber auch deshalb nicht der Fall, weil Gierwünscher mit ihrer Habgier in unserer Gesellschaft salonfähig geworden sind. Besitz – oftmals eine Folge von Gier – wird bewundert und hebt den Status. Gier treibt die Wirtschaft an und bringt Menschen im Leben weiter. Das Resultat von Gier kann sich sehen lassen, denn es steht für ein »Ich habe es geschafft!«. Hierfür gibt es wahrlich zahlreiche Beispiele unter bekannten und in allen Medien präsenten Personen, die die Gier zu dem gemacht hat, was sie sind. Für manche sind sie beneidenswerte Idole.

Dabei fördert durch Gier entstandener Reichtum Unmoral und Rücksichtslosigkeit. Ellbogenmentalität ist für manche Menschen, die sich selbst zu einer höheren gesellschaftlichen Schicht zählen, ein durchaus akzeptiertes Verhalten. Giermenschen nehmen anderen die Vorfahrt an Kreuzungen und bremsen seltener für Fußgänger. Giermenschen würden bei einem Geldspiel auch eher betrügen, würden eher Wechselgeld einbehalten, wenn sie zu viel davon erhalten haben. Und sie würden in einer fiktiven Situation eher Schreibmaterial aus dem Büro mitnehmen oder Klopapier klauen.

Es ist dies eine wissenschaftliche Erkenntnis, die der Logik widerspricht. Eigentlich könnte man ein derartiges Verhalten doch eher bei sozial Schwächeren, die in finanziellen Nöten sind, erwarten.

Es ist jedoch nicht das tatsächliche Bedürfnis, das Menschen so gierig handeln lässt. Nein, es ist die grundsätzliche Einstellung zur Gier. Und die verändert sich eher mit wachsendem Reichtum, auch wenn es genügend schöne Beispiele dafür gibt, dass Reiche sich im sozialen Bereich aufopfernd engagieren und alles andere als Gier walten lassen.

Die Gier in uns schlägt auch zu, wenn wir vorher zum Opfer von gieriger Knausrigkeit geworden sind und uns dabei ungerecht behandelt fühlten. Sobald wir unsere Chancen auf Revanche erkennen, erliegen wir der Gier. Wir lassen uns von gierigen Menschen infizieren. Umgekehrt kann uns zwar auch die Großzügigkeit anderer positiv anstecken, leichter beeinflussen lassen wir uns jedoch von deren Gier.

Wenn Sie der Gier im Spiel begegnen wollen, spielen Sie doch mal wieder Monopoly. Sobald einer der Spieler zu Reichtum gekommen ist, beginnt der Puls zu schlagen, und es wird nur noch Geld gescheffelt, wenn ein Mitspieler nach dem anderen teure Mieten zahlen muss.

Unsere Gier wächst vor allem, wenn wir uns mit anderen vergleichen, dann jubiliert es geradezu in Ihrem Belohnungszentrum, dem ventralen Striatum. Denn Sie sind anderen gegenüber klar im Vorteil.

Eine Forschungsgruppe um Forscher Christian Elger ließ Probanden eine bestimmte Aufgabe lösen. Anschließend schob man die Testpersonen pärchenweise in zwei nebeneinanderliegende Hirnscanner, während man ihnen mitteilte, sie hätten die Aufgabe gut gelöst und würden dafür entsprechend bezahlt. Eine verstärkte Aktivierung des Belohnungszentrums war bei den Probanden nur dann zu beobachten, wenn diese mehr als der jeweilige Spielpartner erhielten. Die relative Höhe der Belohnung spielte dabei keine Rolle.

Gier, so die Schlussfolgerung der Forscher, wird folglich auch durch den Wunsch angestachelt, mehr als andere zu haben.

Wie können wir uns das Seelenleben von Gierwünschern vorstellen? Bis zu einem gewissen Grad ist Gier menschlich, ufert sie jedoch aus und nimmt im Leben einen allzu großen Stellenwert ein, versuchen die Betroffenen damit mangelndes Selbstwertgefühl zu kompensieren oder eine innere Leere auszugleichen.

Für Psychologen sind Gierwünscher nämlich eher bedauernswerte Gestalten, denn meist stecken hinter deren Gier unerfüllte, diffuse Wünsche nach Zuneigung, Akzeptanz, nach Geborgenheit und Liebe, aber auch die Unfähigkeit, ihre wahren Wünsche für sich zu definieren. Giermenschen sehnen sich nach etwas, wissen aber meist nicht genau, wonach. Ihre innere Leere füllen sie auf, indem sie ihrer Gier freien Lauf lassen. Gieriges Verhalten dient solchen Menschen als eine Möglichkeit, sich selbst aufzuwerten und lebendig zu fühlen. Unstillbar wird die Gier, solange wir sehen, dass andere Menschen mehr haben als wir selbst. Und baut sich der Selbstwert auf erfüllte Gierwünsche auf, droht dieser einzubrechen, sobald wir bemerken, dass andere mehr haben als wir.

Was lässt uns eigentlich zu Gierwünschern werden? Die Forschung hierzu ist noch nicht ausgereift. Gesichertes Wissen läge hier noch nicht vor, meint der Psychologe Patrick Mussel. Vieles weist darauf hin, dass das entsprechende Umfeld als Trigger wirkt, indem es die Giergelüste anstachelt. Freunde, Vorbilder, die gierig sind, ein entsprechendes Studium oder Berufsumfeld, in dem es in erster Linie um Maximierung von Gewinnen geht, nicht zuletzt auch hohe finanzielle Anreize, überhöhte Boni, können triggernde Elemente sein.

Was tun?

Sicherlich kennen Sie Ebenezer Scrooge aus der *Weihnachtsgeschichte* von Charles Dickens. Scrooge ist der eiskalte Gier- und Geizhals par excellence. Erst als er den Tod vor Augen hat, beginnen sich andere Emotionen in ihm zu regen, und er kann allmählich von seiner Gier, dem Raffen und Aufhäufen von Reichtümern, lassen. Nach ihm benannten Forscher den sogenannten Scrooge-Effekt. Dem Tod in die Augen blicken wäre eine Methode, der Gier zu begegnen, eine wahrlich harte, nicht gerade wünschenswerte Methode.

Es geht auch anders, wesentlich sanfter:

Mit unserem Verstand können wir nahezu alle Gefühle halbwegs in Schranken weisen, so auch die Gier. Dazu muss man sie aber erst erkennen und bewusst reflektieren.

Gierwünschen lässt sich vor allem an der Angst erkennen, von etwas nicht genug zu bekommen.

Reflektieren Sie Ihre Werte, taucht dort überwiegend Materielles auf?

Dann sollten Sie sich ganz bewusst anderer Werte besinnen, solcher, die nicht mit Geld zu bezahlen sind. Zeit, Eigenzeit, gute Freundschaften wären solche Werte.

In dem Zusammenhang ist es für Gierwünscher unerlässlich, über den Umgang mit ihren Mitmenschen nachzudenken. Gehen Sie ab und an über Leichen, um Profit aus allem und jedem zu ziehen?

Hilfreich für Gierwünscher wäre auch, an ihrem grundsätzlichen Einfühlungsvermögen, an ihrer Empathie zu arbeiten. Wenn wir uns bemühen, uns bewusst in die Gefühle anderer hineinzuversetzen, schmälert dies die Tendenz, den eigenen Vorteil auf Kosten der anderen zu maximieren.

Wichtigstes Instrument gegen die Gier ist jedoch die Selbstkontrolle. Sich selbst zu disziplinieren ist eine Fähigkeit, die wir trainieren können. Stellen Sie sich die Selbstkontrolle wie einen Muskel vor, der durch umsichtiges Üben gestärkt wird, der aber auch, wenn er ermüdet und überstrapaziert wird, irgendwann erschlafft oder reißt.

Wer später im Leben weiterkommen will, braucht neben Intelligenz und guten sozialen Voraussetzungen die Fähigkeit, sich beherrschen zu können. Geduldig warten, Wünschen nicht impulsiv folgen, erscheint als eine der wesentlichen Qualitäten von Erfolg und Zufriedenheit.

Selbstkontrolle macht glücklich, das zeigt uns auch ein Experiment von Wilhelm Hofmann. Zunächst befragte der Forscher 400 Männer und Frauen, wie zufrieden sie mit ihrem Leben seien und welche Empfindungen sie während der letzten Wochen verspürt hätten. Zudem bat er die Teilnehmer an seinem Experiment, ihre Bedürfnisse und Wünsche sowie ihren Umgang mit diesen aufzuschreiben. Durchschnittlich verspüren wir täglich fünf starke Impulse, von denen wir in der Regel zweien nachgehen. Doch was, wenn wir von diesem Durchschnitt abweichen? Wenn wir uns entweder stets alles erfüllen, was wir uns wünschen, oder aber stets auf alles verzichten und unsere Wünsche unterdrücken?

Glücklicher sind, so Hofmanns Ergebnisse, jene, die sich während des Tests gut kontrollieren konnten. Das galt nicht nur für die ohnehin kontrollstarken Personen, sondern auch für jene, die sich ansonsten weniger gut im Griff hatten.

Wie stark wir uns in Selbstdisziplin üben können, scheint früh angelegt zu sein.

Wie stand es um Sie, als Sie ein Kind von etwa vier Jahren waren? Mit vier begannen Sie mit dem Dreirad zu fahren, sie lernten allmählich, den Ball zu fangen. Manchmal ging noch mal was in die Hose – aus Versehen. Mit vier Jahren stellten Sie auch die unendlich vielen »Warum«-Fragen, »Warum brennt das Feuer, warum ist der Himmel blau?«. Angenommen, Sie standen mit vier Jahren vor einem Raum, von dem Ihnen gesagt wurde, dass dort etwas besonders Schönes auf Sie warten würde. Endlich ist es so weit. Die Tür geht auf. In dem Überraschungszimmer stehen ein Stuhl und ein Tisch, auf dem ein Teller mit einer verlockenden Süßigkeit liegt. »Das ist für dich. Wenn du es gleich isst, gibt es nichts mehr. Wenn du aber etwas wartest, bis ich wieder zurückkomme, gibt es noch mehr Süßigkeiten dazu«, sagt Ihnen eine freundliche Person und verlässt den Raum. Da sitzen Sie nun und sehen die Versuchung vor sich. Das Wasser läuft Ihnen im Mund zusammen, denn Sie essen nichts lieber als diese süße Nascherei.

Was, glauben Sie, hätten Sie damals getan?

Sich die Süßigkeit geschnappt?

Oder beharrlich gewartet?

Die Geduldigen unter Ihnen dürften es später im Leben etwas leichter gehabt haben als die Ungeduldigen. Sie dürften in der Schule besser abgeschnitten haben. Denn die Kinder, die damals im Experiment Selbstkontrolle bewiesen hatten, waren im späteren Leben beruflich erfolgreicher, konnten sich besser konzentrieren, waren gegen Frust immuner und ließen sich von Rückschlägen weniger beirren. Zudem lebten sie gesünder, konsumierten auch weniger Alkohol als die Ungeduldigen, die als Vierjährige die Süßigkeit sofort verzehrten. Das erbrachten in den späten 1960er Jahren das berühmte Marshmallow-Experiment des Psychologen Walter Mischel sowie unzählige Nachfolgeuntersuchungen.

Mischel schloss aus seinen Langzeitstudien, dass die Fähigkeit zur Selbstregulation angeboren sei.

Besonders interessant ist die Frage, welche Strategien die Kleinen anwandten, um die Geduld aufzubringen, sich selbst zu kontrollieren und erst einmal verzichten zu können.

Aus den Augen, aus dem Sinn, war ein probates Mittel: Die Kinder drehten sich einfach weg, um die verlockenden Süßigkeiten nicht mehr sehen zu müssen. Oder sie schoben den Teller so weit weg, dass sie ihn nicht mehr erreichen konnten. Manche, die älteren vor allem, lenkten sich ab, indem sie etwas spielten. Oder sie sangen, bohrten in der Nase, manche mogelten auch, indem sie an der Süßigkeit kurz schleckten und sie dann wieder zurücklegten.

Die Gründe, warum einige der Kleinen in ihren Wünschen maßhalten können, die anderen hingegen nicht, versuchten die verschiedensten Forschungsarbeiten zu eruieren. Dabei stellten sie die unterschiedlichsten Zusammenhänge fest: Kinder, die der Verlockung widerstehen konnten, wurden länger gestillt, ihre Väter verdienten mehr Geld, ihre Mütter hatten mehr Zeit für sie.

Wer sich selbst kontrollieren kann, ist sich sicherer, dass sein Verhalten erfolgreich ist. Jene unter uns, die die Erfahrung gelehrt hat, dass sie immer zu kurz gekommen sind, weil sie bei der Verteilung von Leckereien ungerecht behandelt wurden oder die Geschwister alles weggegessen haben, schneiden im Üben von Geduld und in der Selbstkontrolle weniger gut ab als solche, die diesbezüglich gute Erfahrungen gemacht haben.

Wenn wir uns schon kontrollieren, wollen wir auch den entsprechenden Erfolg sehen, andernfalls ist es vorbei mit der Kontrolle. Die Psychologin Celeste Kidd variierte die Versuchsbedingungen bei ihren kleinen Versuchsteilnehmern. Bei einer der beiden Versuchsgruppen kombinierte sie das Marshmallow-Experiment mit einer enttäuschenden und frustrierenden Situation, indem sie als Versuchsleiterin Versprechungen nicht einhielt. Die enttäuschten Kinder schnitten bei dem anschließenden Marshmallow-Test deutlich schlechter ab als die nicht enttäuschten. Wenn Selbstkontrolle nichts bringt, so das Fazit, dann übt man sie auch nicht aus.

Eigentlich erscheint alles eindeutig: Lernen Sie zu verzichten und versäumen Sie Ihre Wünsche! Sagen Sie sich stattdessen: »Wenn ich meine Wünsche ziehen lasse, könnte es sich auszahlen!« Sie werden belohnt, weil Sie diszipliniert sind. Sie kaufen sich kein großes Auto, haben dafür mehr Geld auf dem Konto, Sie gehen nicht zum Italiener zum Schlemmen, sind dafür schlank und rank. Sie treiben Sport, anstatt sich vor dem Fernseher einen guten Film anzusehen, Ihr Körper dankt es Ihnen. Und Sie arbeiten fleißig, verzichten auf den abendlichen Besuch bei Freunden. Dafür können Sie sich vielleicht später ein hübsches Häuschen leisten.

Versäumen Sie Wünsche, damit Sie irgendwann das Große, das Besonders erwarten können.

Dennoch lehrt die Erfahrung: Ein Zuviel an Selbstkontrolle schadet. Unterwerfen wir uns ihr zu stark, gönnen wir uns zu wenig, versäumen wir zu viele Wünsche, hören wir nicht nur auf zu leben, wir werden gelebt.

Zudem lässt sich beobachten, dass die Selbstkontrolle, wenn wir zu viel verzichten, irgendwann ganz verlorengehen kann.

Bemühen wir nochmals den Vergleich, Geduld und Verzicht wie einen Muskel zu trainieren. Wir können ihn behutsam stärken, ihn in kleinen Schritten langsam kräftigen. Sobald wir es mit dem Training, in unserem Fall mit der Selbstkontrolle, übertreiben, erschlafft der Muskel oder reißt gar. Dann ist es vorbei mit der Zurückhaltung.

Der Sozialpsychologe Roy Baumeister führte hierzu ein spannendes Experiment durch: Über einen Beeper befragte er eine Woche lang seine 200 Versuchspersonen, welche Versuchungen, Bedürfnissen ihnen täglich begegneten und wie oft sie diesen nachgaben. Dabei wurden auch die elementarsten Bedürfnisse wie Schlaf, Essen und Trinken oder der Gang zur Toilette berücksichtigt, ebenso sexuelles Verlangen.

Die grundlegendsten Bedürfnisse wie Durst und den Gang zur Toilette stillten die Probanden in dem Moment, in dem sie auftauchten, und ohne Umschweife. Anders sah es beim Sex aus und beim Wunsch, sich schlafen zu legen. Hier entstanden die ersten Konflikte, vor allem, wenn man sich gerade bei der Arbeit befand. Immerhin konnten die meisten, 70 Prozent nämlich, einem der beiden Wünsche widerstehen.

Jedoch scheint es, dass die Summe aller Laster gleich bleibt. Unterdrückten die Probanden den einen Impuls erfolgreich, wurde es beim nächsten schon deutlich schwerer, ganz gleich aus welcher Richtung die Verlockung kam.

Angenommen, Sie leiden seit Jahren unter Übergewicht. Angenommen, Sie nehmen sich am 1. Januar vor, im neuen Jahr alles besser zu machen, und beginnen damit gleich am 2. Januar in der Früh. Sie halten sich morgens beim Bäcker zurück, kaufen nur eine frische Brezen und lassen das duftende Croissant weg. Nach dem Frühstück fahren Sie zur

Arbeit, haben das dringende Bedürfnis, Ihrer Kollegin mal so richtig die Meinung zu sagen. Sie unterdrücken diesen Wunsch, ebenso den, während einer Sitzung einfach aufzustehen und zu gehen, nachdem man Ihnen zu Unrecht Vorwürfe gemacht hat. Nach der Arbeit gehen Sie zu Fuß nach Hause, nehmen nicht den Bus, der Gesundheit zuliebe. Auf dem Heimweg kommen Sie an einem Schuhladen vorbei. Ihre Augen beginnen zu leuchten, ein wunderschönes Paar Stiefel lockt in der Auslage. Sie reißen sich zusammen und gehen schnell weiter, inzwischen merklich frustrierter. Sie denken: »Wieso kann ich mir eigentlich nichts gönnen?«

Sie kommen zu Hause an. Ihre Kinder haben das Wohnzimmer in ein Chaos verwandelt. Nun ist Ihnen nach einem Donnerwetter. »Reg dich nicht auf«, sagt Ihnen das Gewissen, »bleib ruhig!«

Inzwischen ist Ihre Impulskontrolle extrem strapaziert. Viel hält sie nicht mehr aus. Als Sie dann abends feststellen, dass man Ihre Telefonleitung gesperrt hat, weil Ihr Partner vergessen hat, die Rechnung zu zahlen, ist der Muskel der Selbstkontrolle gerissen. Sie knallen die Türen, gehen anschließend zum Kühlschrank, essen drei Paar kalte Wiener aus der Packung, dazu zwei Scheiben Brot, und obwohl Sie längst satt sind, ein Stück Käse und eine Riesenportion Eis hinterher, auch noch mit einer ordentlichen Portion Sahne darauf.

Je mehr Impulse Sie unterdrücken müssen, desto größer ist die Wahrscheinlichkeit, dass Sie irgendwann einen Kontrollverlust erleben. Die Selbstkontrolle ist eine begrenzte Ressource und muss immer wieder aufgefüllt werden – und das braucht Zeit und Kraft. Wer bereits die eine oder andere Diät hinter sich hat, kann wahrscheinlich ein Lied davon singen. Wenn Sie plötzlich der Heißhunger überfällt, liegt es nicht nur daran, dass Sie vorher lediglich den Impuls zu essen unterdrückt haben, sondern wohl auch noch den einen oder anderen.

Die Psychologin Kathleen Vohs, eine der international bekanntesten Forscherinnen auf dem Gebiet der Selbstkontrolle, dachte sich hierzu ein spannendes Experiment aus.

Sie lud dazu Personen ein, die gerade strenge Diät hielten und dementsprechend hungrig waren. Sie führte die Probanden in ein gemütliches Wohnzimmer, in dem ein Tisch, bequeme Stühle, eine Couch sowie ein Fernseher standen, und bat sie dort in einem Sessel Platz zu nehmen. Vorher hatte die Forscherin überall kleine Schälchen mit allerlei süßen und salzigen Knabbereien verteilt. Bei einem Teil der darbenden Versuchsteilnehmer standen die Verlockungen in greifbarer Nähe, was ihnen ein äußerst hohes Maß an Selbstkontrolle abverlangte. Bei den anderen war der Griff nach den verlockenden Naschereien mit mehr Aufwand, Aufstehen und Hingehen verbunden. Anschließend sahen die Versuchspersonen einen Film, einen äußerst langatmigen, eintönigen über ein Schaf, dem jegliche Handlung fehlte. Ein Schaf, nichts als ein ödes Schaf.

Die Zuschauer sollten sich langweilen. Gelangweilt und hungrig, Knabbereien vor der Nase, greifbar oder sichtbar, das erfordert wahrlich extreme Selbstkontrolle. Als der fade Film endlich zu Ende war, begann der eigentlich gemeine Part des Versuchs: Die Probanden sollten diverse Aufgaben lösen, die in Wirklichkeit unlösbar waren, etwa eine Figur nachzeichnen, ohne dabei den Stift abzusetzen. Wer, wollte die Forscherin wissen, gab schneller auf bei diesen unsinnigen Aufgaben? Die Gruppe, der man die Knabbereien in unmittelbare Nähe gestellt hatte, oder jene, die sich weniger zusammenreißen musste, weil sie nicht ohne weiteres zugreifen konnte und deswegen weniger Selbstkontrolle aufbringen musste?

Wie erwartet, war es bei jenen Personen, die sich vorher schon enorm am Riemen hatten reißen müssen, mit der Selbstkontrolle schnell vorbei. Sie griffen zu und leerten die Schälchen in Windeseile. Der Selbstkontrollmuskel war gerissen.

Die Ergebnisse dieses Experiments lassen sich auf alle anderen Situationen übertragen, in denen wir Selbstkontrolle aufbringen müssen. Impulskäufe beispielsweise, bei denen wir den Laden stürmen und hemmungslos einkaufen, geschehen meist erst dann, wenn wir vorher anderen Impulsen nicht nachgegeben hatten.

Entscheidungen stehen folglich nicht für sich allein, sie werden beeinflusst von den Entscheidungen, die wir vorher getroffen haben. Haben Sie sich zu oft gegen das entschieden, was Sie gerne hätten, erschlafft der Selbstkontrollmuskel und arbeitet nicht mehr. Das Nachlassen dieser Selbstkontrolle lässt sich sogar beobachten. Im Magnetresonanztomografen kann man sichtbar machen, dass mit jeder vollzogenen Impulskontrolle die Aktivität im Frontallappen nachlässt. Es ist dies, wir erinnern uns an Phineas Gages Verletzung durch den Eisenstab, jene Region in unserem Gehirn, in der wir unsere Bedürfnisse kontrollieren. Je mehr wir uns in Disziplin üben, umso leichter werden wir irgendwann verführbar sein.

Wünsche versäumen, weil wir stets auf deren Erfüllung verzichten, kann folglich ein unangenehmes Nachspiel haben. Denn je mehr wir uns selbst kontrollieren, desto stärker wirken die unterdrückten Wünsche.

Wie können wir unsere Gier unter Kontrolle halten? Wie können wir unsere Selbstkontrolle trainieren?

Durch ausreichend Schlaf, könnte man meinen. Einfach über die Wünsche hinwegschlafen, danach haben wir sie im Griff. Doch das funktioniert nicht. Menschen, die 24 Stunden wach blieben und keine Impulse kontrollieren mussten, hatten die gleiche Selbstkontrolle wie jene, die ausreichend Schlaf genießen konnten.

Kathleen Vohs rät in solchen Situationen, in denen es »über einen kommt«, kurz innezuhalten und darüber nachzudenken, was im Leben wirklich zählt, welche Werte für uns wirklich bedeutend sind. Auf diese Weise lässt sich mit Gierwünschen und Impulsen besser umgehen.

Hilfreich ist es auch, Glukose zu sich zu nehmen, Zucker, in welcher Form auch immer. Auf diese Weise füllen Sie nämlich den Speicher der Selbstkontrolle wieder auf. Essen Sie vor wichtigen Entscheidungen, vor allem, wenn der Gierwünscher in Ihnen zuschlägt, etwas Süßes oder trinken Sie eine Cola. Danach wird Ihre Entscheidung von mehr Selbstkontrolle begleitet. Am schnellsten wirkt übrigens ein Stückchen Trauben- oder Würfelzucker. Binnen 15 Minuten gelangt so die Glukose über den Magen, Darm und Blutkreislauf in das Gehirn, wo sie unter anderem dafür sorgt, dass Sie sich wieder besser kontrollieren können.

Nebenbei erwähnt: Sollten Sie irgendwann mal vor einen Richter treten müssen, dann hoffen Sie, dass der Richter vor der Verhandlung gut gegessen hat. Dann nämlich dürfte er milde gestimmt sein und eher zu Ihren Gunsten entscheiden, wie israelische Forscher feststellten. Sie werteten über 1000 Entscheidungen von acht erfahrenen Richtern aus und berücksichtigten dabei, ob das Urteil auf Bewährung ausgesprochen wurde oder ob man Strenge hatte walten lassen. 65 Prozent der Urteile gingen glimpflicher für den Angeklagten aus, wenn die Richter kurz vorher gespeist hatten. Demgegenüber fielen die zur Bewährung ausgesetzten Urteile auf unter zehn Prozent, wenn sie kurz vor dem Essen gefällt wurden.

Halten wir fest: Gierwünscher sollten besonders sorgsam mit ihrer Selbstkontrolle umgehen und sie nicht ausreizen. Sie sollten sie regelmäßig und umsichtig trainieren, und sie sollten stets ein Stück Traubenzucker bei sich haben.

Der Neidwünscher

»Du sollst nicht nach dem Haus deines Nächsten verlangen. Du sollst nicht nach der Frau deines Nächsten verlangen, nach seinem Sklaven oder seiner Sklavin, seinem Rind oder seinem Esel oder nach irgendetwas, das deinem Nächsten gehört.«

Der Nachbar hat ein wunderschönes Haus. Der Garten ist üppig und gepflegt, kein Wunder, da werkelt schließlich auch immer ein Gärtner herum. Das Auto des Nachbarn glänzt, es ist ein Traumwagen, wirklich imposant. Die Garagentür öffnet sich automatisch, wenn der Nachbar abends von der Arbeit kommt. Am Wochenende liegt Barbecueduft in der Luft. Der Nachbar kann es sich zeitlich leisten, am Samstagabend mit seiner Familie zu grillen. Vom Grill selbst brauchen wir gar nicht zu reden. Er ist einfach nur großartig, tolles Design. Er muss ziemlich teuer gewesen sein. Wie alles, was der Nachbar besitzt. Alles vom Feinsten und Besten.

Jedes Mal, wenn Sie zum Nachbarn rüberschauen, regen sich in Ihnen Wünsche. So ein Grill, ja, das wäre schon was. Er wäre aber zu teuer und auch zu groß für Ihre kleine Terrasse, denken Sie sogleich. Und am Wochenende können Sie ohnehin nicht grillen. Der Nebenjob lässt es nicht zu. Vielleicht könnten Sie sich mal ein anderes Auto gönnen, etwas größer, ein ähnliches wie der Nachbar? Ihre Gedanken umkreisen unerfüllbare Wünsche. Ein Blick auf den Kontoauszug, und die Wünsche rücken in weite Ferne. Es ist einfach nur frustrierend. Langsam werden Sie zum Neidwünscher.

Wünsche, die wir wünschen, nur weil andere sie sich erfüllt haben, basieren auf Neid. Neid ist ein verpöntes Gefühl, eines, das zu den Todsünden zählt.

»Du sollst nicht nach dem Haus deines Nächsten verlangen«, heißt es im Zehnten Gebot.

Woher kommt der Neid?

Es ist alles andere als einfach, gegen Neid anzukämpfen. Er begleitet uns unser Leben lang. In abgeschwächter Form ist er nämlich in unseren Genen verankert, was evolutionsbiologisch durchaus Sinn macht. Durch ihn wird unser Kampf um begrenzte Ressourcen angetrieben. Dabei wollen wir nicht nur etwas besitzen, nein, wir wollen mehr, viel mehr als andere haben. Das nämlich erhöht unsere individuelle Fitness – so war es zumindest bei unseren Vorfahren, als wir noch Jäger und Sammler waren.

Der Biologe Frans de Waal beschreibt Neid auch bei Affen. Der Forscher belohnte zwei Kapuzineräffchen mit unterschiedlichen Snacks. Das eine bekam eine langweilige Gurke, das andere für das Lösen der gleichen Aufgabe eine leckere Traube, woraufhin der erste Affe zum Neidwünscher wurde und den faden Snack vor Wut nach einer Laborantin warf.

Bei uns Menschen taucht der Neidwunsch ab dem zweiten Lebensjahr auf. Dann beginnen wir zu vergleichen. Wer hat mehr, wer hat Schöneres, Größeres, wer hat etwas, was ich nicht habe? Im Sandkasten sind dann die Förmchen der Spielgefährten größer und schöner, der Ball bunter. Wenn andere auf der Schaukel sitzen, wollen wir das auch. Wenn andere ein Bonbon bekommen, ist es wohl selbstverständlich, dass wir auch eins wollen, eher noch zwei. Es ist erstaunlich, wie schnell kleine Kinder vergleichen können, um sich dann das zu wünschen, was andere haben. Und ein wenig darüber hinaus.

Neid, so meint der Entwicklungspsychologe Leo Montada, wird durch zweierlei entfacht: durch geringes Selbstwertgefühl, das uns ständig suggeriert, wir hätten nicht geschafft, was wir gerne geschafft hätten, und durch starke Konkurrenz, die wir mit unseren Vergleichen abtasten.

Extremes Neidwünschen hat seine Wurzeln meist in der Kindheit, wenn dort das Gefühl vorherrschte, bei allem und jedem zu kurz gekommen zu sein: Die Geschwister wurden bevorzugt, die Lehrer haben einen benachteiligt, die Eltern nicht genügend gewürdigt.

Wie gehen wir mit Neid um?

Forscher unterscheiden zwischen gutem und schlechtem Neid. Der gute, auch weißer Neid genannt, treibt uns voran, steigert unsere Motivation, sich den einen oder anderen Wunsch zu erfüllen.

Der andere Neid, der schwarze, ist von Missgunst, Frust und Ärger durchdrungen. Dieser Neid hemmt uns, weil wir anderen nichts gönnen können. Bei unerfüllten schwarzen

Neidwünschen fühlen wir einen unguten Emotionscocktail aus Ärger, Wut und Trauer, was auf Dauer unser Immunsystem schwächt. Schlimmstenfalls, wenn unser ganzes Leben von Neid durchdrungen ist, erkranken wir an diesem zerstörerischen Gefühl.

Neidwünsche lösen in uns unterschiedliche Reaktionsprozesse aus.

Nehmen wir an, Sie wünschen sich ein neues Fahrrad, genauso eines wie das, das Ihre Kollegin Petra jüngst erstanden hat. Es sieht toll aus, edel und sportlich.

Sie gehen in einen Fahrradladen und stellen fest, dass es für Sie derzeit unerschwinglich ist.

Umso mehr nagt es an Ihnen, wenn Sie Petra jeden Tag mit diesem Rad zur Arbeit kommen sehen. Wie gehen Sie mit dem Neidwunsch um?

1. Sie verdrängen Ihren Neidwunsch, indem Sie das Objekt der Begierde schlechtmachen und sich sagen: »Ein Rad wollte ich ohnehin nie haben. Wozu auch?«
2. Sie werden zum Miesmacher: »Um ehrlich zu sein, das Rad ist ja ganz nett, aber für die Stadt taugt so was doch nicht. Außerdem muss man ja ständig darauf aufpassen, dass es nicht geklaut wird«, erklären Sie Petra ungefragt. Neidwünscher lassen sich schnell mit derartigen unerbetenen Kommentaren entlarven.
3. Ein weiterer, wahrlich unguter Umgang mit Neidwünschen ist die Sündenbockstrategie. Dann sagen Sie sich: »Ich hätte mir längst schon so ein Rad leisten können, wenn mein Partner nicht so verwöhnt wäre und ich andauernd das teure Essengehen bezahlen müsste.« Oder Sie schieben Ihren Unmut auf Kollegin Petra, indem Sie Negatives an ihr suchen. Diese sei arrogant, unhöflich

und unkollegial, denken Sie und beschließen, Petra erst mal zu ignorieren. Neidwünscher gehen in einem solchen Fall gerne auf Abstand und wirken dem Konkurrenten gegenüber oft ablehnend.

4. Schlimmstenfalls gehen Sie so weit, dass Sie Petra Böses zufügen wollen, auch wenn Sie sich dabei – entgegen aller Vernunft – selbst schaden. Intrigieren, bei Kollegen anschwärzen, Informationen vorenthalten usw.
   Neidwünscher sind sogar dazu bereit, in den Schaden anderer zu investieren.
   In einem Experiment der beiden Ökonomen Daniel Zizzo und Andrew Oswald zeigte sich, wie weit wir als Neidwünscher gehen würden. Deren Probanden saßen getrennt voneinander an einem Computer, mit dem sie das eigene Geld verwalten beziehungsweise vermehren und das des Kontrahenten vernichten konnten. Das jeweilige Startkapital wurde ausgelost, dabei war die Verteilung mehr als ungerecht. Die eine Gruppe der Teilnehmer erhielt viel Geld, die andere deutlich weniger.
   Während der virtuellen Spekulationsgeschäfte konnten die Probanden auch sehen, wie der anonyme Partner abschnitt. Gegen Ende des Experiments konnten die Spieler das Geld des anderen vernichten, wenn sie für den Niedergang des Gegners entsprechend investierten. Dabei zeigte sich, dass Neid und Missgunst der Spieler größer waren als die Ratio. Die meisten der Probanden verhielten sich höchst unvernünftig, nur um das Vermögen der anderen zu schmälern. Interessanterweise wollten jene Glückspilze, die von Anfang an per Los mit viel Geld bedacht worden waren, all ihre Konkurrenten gleichermaßen schädigen, ganz gleich ob diese arm oder reich waren. Jene hingegen, denen am Anfang weniger Geld

zugelost worden war, schädigten am Ende nur jene, die ihrer Meinung nach unverdientermaßen zu viel Geld bekommen hatten.

Neidwünscher können Sie folglich auch an irrationalen, selbstzerstörerischen Handlungen erkennen, die den Schaden anderer zum Ziel haben. Zu derartigen wutgetragenen Handlungen neigen übrigens eher Männer als Frauen, die auf ihre unerfüllten Neidwünsche vorwiegend mit Trauer reagieren.

Was tun?

Reflektieren Sie die Wünsche, die Sie gerade in sich tragen, und überlegen Sie, ob und welche von ihnen gegebenenfalls auf reinen Neidgefühlen basieren.

Ahnen Sie, dass Ihnen der eine oder andere neidbasierte Wunsch dauerhaft verwehrt bleiben wird, fragen Sie sich, warum Sie sich Ihre Neidwünsche bislang nicht erfüllt haben. Hatten Sie bis jetzt im Leben vielleicht andere Prioritäten gesetzt? Denken Sie an den Satz: Was ist, ist, mehr war im Leben bis jetzt nicht drin. Fokussieren Sie sich in Gedanken immer wieder auf das, was Sie geschafft haben, und erfreuen Sie sich daran. Nur neidfreie Wünsche sind Ausdruck von Selbstbestimmung!

Vergleiche meiden

Reduzieren Sie sich in Ihren sozialen Aufwärtsvergleichen. Denken Sie stets daran, dass dies Ihr Selbstwertgefühl und die allgemeine Lebenszufriedenheit, aber auch Ihre Gesundheit und den sozioökonomischen Status erheblich schmälern kann, wie jüngst eine groß angelegte Untersuchung des Forschers Xi Chen zeigte. Ist ein derartiger Aufwärtsvergleich mit Neid verbunden, führt dies zur Frustration.

Weißer statt schwarzer Neid

Drehen Sie Ihren Neid um, wenn er im schwarzen, destruktiven Gewand daherkommt. Bemühen Sie sich um den weißen Neid, der Sie anspornt und motiviert. Oder, um es mit den Worten von Wilhelm Busch zu sagen: »Neid ist die aufrichtigste Form der Anerkennung.«

Der Jammerwünscher

Jammerwünscher haben überwiegend Wünsche, die nichts anders beinhalten, als dass etwas aufhört oder nicht mehr da ist.

Jammerwünscher klagen über ihre Mitmenschen, über das Schicksal, über das Leben im Allgemeinen und über die Ungerechtigkeit, die ihnen widerfährt. Jammerwünscher erkennen Sie an Sätzen wie: »Das kann ja wohl nicht wahr sein, das gibt es ja nicht, ich habe mir das so nicht vorgestellt, was gäbe ich dafür, wenn alles anders wäre.«

Solche Jammerer können ihrem Umfeld gehörig auf die Nerven gehen, denn egal was auch immer man ihnen rät, Jammerer finden immer einen weiteren Grund, warum das Leben nicht so läuft, wie es ihrer Meinung nach laufen sollte.

Jens Corssen zufolge stellen sich solche Menschen vehement gegen das Leben. Ihr Denken ist von defizitären Wünschen durchdrungen.

In der Regel wissen Jammerwünscher nur, was sie nicht wollen, sie wissen, was sie stört, was sie vermissen.

Doch wissen sie nicht, wohin sie eigentlich wollen, zu sehr sind sie mit Jammern und Klagen beschäftigt.

Wünsche, deren Inhalte einzig darin bestehen, dass sich ein Problem oder eine bestimmte Lebenssituation quasi von selbst löst, sind fatale Wünsche. Denn sie machen den Jammerwünscher zum Opfer. Viele dieser Jammerwünsche sind schwer realisierbar, denn es steht mitnichten in der Macht des Jammerwünschers, dass sie in Erfüllung gehen.

Nicht wenige dieser Jammerwünscher, so Corssen, bedienen mit ihrer Art des hoffnungslosen und mehr oder weniger inhaltslosen Wünschens ihren inneren Leidkörper. Sie wollen im Leid bleiben, wollen in Wirklichkeit keine Verantwortung für sich übernehmen, wollen Aufmerksamkeit.

Erwartungen und Jammern

Hauptursache des Jammerwünschens sind allzu hohe, meist auch falsche Erwartungen.

Dass wir Erwartungen in uns tragen, ist ebenso selbstverständlich wie unerlässlich. Bei Erwartungen nimmt unser Gehirn Ereignisse vorweg, es antizipiert Geschehnisse, damit wir gegen das, was kommen könnte, rechtzeitig gewappnet sind und uns entsprechend verhalten können.

Erwartungen können uns in Hochstimmung versetzen, wenn die Vorfreude auf etwas Bevorstehendes groß ist. Sie können uns aber auch ängstigen und beunruhigen, wenn wir Ungutes befürchten.

Unsere Erwartungen können unser eigenes Verhalten betreffen. Motivierend sind sie, wenn wir uns sagen: Das schaffen wir! Und demotivierend, wenn wir im Vorfeld meinen, dass wir an etwas scheitern.

Unsere Erwartungen können sich aber auch auf Menschen oder Lebensumstände beziehen, die von uns kaum steuerbar sind.

Die Wünsche des Jammerwünschers kreisen in der Regel um Erwartungen, die meist damit verknüpft sind, dass andere sich ändern, oder die Umstände, in denen der Jammerwünscher lebt.

In diesem Moment verlässt er die so wichtige Position der Eigen-Macht und wird in seinem Erwartungsdenken ohnmächtig. Meistens liegt es dann nicht mehr in seiner Hand, dass sich die Erwartungen beziehungsweise Wünsche auch erfüllen. So verliert der Jammerwünscher einerseits die Kontrolle über seine Wünsche, gleichzeitig aber auch die Verantwortung. Mit seinem »Ich kann ohnehin nichts tun« verharrt er im Nichtstun. Ein fataler Teufelskreis, wenn Wünsche von Ohnmacht durchdrungen sind.

Unter die Jammerwünscher fallen auch die Bequemwünscher. Bequemwünscher haben viele Wünsche, aber sie sitzen da und warten, dass sich das Erwünschte von selbst oder durch andere erfüllt.

»Von nichts kommt nichts«, sagt die Psychologin und

Psychotherapeutin Anna Schoch. »Wünsche haben die meisten Menschen. Das Problem für viele, die in meine Praxis kommen, ist jedoch: Sie wollen nichts dafür tun. Sie wollen kein Risiko eingehen, keine Kraft aufwenden, keinen Verzicht leisten, nicht ins trübe Wasser springen, um ihren Wünschen nachzugehen.«

Die Ursache für die auf diese Weise versäumten Wünsche liegt wie so oft in der Kindheit, berichtet die Therapeutin. Es sind Menschen, denen als Kind alle Wünsche von den Augen abgelesen worden waren. Jammerwünscher hatten meist Eltern, die als notorische Kinderwunscherfüller vom eigenen Wunsch nach Liebe getrieben oder von einem ständig schlechten Gewissen gebeutelt waren, wenn sie zu wenig Zeit für die Kleinen hatten. Es waren Eltern, die sofort in die Sprechstunde der Lehrer gesaust sind, wenn das Kind mal nachsitzen musste. Solche Eltern stehen auch vor der Tür des Nachbarn, wenn durch die Schuld des Kleinen eine Scheibe zu Bruch gegangen ist. Sie entschuldigen sich für das Kind und gleichen den Schaden aus, ohne mit dem Kind zu besprechen, dass da auch das Taschengeld dran glauben muss.

Diese Kinder, erklärt Schoch, konnten nie erfahren, wie es ist, Unangenehmes zu ertragen, Selbstverantwortung zu übernehmen und daran zu erstarken. Auch lernten sie nie, für ihr Ziel einzustehen, denn das Ziel wurde ihnen stets vor die Nase gesetzt.

Diese Haltung setzt sich dann im Leben eines Bequemwünschers fort: Andere sind verantwortlich für meine Wünsche, für mein Glück. Und wenn es anders läuft, als ich erwarte, bin ich beleidigt, frustriert und beginne zu jammern.

Die Wünsche werden dann nicht selten zu Forderungen.

Und werden diese nicht erfüllt – durch andere selbstverständlich –, werden die bequemen Wünscher unzufrieden und bockig, weil die Welt ungerecht ist. Wie die Jammerwünscher verlieren die Bequemwünscher an Eigen-Macht und fühlen sich ohnmächtig und unzufrieden.

Jens Corssen sieht einen wesentlichen Hintergrund für das Jammer- und Bequemwünschen in der Vermeidung von Unlust, die sich auftut, wenn man Neues angeht. »Dazu gehört ja eine gewisse Überwindung«, meint er. Hinter dieser Überwindung steckt beim Jammerwünscher meist der Gedanke, es könne ja nach der Wunscherfüllung noch schlimmer kommen. Lieber bekanntes Leid als unbekanntes Glück, heißt die Devise des Jammerwünschers.

»Es ist ein Kleinkindverhalten, dieses Jammerwünschen«, sagt Corssen. »Mama oder Papa machen es schon, sie wissen schon, was für mich gut ist. Wenn ich das Fleisch nicht mag, werden mir Nudeln aufgetischt, wenn ich die nicht mag, kommen die Wiener Würstchen, wenn ich die nicht mag, kommen die Pommes. Jammerwünscher haben früh die Erfahrung gemacht, dass sie Unlust zeigen und dass darauf schnell, mit allerlei Auswahlmöglichkeiten reagiert wird.«

Was tun?

»Wo ich bin, will ich sein, alles andere war mir in meinen Vorstellungen bisher zu teuer.«

Diesen Grundgedanken sollten sich Jammerwünscher unbedingt bewusst machen, meint Jens Corssen und legt knallhart nach: »Wenn wir Wünsche versäumen, wollten wir sie nie wirklich angehen. Ansonsten hätten wir sie uns erfüllt. Also sollten wir aufhören, zu jammern.«

Will der Jammerwünscher wirklich eine Änderung im Leben? Corssen bezweifelt dies. »Keine Entscheidung, keine Wunscherfüllung, ist für den Jammerwünscher besser, als sich für den falschen Wunsch entschieden zu haben. Als Schnäppchenjäger entscheiden wir uns stets für das geringere Übel, jammern dann und vergessen: Wir haben uns gegen den einen Wunsch entschieden, weil wir uns einen anderen erfüllt haben, der uns weniger teuer zu stehen kam«, sagt Corssen.

Kommt hinzu, dass notorische Jammerwünscher die Geborgenheit des Jammerns brauchen. Sie haben sich zu sehr daran gewöhnt und wollen nichts anderes mehr. »Ich empfehle den notorischen Jammerern, sie sollten so weiterjammern wie bisher. Es ist das Beste für sie. Einfach weiterjammern«, sagt Corssen.

Selbstwirksamkeit steigern

Jene Jammerwünscher, die unter ihrer Jammerei selbst leiden und eine Änderung erstreben, sollten die Position der Ohnmacht verlassen und das Gefühl der Selbstwirksamkeit steigern.

Jeder von uns hat eine vage Vorstellung davon, wie gut oder schlecht seine Selbstwirksamkeit funktioniert, wenn er anstehende Aufgaben und Ziele angeht.

Die Einschätzung dieser Selbstwirksamkeit basiert zum einen auf den vorangegangenen Erfahrungen:

Wenn ich mir wünsche, endlich mit dem Rauchen aufzuhören, es seit Jahren nicht schaffe, weil ich exakt nach einem Tag wieder zu den Kippen greife, verspüre ich in puncto Rauchstopp eine ungemein geringe Selbstwirksamkeit.

Wenn mich die Erfahrung lehrt, dass ich meine Projekte

stets termingerecht beendet habe, empfinde ich bei Deadlines meist eine starke Selbstwirksamkeit. Ich schaffe es, denke ich dann selbstbewusst.

Lob und Tadel beziehungsweise die Reaktion von unseren Mitmenschen auf das, was wir tun und wie wir sind, beeinflussen ebenfalls unsere Selbstwirksamkeit.

Die Einschätzung der Selbstwirksamkeit ist fraglos höchst individuell. Wir können uns deutlich überschätzen, wenn wir gerne die Schuld auf die Umstände oder auf andere schieben.

Jammerwünscher verspüren meist eine geringe Selbstwirksamkeit. Oftmals trauen sie sich zu wenig zu, empfinden das Leben als von unkontrollierbarem Schicksal bestimmt. Und haben sie endlich mal ein Erfolgserlebnis, konnten sie endlich mal etwas erreichen, auf das sie stolz sein könnten, führen sie dies eher auf die Umstände zurück als auf sich selbst. »Habe ich eben Glück gehabt«, sagen sie dann. Kein Wunder, dass Jammerwünscher höchst anfällig für Depressionen sind.

Eine wichtige Voraussetzung, den Jammerwünscher in sich abzulegen, ist folglich, jeden kleinen Erfolg mit der eigenen Selbstwirksamkeit zu erklären. Und will es mit der Wunscherfüllung nicht so recht klappen, sollte der Jammerwünscher den Grund dafür weniger mit einem »Immer habe ich Pech, egal was ich mache« oder einem »Ich kann so etwas einfach nicht« beklagen, sondern sich darauf konzentrieren, dass er das nächste Mal den Wunsch von vornherein kontrollierbarer angeht. »Es liegt an mir, nicht an anderen, und ich gebe mein Bestes. Wenn es dann nicht klappt, war zu dem Zeitpunkt ganz einfach nicht mehr drin.« Mit einer derartigen Devise lässt sich das Gefühl der Selbstwirksamkeit steigern.

»Meine Wünsche gehen ohnehin nicht in Erfüllung, was also soll's, dieses Wünschen«, denken die Schwarzsehwünscher, die Pessimisten unter uns.

Schwarzsehwünscher versäumen ihre Wünsche, weil sie möglichen Enttäuschungen zuvorkommen wollen, die bei Nichterfüllung auftauchen könnten.

Die Taktiken des Schwarzsehwünschens sind ziemlich tricky.

Eine gerne angewandte Strategie des Schwarzsehers ist die Selbstbehinderung. Steffi ist eine Großmeisterin hierin, vor allem, wenn sie sich mal wieder frisch in einen Mann verliebt hat und den verständlicherweise unbändigen Wunsch verspürt, den Begehrten wiederzusehen.

Steffi hat sich also wieder verliebt. Es geschah neulich abends in einer Bar. Steffi wollte zum Ausklang des Tages nur mal eben um die Ecke ein Glas Wein trinken. Da sprach sie ein junger Mann an, Torsten. Die beiden waren die Letzten, die die Bar verließen. Torsten brachte Steffi bis vor die Haustür, Telefonnummern wurden ausgetauscht.

»Es hat mich erwischt«, denkt Steffi nach der Begegnung, »es hat mich so richtig erwischt! Was für ein toller Typ, dieser Torsten!«

Immer wieder schaut sie auf ihr Handy. »Er könnte doch endlich mal eine SMS schicken, schreiben, dass ihm der Abend, besser noch, dass ich ihm gefallen habe. Er könnte auch einen Anruf wagen, mich fragen, ob und wann wir uns wiedersehen.« Ruft er an, oder ruft er nicht an? Steffi wünscht sich nichts sehnlicher als diesen Anruf. Zwei Tage lang wartet sie vergeblich und überlegt, Torsten eine SMS zu schicken, drängt den Gedanken aber sofort wieder weg.

»Was, wenn er sich nicht freut, was, wenn ich eine Abfuhr bekomme, was, wenn ich mich in meiner Einschätzung getäuscht habe und er gar kein Interesse an mir hat?«, grübelt sie.

Zwei Tage vergehen, Steffis Telefon bleibt stumm. Steffi sieht schwarz. Ihr Wunsch, Torsten würde sich melden, zerbricht und wird zu einem Schwarzsehwunsch. Schließlich schaltet Steffi ihr Handy komplett aus. Ab jetzt will sie nicht wissen, ob Torsten sie noch anruft oder nicht. Indem sie die Möglichkeit eines Kontakts kappt, die Möglichkeit der Wunscherfüllung selbst behindert, kommt Steffi als Schwarzsehwünscherin einer möglichen Enttäuschung zuvor.

Dabei verfährt sie nach dem sogenannten Self-Handicapping-Mechanismus. So nennt man den Prozess, bei dem wir unserem vermuteten Schicksal entschuldigend zuvorkommen. Schwarzsehwünscher verhalten sich bei ihrem Wünschen so, dass sich dieses erst gar nicht erfüllen kann. Die Strategie dabei: Mit ihrem Pessimismus halten sich Schwarzsehwünscher innerlich eine kleine Hoffnung aufrecht, die vom Bewusstsein getragen wird, dass ein anderes Verhalten zu einem anderen Resultat, gegebenenfalls zur Wunscherfüllung geführt hätte: »Wenn ich gewollt hätte, wäre es anders gekommen.«

Steffi denkt bis heute: »Es kann ja sein, dass er angerufen hat, aber weil ich das Telefon ausgeschaltet habe, habe ich es nicht bemerkt.«

Typische Selbstbehinderungsmaßnahmen kann man oft vor sportlichen Wettbewerben beobachten. Angenommen, ein Schwarzsehwünscher wünscht sich nichts sehnlicher, als einen Halbmarathonlauf erfolgreich zu beenden. Obwohl er hart trainiert, spürt er, dass es unter Umständen nicht reichen könnte. Also lässt er es am Abend vor dem Lauf so richtig krachen. Er geht auf eine Party, feiert bis in die frühen Morgenstunden. Dass ihm tags darauf nach kurzer Zeit die Zunge aus dem Hals hängt, ist nicht weiter verwunderlich. Der Schwarzsehwünscher hat beim Laufen zwar versagt, sich seinen Herzenswunsch nicht erfüllt, gleichzeitig beruhigt ihn die heimliche Überzeugung: »Wäre ich nicht feiern gewesen, hätte ich den Marathon locker beenden können.«

Self-Handicapper und Schwarzsehwünscher versuchen auf diese Weise, ihr Selbst im Lot zu halten beziehungsweise zu stärken.

Defensiver Pessimismus ist eine weitere geschickte Strategie des Schwarzsehwünschers.

Anders als die strategischen Optimisten, die meist selbstsicher und angstfrei hohe Ziele und viele Wünsche in sich tragen und sich bewusst wenig Gedanken darüber machen, was auf dem Weg zur Erfüllung geschehen könnte, durchspielen die Schwarzsehwünscher bei ihren Wunschvorstellungen all die möglichen Negativszenarien, die auftreten könnten. Dabei berücksichtigen sie insbesondere das Worst-Case-Szenario. Auf diese Weise verarbeiten Schwarzsehwünscher ihre Ängste und fühlen sich auf einen möglichen Schiffbruch vorbereitet.

Defensive Pessimisten erkennt man daran,

dass sie zwar ihre Wünsche und Ziele angehen,

dabei jedoch stets das Schlimmste annehmen.

Sie schätzen sich selbst deutlich durchsetzungsschwächer ein, als sie in Wirklichkeit sind,

und sie fürchten häufig, ihre Wünsche und Ziele nicht erreichen zu können.

Ständig überlegen sie, welche Konsequenzen ihr Verhalten haben könnte, und grübeln im Vorfeld viel darüber, wie sie einem Schaden begegnen könnten, der gegebenenfalls auf dem Weg zur Wunscherfüllung entstehen könnte,

wobei ihre Gedanken immer um die Frage kreisen, wie es wäre, wenn sie ihre Wünsche endlich erfüllen könnten.

Was tun?

Die Psychologin Julie Norem gewinnt den Strategien des Schwarzsehwünschers durchaus auch eine positive Seite ab, vor allem für jene Menschen, deren Lebenseinstellung ohnehin von starkem Pessimismus durchdrungen ist. Norem hat festgestellt, dass ein solches Grübeln den Negativdenkern tatsächlich Kraft vermitteln kann. Nimmt man ihnen diese Chance zu grübeln und gedanklich die möglichen Ausgänge durchzugehen, etwa durch gezielte Ablenkung von einer Aufgabe, schmälert dies ihre Leistung.

Keine Frage, Schwarzsehwünscher können mit ihren Negativgedanken für das soziale Umfeld anstrengend sein. Sie sind Großmeister im Demotivieren, denn das tun sie nicht nur bei sich selbst, sondern auch in ihrem sozialen Umfeld. Gerne übertragen sie ihre eigene pessimistische Stimmung auf ihre Mitmenschen und kommentieren, meist ungebeten, das, was andere tun und wünschen. »Meinst du wirklich, dass es gut ist, wenn du vier Mal in der Woche joggst? Das geht ja gehörig auf die Gelenke!« »Muss es denn ausgerechnet dieses teure Fahrrad sein? So was wird doch in der Stadt sofort geklaut.« »Willst du nicht lieber nach Teneriffa statt nach Italien fahren? Da kann es zur Winterzeit ganz schön frisch sein.« »Willst du tatsächlich Germanistik studieren?

Da empfehle ich, dass du nebenbei gleich den Taxischein machst, wenn du später Geld verdienen willst.«

Bleiben Sie in Gegenwart eines Schwarzsehwünschers gelassen und erinnern sich an den fürs zwischenmenschliche Zusammenleben so wichtigen Grundsatz: Jeder hat recht in seinem Angst- und Denksystem. Der Schwarzseher braucht nun mal diese Sichtweise auf die Dinge, denn sie hilft ihm, mit seinen Ängsten umzugehen, betont Corssen. Nehmen Sie den Schwarzsehwünscher in seinen Gedanken ernst und vermeiden Sie auf jeden Fall die folgenden vier Verhaltensweisen:

Reden Sie ihm nicht ein, dass er positiver denken sollte. Reden Sie ihm seinen Pessimismus nicht aus.

Kommentieren Sie seine Pläne, Wünsche und Bedenken nicht.

Und geben Sie keine Ratschläge, es sei denn, Sie werden vom Schwarzseher darum gebeten.

Schwarzsehwünscher sollten aus ihrer Not eine Tugend machen, meint Corssen. Wenn Wünschen in deren Augen keinen Sinn mehr macht, dann hilft der Gedanke, sie hätten doch alles, was sie im Leben glücklich macht. Nicht weiter wünschen, sondern zufrieden sein sei die beste Methode, Schwarzsehwünschen zu entgegnen, denn auf diese Weise würden sie in einen positiven Kontext geraten.

Allerdings, und darauf weist Norem explizit hin, gibt es auch Menschen, für die negatives Denken gänzlich kontraproduktiv ist, weil sie keine Kraft daraus schöpfen, sondern Vermeidungsstrategien angehen wie: Ich schaffe es nicht, also fange ich es erst gar nicht an und tu stattdessen was anderes.

Einige dieser Menschen vertrödeln auch ihre Zeit, prokrastinieren, sprich, sie schieben ihr Handeln immer wieder auf. Dabei verschwinden deren Ziele und Wünsche weit hinter dem Horizont, und die Frustration, dass sie es wieder mal nicht geschafft haben, wächst.

Pessimismus wird dann zur Vermeidung.

Der Unterschied zwischen beidem liegt darin, dass uns Pessimismus nicht unbedingt von unserer Zielverfolgung abhält, sondern uns auf dem Weg dorthin begleitet. Aber immerhin gehen wir ihn.

Bei der reinen Vermeidung hingegen bewegen wir uns erst gar nicht in Richtung Wunscherfüllung, wir verharren im Hier und Jetzt.

Schwarzsehwünscher sollten sich für den schmalen Grat zwischen defensivem Pessimismus und Vermeidung sensibilisieren.

Der Wunschloswünscher

Mein Nachbar heißt Franz. Der Bauer und seine Frau Kathi leben auf einem kleinen, dreihundert Jahre alten Hof, in dem Franz zur Welt gekommen ist. Franz ist gerade 75 Jahre alt geworden, er ist ein Jahr älter als seine Frau. Auf dem Hof leben noch eine seiner Töchter, deren zwei Kinder, zwei Kühe, ein Kalb, zwei Schweine, etliche Hühner, ein paar Gänse und geschätzte 100 Forellen.

Auf dem Hof scheint die Zeit auf schöne Weise stehen geblieben, auch wenn Franz ein Auto hat, mit dem er ab und zu in den nächstgelegenen Ort fährt.

Meistens ist Franz im Wald, wo er das Holz macht, mit dem Kathi das Haus heizt. In der Küche steht ein Kessel Wasser auf dem Herd. Im Rauchfang hängt Speck zum Räuchern. Gemolken wird mit der Hand, geerntet, geschlachtet auch.

Es ist wie anno dazumal. Seit gefühlten 100 Jahren scheint sich kaum etwas auf dem Hof geändert zu haben, sieht man von ein paar technischen Geräten ab. Im Sommer sitzt man auf der Bank und schaut in die Ferne oder die steile Felswand nach oben, ob dort Gemsen herumklettern. Im Winter werden in der Küche Plätzchen gebacken, vor dem Haus leuchten Kerzen in Holzlaternen, die Franz selbst geschnitzt hat.

Franz und Kathi sind seit über 50 Jahren verheiratet, glücklich, wie sie sagen: »I tat ihn noch amal nehma«, sagt sie. »I di ah«, lächelt Franz.

Eines Abends in der Stube, bei Speck, Brot und Wein, frage ich das Ehepaar: »Angenommen, ihr hättet drei Wünsche frei, was würdet ihr euch wünschen?«

»Nach Südtirol fahren, zur Apfelernte«, antwortet Kathi, ohne weiter zu überlegen. »Der Franz will ja nie wegfahren, nie raus aus dem Ort hier.«

Franz lächelt und lehnt sich gelassen zurück. »Wünschen? Ich?«, fragt er und schüttelt den Kopf. »Nix wünsch ich mir«, sagt er. »Ich hab alles, brauch nix.«

Franz ist wunschlos.

Gibt es sie wirklich, die Wunschlosigkeit?

Oder ist sie Ausdruck mangelnder Fantasie?

Vielleicht ist sie bei dem einen oder anderen, beim Schwarzsehwünscher beispielsweise, auch die Folge von Resignation, weil ohnehin nie oder zu selten in Erfüllung geht, was man sich gewünscht hat. Wozu dann Wünsche haben?

Möglicherweise ist gefühlte Wunschlosigkeit auch die Folge von Gefühllosigkeit sich selbst gegenüber, wenn man sich nicht mehr spürt, keine Freude oder Lust mehr empfindet.

Franz aber kann weder mangelnde Vorstellungskraft noch Resignation geschweige denn Gefühlsarmut nachgesagt werden. Mitnichten. Für den einen oder anderen mag Franz' Leben in der täglichen Wiederholung dessen, was zu tun ist, ohne Abwechslung, ja langweilig erscheinen. »Keine Sekunde ist mir langweilig«, würde Franz den Skeptikern antworten.

Was sind das für Menschen, diese scheinbar wunschlosen Zeitgenossen?

Die wunschlos Glücklichen sind, auf den ersten Blick zumindest, tatsächlich glücklich.

Indes: Versäumen sie nichts im Leben, wenn sie augenscheinlich nichts mehr wünschen?

»Wunschlosigkeit ist Armut«, schrieb der Theologe Dietrich Bonhoeffer. Wenn wir bedenken, dass das Wünschen mit Kreativität, Träumen, Planen, Dynamik und dem Willen zum Weiterkommen verbunden ist, dürften die wunschlos Glücklichen zwar reich, aber irgendwie doch auch arm sein.

Der gläubige Wunschloswünscher

Nicht wenige Wunschloswünscher reduzieren ihre Wünsche auf ein Mindestmaß, weil es ihre Religion so vorgibt. Wünsche sind Laster, sie verderben den Charakter, sie engen ein, fesseln und geißeln uns. Wünsche sind Ausdruck von Eigennutz, und sie lassen uns Menschen das Wesentliche vergessen. Keine Wünsche mehr verspüren bedeutet innere Befreiung. So weit, höchst fragmentarisch, die Anschauungen diverser Religionen. Eine extreme Konsequenz von Wunschlosigkeit, die sich auf materieller Ebene bewegt, ist ein asketisches Leben. In den indischen Religionen, deren es bekanntlich viele gibt, ist Askese das oberste Ziel. »Wenn jemand alle Wünsche seines Herzens ablegt und wenn sein Geist in sich selbst Genüge findet, wird er ein in seinem Verstand feststehender genannt«, heißt es in der *Bhagavad Gita.* Und die wohl extremste Form, allem Besitz zu entsagen, lebt der Sannyasin. Mit seinem vollkommenen Verzicht auf nahezu alles überwindet er alle Begierden, alle Leidenschaften, alle Wünsche, alle Sehnsüchte, auch die nach sozialem Leben. Mönche manch hinduistischer Orden leben so. Sie heißen Sadhus, gute, heilige Männer. Viele von ihnen verzichten auf Kleidung, wälzen sich in Asche, sie meditieren in einem Kreis aus brennendem Kuhdung, schlafen auf Dornen, kasteien sich, erleiden Schmerzen.

Auch im Christentum sollen die eigenen Wünsche nicht zählen, sie sollen vielmehr dem Willen Gottes weichen und dem, was er mit uns vorhat.

Sein Wille geschehe.

Ähnlich restriktiv geht der Islam mit Wünschen um. Islam bedeutet im Wortsinn die vollkommene Hingabe an Gott. Es gibt kein Wollen, nein, man wird gewollt. Im Nichtwünschen, in der Aufgabe des Selbst, im Darben, in der Armut liegt die wahre Demut.

Der verzichtende Wunschloswünscher

Wenn ich wollte, könnte ich.

Aber ich will nicht!

Zum Wunschloswünscher werden wir auch, wenn wir auf unsere Wünsche bewusst verzichten.

Verzichten bedeutet: Eigentlich könnten wir uns den Wunsch erfüllen, aber nein, wir verfolgen ihn nicht weiter, denn »es braucht's ja nicht unbedingt«. Verzichten bedeutet aber auch, dass es in unserer Macht liegt beziehungsweise lag, einem speziellen Wunsch nachzugehen, oder eben nicht.

Wenn wir verzichten, haben wir unsere Wünsche unter Kontrolle, meinen wir. Wir sind ihnen nicht ausgeliefert, wir erleben uns nicht ohnmächtig.

Verzichten bedeutet Disziplin beziehungsweise die schon ausführlich behandelte Selbstkontrolle, wenn wir uns also im Griff haben und nicht sofort unseren Impulsen nachgeben.

Wünsche und Bedürfnisse bewusst zu versäumen beinhaltet Eigenmacht, eine wichtige Voraussetzung für Wohlgefühl.

So manch ein Wunschloswünscher folgt dem Trend zum Minimalismus als Lebensstil. Dabei geht es ihm um ein Abschiednehmen von der Konsumgesellschaft. Der Minimalismus ist ein Protest gegen die Maßlosigkeit unserer Gesellschaft und setzt dagegen die Konzentration auf das Wichtige im Leben.

Diese Wunschloswünscher beziehungsweise Minimalisten haben sich dazu entschieden, ihr Leben umzukrempeln, indem sie erst einmal entkrempeln. Weg mit sinnlosem Ballast. Kleidung, Möbel, unnötige Gegenstände fliegen aus der Wohnung, sie werden verkauft, verschenkt oder entsorgt.

Die Komplexität der Welt, in der sie bislang gelebt hatten, wird auf diese Weise reduziert. Das Leben wird geordnet, überschaubar. Das wenige, das Minimalisten noch besitzen, lernen sie zu genießen. Die Qualität liegt in der Einfachheit. Man ist nicht mehr, was man hat. Erfolg und Status spiegeln sich nicht mehr in den Besitztümern. Der Minimalismus sagt: Man ist, was man nicht hat, beziehungsweise das wenige, das man hat. Weniges wird zu einem wichtigen Teil der Persönlichkeit.

Minimalisten erfüllen sich nur noch die zentralen, die wirklich wichtigen Wünsche.

Das gelingt solchen Wunschloswünschern unter anderem durch eine ausgeprägte, intensiv trainierte Selbstkontrolle, durch die sie bei launischen Impulsen die Oberhand über sich selbst behalten. Gegen Werbung und sonstige Manipulationen, die uns materielle Wünsche suggerieren sollen, sind sie abgehärtet.

Versäumen diese minimalistischen Wunschloswünscher ihre Wünsche? Mitnichten, finde ich.

Sie reflektieren ihre Wünsche, folgen weniger den Impulsen und zelebrieren den Wunsch eines weitgehenden Wunschverzichts. Wenn dieser Wunschloswünscher einen großen Sportwagen fährt, gönnt er sich diesen, weniger um den Status anzuzeigen, sondern eher, weil ihm sportliches Fahren Spaß macht. Musikliebhaber, die gute Töne genießen, gönnen sich eine gute Anlage, Weinkenner, die abends gerne einen guten Tropfen trinken, schauen, auch wenn sie Minimalisten sind, nicht auf den Preis. Mit anderen Worten: Minimalismus ist eine Lebenseinstellung, keine Wunschlosigkeit.

Gleichwohl sollten Verzichtwünscher nicht vergessen:

Ständiges Verzichten und Unterdrücken eigener Wünsche und Ziele kann auch unangenehme Konsequenzen haben. Dann nämlich, wenn wir ein Leben führen, das wir nicht führen wollen, wenn wir ständig »Ja« sagen, aber eigentlich »Nein« meinen. Wenn wir zu unseren Wünschen nicht stehen, sie versäumen, weil wir meinen, sie uns nicht gönnen zu können, führt das zur Entfremdung von uns selbst. Wir betrügen uns selbst, wenn wir unsere wahren Empfindungen dauerhaft verdrängen.

Ein ständiger Verzicht auf die eigenen Wünsche hat zur Folge, dass wir uns fremdgesteuert, oftmals auch ohnmächtig fühlen.

Wir nehmen uns nicht ernst und wichtig genug. Was wir wünschen und tun, kommt nicht von innen heraus oder, wie Psychologen sagen würden: Es ist nicht intrinsisch motiviert.

Der nostalgische Wunschloswünscher

Viele Wunschloswünscher jedoch versäumen wichtige Wünsche. Gemeint sind unter anderem die Nostalgiker. Sie kennen sicherlich Menschen, die in der Vergangenheit leben und nichts sehnlicher wünschen, als dort verharren zu können. Wünsche, das haben wir gesehen, dienen jedoch dazu, uns anzutreiben, weiterzudenken, im Leben vorwärtszukommen.

Doch Menschen, deren Gegenwart in der Vergangenheit stecken geblieben oder dorthin wieder zurückgekehrt ist, weil die reale Gegenwart ihrer Meinung nach nichts bringt und die Zukunft alles andere als rosig aussieht, solche Wunschloswünscher wünschen allenfalls, dass alles wieder so werde wie damals.

Ausgeprägte Nostalgie ist eine Empfindung, in die Wunschloswünscher vor allem dann tauchen, wenn sie sich einsam und traurig fühlen. In ihren nostalgischen Erinnerungen sehnen sie sich nach der Zeit, in der die Kinder noch so süß und lieb waren. Sie sehnen sich nach der Zeit, in der der Partner liebevoller, das Geld weniger knapp, der Job sicherer war, nach einer Zeit, in der alles rosiger erschien und in der das Wünschen noch eine Aussicht auf Erfüllung hatte.

Derartige Wunschloswünscher haben keinen anderen Wunsch als den: zurück in die Vergangenheit!

Diese schöne Vergangenheit kann ihnen niemand mehr nehmen. Die Gegenwart schon.

Zu den Nostalgikern zählen vor allem die älteren Wunschloswünscher. Dabei sehnen sie sich, anders, als es bei normalen Erinnerungsprozessen der Fall ist, auf sentimentale, intensive und höchst emotionale Weise.

Nostalgie entspringt unter anderem einem Gedächtnis, das wir uns selbst formen, das wir manipulieren, das uns täuscht. Denn jedes Mal, wenn wir uns an irgendetwas erinnern, verändert sich je nach Stimmung, in der wir uns befinden, die Art und Weise, wie wir uns erinnern. Mehr noch: Unser Gedächtnis kann sich auf erstaunliche Weise an Erlebnisse erinnern, die eigentlich nie stattgefunden haben.

Einen solchen irreführenden Erinnerungsprozess kann allein schon ein Foto auslösen.

Nehmen wir mal an, Sie haben ein Klassentreffen, 30 Jahre nach dem Abitur. Ihre ehemaligen Mitschüler bringen Fotos mit. Sie sitzen gemütlich zusammen und erzählen einander Erlebnisse von damals. Dann kann es durchaus sein, dass die eine oder andere Geschichte völlig frei erfunden ist. »Mensch, könnt ihr euch erinnern, wie wir damals Kaugummi an die Türklinke geklebt haben, wie die Mathelehrerin, Frau Stein, vor der Klasse das Heulen angefangen hat?«, lacht ein ehemaliger Mitschüler in die Runde.

Hm, denken Sie sich, ich kann mich zwar spontan nicht daran erinnern. »Frau Stein?«, fragen Sie. »Ja«, sagt eine alte Klassenkameradin und zeigt Ihnen ein verblichenes Klassenfoto mit Frau Stein im Hintergrund. Sie werfen einen Blick darauf, und schon spielt Ihnen Ihr Gedächtnis einen Streich. Stimmt, ich erinnere mich, suggeriert es Ihnen, auch wenn Frau Stein tatsächlich nie vor der Klasse geheult hatte. Und Sie glauben ihm. Ihr Gehirn rekonstruiert sich die Vergangenheit, wie es ihm passt.

Das gilt vor allem für Menschen betagteren Alters.

Mit wachsenden Jahren verlagert und verschiebt unser Gedächtnis Erinnerungen, verklärt das Schöne, vergisst und verdrängt, was im Leben hart gewesen ist. Auf diese Weise schützt es unser Selbst, so dass wir mit uns im Reinen bleiben können.

Dieser Erinnerungsprozess lässt sich auch hirnphysiologisch nachvollziehen. Der Amygdala-Komplex, jene Region, die unsere Gefühle verarbeitet, ist bei älteren Personen aktiv, egal ob sie positive oder negative Bilder betrachten. Bei jüngeren Menschen hingegen regt sich dieses Areal nur bei Bildern mit negativem Inhalt. Im Alter, so scheint es, wird einem noch mehr bewusst, wie wichtig Positives fürs Leben ist.

Die Verklärung der Vergangenheit kann zwar helfen, Gegenwärtiges, das uns belastet, besser zu verarbeiten. In der Tat fühlen wir uns wohler, wenn wir uns ab und an nostalgisch-sentimentale Momente gönnen. Wichtig dabei ist jedoch, dass wir daraus Kraft schöpfen, um die Gegenwart zu meistern und uns auf die Zukunft zu freuen – mit neuen Wünschen.

Nostalgie überfällt die Menschen in allen Kulturen dieser Welt vor allem, wenn sie mit ihrem derzeitigen Leben eher unzufrieden sind. Folglich können wir davon ausgehen, dass die Flucht in die Vergangenheit zu den sogenannten Universalien der Menschen zählt, was besagt:

Nostalgie muss eine tiefere Funktion für uns Menschen haben.

Diese Annahme konnten Wissenschaftler auch bestätigen.

Verklärende Gedanken an die Vergangenheit können wie Balsam auf die Seele wirken. Bei leicht und mittelschwer depressiven Menschen heben nostalgische Gedanken die Stimmung. Anders sieht es bei den seelisch schwerer Erkrankten aus. Diese fallen bei den Gedanken an schönes Vergangenes in ein noch tieferes Loch.

Der ängstliche Wunschloswünscher

Wünsche, deren Erfüllung Überraschendes, gänzlich Neues oder eine wesentliche Veränderung mit sich bringen, wirken auf einige von uns derart verunsichernd, möglicherweise gar verängstigend, dass sie lieber wunschlos bleiben. Nennen wir diese Menschen die ängstlichen Wunschloswünscher. Sie fühlen verstärkt, was von Natur aus in jedem von uns steckt.

Von Natur aus stehen wir Neuem mit gewisser Skepsis gegenüber. Denn wir lieben das Vertraute, bevorzugen das, was wir kennen.

»Wir haben es schon immer so gemacht, deswegen machen wir es jetzt nicht anders. Basta!«

Wir lassen ungern von Gewohnheiten ab, auch wenn unsere Wünsche eigentlich anderes wollen. Schuld daran trägt der »Mere-Exposure-Effekt«, der uns so fühlen und oftmals entsprechend handeln lässt. Sie kennen diesen Effekt sicherlich, wenn Sie häufig Radio hören. Dass Sie dort immer wieder die gleichen Lieder hören, hat durchaus seinen Sinn und Zweck. Je öfter wir nämlich mit etwas, sei es mit Musik, Bildern, Menschen, aber auch mit Situationen, konfrontiert werden, desto attraktiver können diese für uns werden.

Unserer grundlegend vorsichtigen Einstellung Neuem gegenüber steht das Annäherungsbestreben entgegen. Der

Wunsch, Neues kennenzulernen, es zu erforschen, ist uns ebenfalls in die Wiege gelegt. Beide Strebungen begleiten unser Leben von Anfang an. Sollen wir etwas wagen, uns den Wunsch erfüllen, oder sollen wir es lieber bleibenlassen? Diese Frage löst in uns stets einen Konflikt aus. Wir leben in einem ständigen Appetenz-Aversions-Konflikt. »Ich würde gerne, es wäre so schön, ich sollte mir mal was gönnen, so wie bisher kann es nicht weitergehen«, sagt in uns die Appetenz-Stimme beziehungsweise das Annäherungsgefühl.

»Pass bloß auf, bedenke, was du alles riskierst, es könnte den Bach mit dir runtergehen, wage es bloß nicht, du ahnst ja nicht, welche Folgen es haben könnte«, warnt in uns die Aversions- oder Vermeidungsstimme. Sie will uns schützen, für Geborgenheit sorgen, uns in Sicherheit wiegen.

Viele Menschen sagen, sie hätten keine Wünsche, zumindest keine, die mit allzu großer Veränderung und Unsicherheit verbunden sind. Sie versäumen Wünsche, weil sie es sich nicht zutrauen, die Konsequenzen, die sich aus dem erfüllten Wunsch ergeben, aushalten zu können.

Solche risikoscheuen Menschen leben Tory Higgins zufolge überwiegend im »Prevention-Status«, sprich im Vermeidungsstatus, vor allem dann, wenn sie sich unsicher und ängstlich fühlen.

Dabei unterscheiden sie sich nicht wesentlich von allen anderen Lebewesen, deren Neugierde und Entdeckungsfreude gehemmt wird, sobald sie sich nicht in Sicherheit wähnen.

Im »Prevention-Status« wollen wir Menschen das bewahren, was wir erreicht haben, unser privates Umfeld, den Job, den sozialen wie den finanziellen Status. Dafür verhalten wir uns pflichtbewusst, verantwortlich und tendenziell eher konservativ. Jene Wünsche, die uns in diesem Status irritieren könnten, meiden wir oder halten sie für absurd. Sie werden zu Träumereien, denen wir nachhängen, bis sie zerplatzen oder bis wir sie verdrängt haben.

Wenn wir uns in einem solchen Vermeidungszustand befinden, sind wir nicht wirklich offen für Neues. Wir schauen auf unser Leben wie Kutschpferde, denen man Scheuklappen verpasst hat, damit sie weder links noch rechts blicken und nicht durch Unvorhergesehenes erschrecken können. Sicherheit und Beibehaltung des Status quo sind die wesentlichen Wünsche des ängstlichen Wunschloswünschers.

Unsicherheit, dessen sollten sich diese Wünscher bewusst werden, hat durchaus auch eine gute Seite, denn sie kann eine positive Spannung auslösen, die manchmal wie ein Kribbeln spürbar ist.

Angenommen, Ihr Lieblingskünstler kommt in die Stadt und gibt ein Konzert. Die Karten sind schnell vergriffen, Restkarten gibt es nur noch an der Abendkasse. Draußen ist das Wetter ungemütlich. Es ist kalt und regnerisch. Der Prevention-Typ grübelt wie ein Schwarzsehwünscher: »Ob ich eine Karte bekomme? Wohl eher nicht! Und dann das lange Schlangestehen in der Kälte, ach, irgendwie bringt es ja doch nichts.« Also bleibt er zu Hause. Und verpasst die Erfahrung, welch schöne Spannung Ungewissheit auslösen kann.

Ginge er hinaus ins trübe Wetter, würde er sich vor der Abendkasse in die Schlange einreihen, so würde er den schönen Aspekt der Unsicherheit erleben. Er würde ein diffuses innerliches Kribbeln spüren, eine merkwürdige Aufgeregtheit, kurzum, eine positive Spannung. Diese steigt in dem Maße, in dem er sich in der Reihe der Wartenden vorwärtsbewegt. Die ihn begleitende Unsicherheit, die sich aus der Ungewissheit ergibt, ob er doch noch zu den glücklichen

Kartenbesitzern zählen wird, würde seine Motivation steigern und die Vorfreude aufs Konzert deutlich erhöhen.

Diesen nahezu wohligen Effekt der Unsicherheit konnte ein Forscherteam um Ayelet Fishbach experimentell nachweisen. Eine unsichere Belohnung lockt mehr als eine von vornherein festgesetzte. Die Forscher stellten ihren Probanden einen großen Krug Wasser hin und sagten der einen Gruppe: »Wenn ihr es schafft, das Wasser innerhalb von zwei Minuten zu trinken, bekommt ihr zur Belohnung zwei Dollar.« Den anderen wurde mitgeteilt, die Höhe der Belohnung hinge von einem Münzwurf ab, und sie erhielten entweder einen oder zwei Dollar. In dieser Gruppe war die Belohnung auf Unsicherheit aufgebaut.

Das Ergebnis: Die Unsicherheitsgruppe war deutlich motivierter als die Gruppe, die genau wusste, welcher Lohn auf sie zukommen würde.

Würde der Prevention-Typ die Erkenntnisse dieses und ähnlicher Experimente auf sein eigenes Leben übertragen, könnte er mal »waghalsigeres« Wünschen trainieren. Aufs Geratewohl ohne Landkarte losfahren, irgendwo aus dem Zug aussteigen, sich auf das Risiko einlassen, sich zu verlaufen – der Sicherheitswünscher würde erkennen und lernen, dass das Übernehmen von Risiko durchaus auch prickelnde Momente haben kann.

Denn dann vollzieht sich eine schöne Überraschung in seinem Gehirn:

Der Psychologe Brian Knutson schob die Teilnehmer an einem Experiment in einen Magnetresonanztomografen. Dann stellte er seinen Probanden frei, Geld entweder in sichere oder in riskante Anlagen, bei denen schlimmstenfalls alles verlorengehen könnte, zu investieren. Stürzten sich die Probanden ins Risiko und kauften höchst spekulative Aktien, wurden die Neuronen im Nucleus accumbens abgefeuert, also in der Glücksregion, die mittels Dopaminausschüttung für Freude, Erregung und Verlangen sorgt.

Bei der sicheren Geldanlage, von der die Probanden wussten, wie sie sich entwickeln würde, nämlich ohne Überraschungen, ja nahezu langweilig, feuerte ein anderes Hirnareal, die anteriore Insula, mit den Botenstoffen Serotonin und Noradrenalin. Die werden nicht bei Glück und Freude ausgeschüttet, sondern beim Anblick von Ekelhaftem.

Woher kommt es, dass manche Menschen in ihren Wünschen nichts wagen, andere schon?

Jenseits äußerer Umstände sind wir in unserem Wunschverhalten von unserer Persönlichkeitsstruktur geprägt. Diese beeinflusst, wie wir mit Neuem beziehungsweise starken Veränderungen umgehen, stellt der Psychologe Tory Higgins fest.

Ebenso wie die bequemen Wünscher stammen die ängstlichen und eher vorsichtigen Wünscher überwiegend aus einem Elternhaus, in dem Selbstwertgefühl und Selbstvertrauen nicht genügend gefördert worden waren.

Anders beim mutigen Wünscher, der auch riskante Ziele und Vorstellungen angeht, ohne zu wissen, was danach geschehen wird.

Fehlenden Mut bezahlen wir mitunter teuer.

Wie Laura zum Beispiel. Die mittlerweile 50-Jährige arbeitete über 20 Jahre lang im gleichen Unternehmen. Dort hatte sie eine gute Position inne und verdiente viel Geld. Trotzdem war sie nicht glücklich mit ihrem Job, mehr noch, Laura quälte sich täglich ins Büro. Ihr eigentlicher Wunsch war eine eigene Praxis als Heilpraktikerin. Eine entsprechende Ausbildung konnte sie zwar neben der Arbeit abschließen, den Traum von der Selbständigkeit wagte sie jedoch nicht anzugehen. Bis ihr Körper streikte. Es folgten mehrere Operationen am Rücken, Rehaaufenthalte und wieder Operationen. Laura wurde erst wieder gesund, nachdem sie ihren Job an den Nagel gehängt hatte. Laura richtete sich eine gemütliche Praxis ein, und wenn auch das Geschäft noch recht schleppend läuft, ist Laura inzwischen vollkommen schmerzfrei und glücklich.

»Warum nur«, sagte sie zu mir, »warum hatte ich nie den Mut, meinen großen Wunsch rechtzeitig zu erfüllen? Ich hätte mir sicher die ganze Rückenquälerei sparen können!«

Lauras Geschichte ist ein Klassiker, klingt nahezu wie plattes Klischee, ereignet sich jedoch unzählige Male bei unzählig vielen Menschen. Die zwar ahnen, dass sie so wie bisher nicht mehr weitermachen können, die aber ihren Wunsch nach Veränderung verdrängen, bis sie körperlich oder seelisch erkranken. Bis gar nichts mehr geht. Erst dann gewinnen die verdrängten Wünsche an Raum und Macht. Erst dann reichen Entschlossenheit oder Mut aus, lang ersehnte Wünsche anzugehen.

Mut, so der Neurobiologe Gerald Hüther, hat nichts mit einem Sprung vom Zehnmeterbrett zu tun. Mut ist unter anderem die Fähigkeit, die eigenen Vorstellungen immer wieder in Frage zu stellen. In Lauras Fall war es die Vorstellung, nur in einem sicheren Job überleben zu können.

Ängstliche Wunschloswünscher empfinden beziehungsweise leben ihre Veränderungswünsche erst dann, wenn sie vorher durch starke emotionale Erlebnisse verknüpft worden waren. Diese können positive oder wie in Lauras Fall negative Erfahrungen sein.

Wenn Wunschloswünscher von sich behaupten, sie wären wunschlos glücklich, bleibt die Frage, ob dieses Gefühl aus ihrem Inneren kommt, weil sie tatsächlich alles Wesentliche zu haben scheinen, wie es bei Franz und Kathi der Fall ist. Oder ob solche Wunschloswünscher aus ihrer Not eine Tugend gemacht haben, gemäß dem Motto: Wünschen ist zwecklos, also wünsche ich mir erst gar nichts.

Wir Menschen neigen nämlich dazu, aus unseren Einstellungen und unserem Verhalten zu schließen, dass wir uns dafür auch entschieden haben.

In diesem Fall schlägt uns unsere Selbstwahrnehmung ein enormes Schnippchen. Der Psychologe Daryl Bem entwickelte hierzu die sogenannte Selbstwahrnehmungstheorie, die besagt, dass wir bisweilen Einstellungen haben, nicht weil wir diese gut finden, sondern weil wir uns entsprechend verhalten haben. Anders ausgedrückt: Wir interpretieren unsere Einstellung rückwirkend aufgrund unseres Verhaltens. Das wiederum dient uns bei unserer Bewertung als Informationsquelle.

Nehmen wir an, Sie stehen vor Ihrem Kleiderschrank und wissen nicht so recht, was Sie anziehen sollen. »Alles alte Klamotten, die trage ich seit ewigen Zeiten, die sind inzwischen megaout«, denken Sie. Nehmen wir weiter an, Sie gehören zu jenen Menschen, die ungern in die Stadt zum Einkaufen fahren. Die Hektik dort ist Ihnen zu groß, zu viele Menschen, zu viele Eindrücke. Also bleiben Sie lieber zu Hause, holen die alte Hose und den noch älteren Pulli aus dem Schrank. Während Sie diese anziehen, denken Sie: »Ist doch egal, was ich anhabe, so alt sind meine Sachen auch wieder nicht. Ein paar Monate lassen sie sich noch wunderbar tragen.«

Gefühlte Wunschlosigkeit ist hier nicht das Resultat einer bewussten Entscheidung, sondern dem Umstand geschuldet, dass Ihnen das Stadtgetümmel auf die Nerven geht.

Der Wunschloswünscher hat ohnehin das Beste

Haben Sie schon mal vom NL-Effekt gehört?

Wenn Sie zu denjenigen gehören, die Ihre Initialen beispielsweise auf dem Handtuch oder auf dem Maßhemd eingestickt haben, erleben Sie die Folgen dieses NL-Effekts immer dann, wenn Sie sich abtrocknen oder ein frisches Hemd anziehen.

NL, diese beiden Buchstaben stehen für Narzisstischer-Lese-Effekt.

Dem Phänomen des Narzissmus sind wir in diesem Buch ja schon mehrfach begegnet. Beim NL-Effekt führt diese Selbstliebe nun dazu, dass wir das, was wir eng mit unserer Persönlichkeit verweben, im Wert innerlich heben. Insofern ist der NL-Effekt dem bereits erwähnten Besitztumseffekt durchaus ähnlich.

Der Psychologe Dirk Wentura führte zum NL-Effekt ein interessantes Experiment durch. Er setzte seine Versuchsteilnehmer vor einen Bildschirm, auf dem er Buchstaben präsentierte, die derart schnell auf dem Monitor aufblitzten, dass die Teilnehmer sie zwar vage registrieren, aber nicht bewusst sehen konnten. Einige der Teilnehmer »nahmen« die Anfangsbuchstaben ihres Namens »wahr«, andere bekamen willkürliche Buchstaben zu »sehen«. Nach diesem Experiment fragte der Forscher die Teilnehmer nach ihrer momentanen Laune und dem Selbstwertgefühl. Das Ergebnis ist spannend:

Die Wahrnehmung der eigenen Initialen wirkte sich auf die Gestimmtheit positiv aus. Diejenigen Probanden, die diese zu sehen bekamen, gaben nicht nur an, besser gelaunt zu sein, sie fühlten auch eine Steigerung ihres Selbstwertes.

Diese Erkenntnis lässt sich zweifelsohne auf andere Bereiche übertragen. Nehmen wir den Bauern Franz nochmals als Beispiel. Dieser zufriedene Wunschloswünscher hat sich sein Lebensumfeld selbst geschaffen und gestaltet. Franz identifiziert sich mit allem, was ihn umgibt, mit seinen Tieren, die er aufgezogen hat, mit den Bäumen in seinem Wald, die er pflegt. Vieles von dem, was er täglich sieht, hat er zusammen mit seiner Familie geschaffen. Er hat den Tisch getischlert, der vor dem Hof steht, hat den Balkon eigenhändig gezimmert, er hat das Holz aus dem Wald geholt und gehackt, mit dem er Wärme erzeugt. Er isst selbst gebutterte Butter und die Eier seiner Hühner, die er täglich füttert, sowie das Fleisch der Schweine, die er großgezogen hat. Was ihn und seine Familie ausmacht, ist die Welt, in der sie leben, es ist eine Welt, die nur so strotzt vor NL-Effekten.

Möglicherweise kann Franz deswegen sagen: »Ich bin wunschlos glücklich.«

Der sich selbst überzeugende Wunschloswünscher

Hegen Sie einen intensiven, allerdings sehr fernen Wunsch, der Sie seit langem verfolgt? Drängt sich dieser Wunsch immer wieder auf? Und grübeln Sie kurz über ihn, verwerfen ihn dann aber wieder, weil er sich Ihrer Ansicht nach einfach nicht erfüllen lässt? Wünschen Sie beispielsweise nichts sehnlicher, als den Job zu wechseln, eine große Reise anzutreten oder sich eine Auszeit zu gönnen? Oder hätten Sie gerne einen Hund, auch wenn vieles dagegenspricht, die Umstände, die Zeit, der Job …

Jedenfalls erfüllen Sie sich den Wunsch nicht, versäumen und verdrängen ihn. Und so geht es Ihnen nicht nur mit diesem einen Wunsch. Da sind noch ganz viele andere Wünsche, denen Sie nicht nachkommen, weil Sie es sich nicht leisten oder gönnen wollen beziehungsweise können. Schlimmstenfalls leben Sie dann ein Leben, in dem sich einmal mehr und einmal weniger Unzufriedenheit breitmacht. Manchmal merken Sie es an einem Grummeln im Bauch, am verstärkten Herzschlag, immer häufiger ziehen Sie die Mundwinkel herunter, sind alles andere als in einer gehobenen Gestimmtheit.

Da wir Menschen jedoch alle nach einem gewissen inneren Gleichgewicht streben und unangenehme Gefühle gerne ausschalten, setzt sich in uns ein spannender Mechanismus in Gang: Wir machen aus der Not eine Tugend, indem wir uns davon überzeugen, den einen oder anderen Wunsch in Wirklichkeit gar nicht zu wünschen.

Wissenschaftler nennen diesen Vorgang kognitive Dissonanz.

Dissonanz wird vom Lateinischen abgeleitet und bedeutet, dass etwas auseinanderdriftet und nicht zusammenpasst. Im Fall unserer Wünsche geschieht dies, wenn die Art und Weise, wie wir unser Leben leben, mit unseren Erwartungen nicht im Einklang steht. Jeder von uns dürfte dieses unangenehme Auseinanderdriften von Verhalten (Ich erfülle mir den Wunsch nicht) und Einstellung (Das hätte ich aber trotzdem gerne) kennen, ebenso wie den begleitenden frustrierenden, nervenden Spannungszustand, einen Druck, dem wir tunlichst entweichen wollen. Schnell beginnen wir nach den unterschiedlichsten Lösungen zu suchen, die uns hier Erleichterung bringen.

Angenommen, Sie nehmen sich vor, fünf Kilo von Ihrem Gewicht loszuwerden, denn so, wie Sie derzeit aussehen, nun ja …

Die Kohlsuppendiät, haben Sie gelesen, soll ganz gut sein oder, besser noch: die Limettendiät. Fünf Tage nichts anderes zu sich nehmen als Limettensaft, Ahornsirup und Cayennepfeffer. Sie halten zwei Tage durch, am dritten Tag sind Sie abends zu einem Geburtstagsfest eingeladen. »Mit mir nicht!«, denken Sie und packen in Ihre Handtasche ein kleines Fläschchen Limettensaft. Zur Feier hat man ein großes Buffet aufgebaut mit Köstlichkeiten, die Ihr Herz höherschlagen lassen. Nein, denken Sie, ich halte mich zurück, habe schließlich schon zwei Tage tapfer durchgehalten, dann sollten auch noch die weiteren Tage klappen.

Nun aber sehen Sie die leckere Suppe, die bunten Salate und all die anderen Köstlichkeiten aufgetischt.

Das Wasser läuft Ihnen im Mund zusammen. »Hast du keinen Hunger?«, fragt Sie Ihre Bekannte. Sie nippen am Limettensaft. Kognitive Dissonanz kommt auf. Sie würden gerne essen, tun es aber nicht. Ihre Laune sinkt.

Um den unangenehmen Zustand zu lösen, gibt es nun mehrere Möglichkeiten:

Sie gehen aus dem Raum, in dem die Verlockungen aufgetischt sind, hoffen, dass dann der Verzicht leichter fällt. Dazu haben Sie aber keine richtige Lust, schließlich säßen Sie da ziemlich im Abseits.

Oder Sie schließen einen Kompromiss mit sich selbst: Sie nehmen sich vor, die Diät kurz zu unterbrechen, gönnen sich dabei nicht mehr als einen klitzekleinen Teller mit kalorienarmen Speisen. »Ein kleiner Teller«, denken Sie, »ist so gut wie kein Teller.« Sie ahnen, das schaffen Sie nicht.

Der Istzustand (Diätvorsatz und Hunger) entfernt sich immer mehr von dem Sollzustand (ordentlich zugreifen am Buffet). Ihre Laune sinkt weiter.

Nun besteht eine weitere Möglichkeit, dem inneren Spannungszustand zu begegnen, darin, diesen auf die Leute zu schieben, die um Sie herumstehen. Schlank und rank sind sie. Sie lachen, sind bester Laune, halten einen vollen Teller in der Hand und essen, wonach ihnen ist. »Lauter blöde Leute hier, blöde Party, wäre ich nur zu Haus geblieben«, denken Sie.

Oder Sie werten das, was Sie wollen, ab: »Franzi kann eh nicht gut kochen, lohnt sich also nicht, schwach zu werden.«

Bis es mit Ihnen durchgeht. Aber so richtig. Sie packen den Teller voll, Sie essen und essen, bis Sie übersatt auf dem Sofa niedersinken.

Sie ahnen, was anderntags der Zeiger auf der Waage verkündet: Diät umsonst. Der volle Magen zwickt, die Hose sitzt eng. Ihre Laune ist noch mieser als zuvor, wieder ist die kognitive Dissonanz am Werk. »Du hast versagt«, sagt die eine Stimme in Ihnen, die andere versucht, den inneren Spannungszustand zu besänftigen. »Limettendiät ist ohnehin ungesund, das Essen hat nicht so viele Kalorien gehabt, morgen könnten ich zum Joggen gehen, ein Ausrutscher ist keiner, ich trinke ein paar Gläser Wein, das hebt die Stimmung!« Es gibt etliche Wirkungsweisen der kognitiven Dissonanz.

Wünsche, solche, die wir uns erfüllen, aber auch jene, die wir uns nicht erfüllen, lösen oftmals kognitive Dissonanzen aus.

Wir haben etwas gekauft, das wir uns eigentlich nicht leisten können. Oder wir leisten uns Wünsche nicht, obwohl wir es könnten. »Ich brauche das nicht, ich habe alles, ich bin wunschlos glücklich«, hören wir von Menschen, bei denen die kognitive Dissonanz auf diese Weise wirkt. Sie sind vermeintlich wunschlos.

Wenn wir in der Dissonanzfalle zappeln und unsere Einstellungen, unser Handeln und Tun vor uns rechtfertigen, auch wenn wir ahnen, dass sie nicht unserem wahren Wollen und Begehren entsprechen, bewegen wir uns in eine falsche Richtung. Je weiter wir uns gefangen in dieser Falle vom eigentlichen Wunsch wegschleppen, desto schwieriger wird der Weg zurück.

Ein überaus beliebtes Vorgehen bei den Dissonanzprozessen ist auch das Herunterspielen, die sogenannte Trivialisierung. Wünsche werden in ihrer Bedeutung abgewertet. Wozu schon brauchen wir dieses, wozu wollen wir jenes?, denken wir uns dann. Das Leben ist auch so schön genug, wenn wir uns wunschlos wähnen.

Was tun?

Üben Sie, mutig zu sein! Mut erlernt der Mensch bereits im frühen Kindesalter. Voraussetzung sind einfühlsame Eltern, die ihren Kleinen genügend Selbstvertrauen vermitteln und fördern, dass die Kinder an ihren Aufgaben wachsen.

Mutlosigkeit sollte jedoch nicht entmutigen, denn Mut ist

trainierbar. Mut zieht Mut nach sich. Er entwickelt sich aus sich selbst weiter und weiter..

Kleine, ganz kleine Schritte gehen, rät hier Jens Corssen, wenn wir unseren Mut zur Wunscherfüllung beflügeln wollen.

Mut drückt sich unter anderem durch Haltung aus.

Die ängstlichen Wunschloswünscher beginnen daher am einfachsten mit ihrer Körperhaltung.

Unser Gehirn wird nämlich über diverse Rezeptoren in den Muskeln und Sehnen über den gegenwärtigen Spannungszustand unseres Körpers informiert.

Aufrecht stehen, Kopf hoch, Kinn nach vorne. Wirkungsvoll ist auch aufrechtes Sitzen, wie die beiden Psychologen Li Huang und Adam Galinsky feststellten. Sie drückten ihren Versuchsteilnehmern zwei Dollar in die Hand und baten sie dann, auf unterschiedlichen Sitzen Platz zu nehmen. Die Teilnehmer der einen Gruppe konnten es sich auf einem riesigen Bürostuhl bequem machen, die der anderen Gruppe kauerten in unangenehmer Haltung mit angezogenen Beinen auf einem unkomfortablen, viel zu kleinen Stühlchen. »Ihr dürft die zwei Dollar behalten«, sagten die Forscher zu den Sitzenden. »Ihr könnt aber auch versuchen, sie mit einem riskanten Würfelspiel zu vermehren, wobei ihr auch Gefahr lauft, das Geld zu verlieren.« Wie reagierten die Probanden? Deutlich mutiger und risikobereiter waren, Sie ahnen es, jene, die sich ausbreiten und eine entsprechend gute Haltung einnehmen konnten. Um es in Zahlen auszudrücken:

Allein die bessere Sitzposition steigerte den Mut um 45 Prozent!

Dann geht es in kleinen Schritten weiter, sagt Corssen. Die ängstlichen Mutloswünscher sollten ähnlich wie die Zauderwünscher, mit denen sie vieles gemeinsam haben, langsam lernen, bewusst Neues zu erleben und das auch zu genießen. Neben Mut ist da auch Disziplin gefragt. Dranbleiben, nicht aufgeben und beim Explorieren und dem Erfahren von Unbekanntem immer wieder an die eigenen Grenzen stoßen, wenn möglich diese dabei verschieben. Sich bewusst vornehmen, öfters mal etwas zu tun, was man noch nie zuvor getan hat. Ein Blick in die Programmzeitschrift Ihres Wohnortes könnte da hilfreich sein: ein Mal in der Woche alleine (!) eine Veranstaltung besuchen, in der einem bislang vollkommen Unbekanntes präsentiert wird. Ja, machen Sie sich tatsächlich alleine auf den Weg. Gehen Sie am besten irgendwohin, wohin Sie gewöhnlich nur zu zweit oder zu mehreren gehen, ins Kino etwa, in ein Konzert oder in ein Lokal. Sicherlich, der Gedanke an einen solchen »Alleingang« löst in den meisten von uns Unbehagen aus. Er suggeriert Einsamkeit und das Gefühl: Dieser Mensch hat wohl keine Freunde, mit denen er zusammen etwas unternehmen kann.

Versuchen Sie es dennoch, denn sobald Sie sich von der Idee verabschieden, andere würden Sie beobachten beziehungsweise bemerken, dass da jemand alleine unterwegs ist, können Sie, einer Untersuchung zufolge die neue Situation durchaus genießen. Genauso, als wären Sie zu zweit.

Derartige Ausflüge können den ängstlichen Wunschloswünscher auf mutigere Gedanken kommen lassen. »Jedes Mal, wenn wir Neues erlebt haben, entstehen neue Bedürfnisse. Diese wiederum motivieren, Weiteres zu wagen und weiterzumachen«, sagt Corssen.

Der Meisterwünscher

Gibt es ihn überhaupt, den perfekten Meisterwünscher?

Einer, dessen Wünsche für ihn und sein Leben ideal zu sein scheinen?

Wann schon ist etwas perfekt, nicht verbesserungs- oder ausbaufähig? Wann schon ist etwas ideal, absolut ideal und ganz ohne Kompromisse?

Oftmals müssen sich das Ideale und die Perfektion erst im Nachhinein beweisen, indem sich herausstellt: Man lag richtig oder eben falsch.

Besonders schwierig wird es in der Diskussion um Perfektion, wenn es ums Wünschen geht. Was schon sind ideale Wünsche, was schon perfekte? Wenn es um Probleme in der Bestimmung von Richtig und Falsch geht, funktioniert meist die Ausschlussregel. So nähern sich beispielsweise die ratlosen Kandidaten bei einer Quizshow der richtigen Lösung, indem sie sich darauf konzentrieren, was auf jeden Fall falsch sein muss. In unserer Bestimmung von idealen und perfekten Wünschen gehen wir genauso vor.

Vom Norm-, dem Prestige- und Geheimwünscher über den Zauder-, den Jammerwünscher bis hin zum Schwarzseh- und Gierwünscher: Insgesamt 13 Typen von Wünschern haben wir nun kennengelernt. Sie alle schließen wir als ideale Meisterwünscher aus, weil jeder auf seine Weise gute Wünsche versäumt, solche, die wirklich lebensbereichernd und nicht von unguten Motiven wie Pessimismus, Neid, Angepasstheit oder Unsicherheit begleitet sind.

Ein Meisterwünscher passt seine Wünsche nicht an Erwartungen und Normen an. Er zaudert nicht zu lange und zu ängstlich in seinen Entscheidungen, er wagt auch mal die riskanteren Wünsche, solche, die wesentliche Veränderungen mit sich bringen.

Ein Meisterwünscher beherrscht die Ars Vivendi. So wie ein Lebenskünstler.

Könnte ein Lebenskünstler ein solcher Meisterwünscher sein? Beinhaltet die Ars Vivendi richtiges Wünschen?

Zweierlei haben ideales respektive meisterhaftes Wünschen und die Lebenskunst gemeinsam: die Wahrnehmung der eigenen Bedürfnisse sowie den festen Willen, das Leben mit dem Vorsatz, stets nach den eigenen Wünschen zu trachten, zu gestalten.

»Die wahren Lebenskünstler sind bereits glücklich, wenn sie nicht unglücklich sind«, sagte mal der Dramatiker Jean Anouilh.

Zur Lebenskunst gehört eine das Leben mit all seinen Irrungen und Wirrungen annehmende, positive Grundgestimmtheit. Das gelingt nur, wenn man im sogenannten L-Modus, im Liebes-, Leichtigkeits- und Loslassmodus, ist.

Im Buch *Ich und die anderen* nahmen Jens Corssen und die Autorin eine Unterteilung in drei verschiedene Stimmungsmodi vor, in der wir Menschen uns befinden.

Da ist einmal der sogenannte A-Modus zu nennen. A steht für Abwehr, Abwenden, Abkehr. A-Modisten sind gegen das, was sie umgibt, sie können missgelaunt und zurückweisend sein. Nicht wenige von ihnen hadern mit ihren Mitmenschen, mit dem eigenen Schicksal und reagieren auf das meiste, das sie umgibt, vorzüglich mit Rückzug.

Kampf, Konkurrenz, Krawall: Im K-Modus sind wir, wenn wir uns latent oder auch offen kämpferisch bis aggressiv fühlen beziehungsweise verhalten. K-Modisten sind durchsetzungsstark, aber auch jederzeit konfliktbereit, wenn ihnen was nicht in den Kram passt. Dabei legen sie eine gewisse Rücksichtslosigkeit und soziale Hemmungslosigkeit an den Tag.

Kommen wir zum L. L steht für Leidenschaft und Liebe zum Leben, zum Menschen und zu sich selbst. L bedeutet aber auch Loslassen von Rechthabereien und Erwartungen. Und nicht zuletzt steht L auch für den Lebenskünstler (und Meisterwünscher).

Lebenskünstler sind Meisterwünscher, denn gerade diese Fähigkeit zeichnet ihre Lebenskunst aus.

Lebenskunst ist, ebenso wie das Phänomen des Wünschens, in der Wissenschaft schwer greifbar und klar definierbar, dennoch gibt es hierzu ein spezielles Forschungsfeld, das sich unter dem Oberbegriff »positive Psychologie« einordnen lässt. Bislang beschäftigte sich die Forschung eher mit den negativen psychischen Symptomen, wohingegen die Positive Psychologie sich mit den ausgewiesenen psychischen Stärken des Menschen befasst. Hier behandelt man schwerpunktmäßig die sechs Tugenden Weisheit, Mut, Menschlichkeit, Gerechtigkeit, Mäßigung, Transzendenz.

Mit Hilfe umfangreicher Fragenkataloge, etwa dem VIA-IS, können Interessierte messen lassen, wie es um ihre persönliche Lebenskunst steht.

Nachdem Psychologen wie beispielsweise Anna Schmidt und Bernhard Schmitz derartige Fragebögen an unterschiedliche Teilnehmer verteilt und ausgewertet hatten, rundete sich das Bild eines Lebenskünstlers und somit auch das eines Meisterwünschers ab. Die Forscher attestieren ihm folgende Merkmale:

1. Der Lebenskünstler geht sorgsam und gewissenhaft mit sich um. Sein Leben lebt er aktiv und reflektiert. Dabei

weiß er genau um seine eigenen Stärken und Schwächen.

2. Mit seinen Emotionen lebt er im Einklang, auch mit den quälenden wie Trauer und Schmerz.
3. Der Lebenskünstler weiß, was er will. Er weiß auch, was zu schaffen er in der Lage ist. Er gestaltet seine Umwelt so, wie es ihm gefällt. Von seinen Mitmenschen lässt er sich kaum beirren. Gleichwohl begegnet er ihnen offen und freundlich und pflegt auf diese Weise ein Netzwerk guter Beziehungen.
4. Der Lebenskünstler lebt ein ausgewogenes Verhältnis zwischen Arbeit und Privatleben. Keinesfalls stellt er Letzteres aus puren Karrierewünschen in den Hintergrund.

   Wünsche und Ziele spielen beim Lebenskünstler eine herausragende Rolle. Aus diesem Grund nennen wir ihn ja auch den Wünschemeister.
5. Seine Ziele und Wünsche geht der Lebenskünstler beharrlich und unbeirrt an, dabei hat er stets das Ziel vor Augen, seinem Leben einen Sinn zu verleihen. Damit tut er sich ausgesprochen Gutes, wie Forscher jüngst bei einer Untersuchung von 137 000 Menschen herausfanden. Lebenssinn wirkt lebensverlängernd.

   Das Gefühl, ein erfülltes Leben mit Zielen und Wünschen zu führen, macht nicht nur glücklicher, es dient auch der Gesundheit, indem es das Risiko für Herzerkrankungen und Schlaganfälle senkt.
6. Auf dem Weg zu seiner Wunscherfüllung bleibt der Lebenskünstler gelassen und lässt sich nicht durch Rückschläge aus der Bahn werfen.
7. Gierwünsche sind ihm fremd. Ausnahme, im positiven Sinne, ist die Begeisterung für die einfachen und schö-

nen Dinge, für Genuss und eine ganz spezielle, eine schöne Form der Gier: die Neugier.
Gutes Wünschen beinhaltet Neugier. Lebenskünstler zehren in hohem Maß von ihrem Wunsch, Neues zu erleben, sich dabei auf unbekanntes Terrain zu begeben.
Wenn Sie sich für die starke Wirkungskraft von Neuem sensibilisieren wollen, starten Sie hierzu doch einmal den folgenden Selbstversuch:
Halten Sie zwei Wochen lang Ihre Tätigkeiten in einem Notizbuch fest: Aufstehen, Frühstücken, Joggen, Büro, Einkaufen, Kino, Kochen, Freunde treffen, in ein Konzert gehen ... Neben all diese Tätigkeiten notieren Sie die Gefühle, die Sie dabei begleiten. Suchen Sie während dieser Zeit bewusst mindestens ein Mal täglich eine neue Erfahrung aus. Ihr Leben sollte während der beiden Wochen möglichst voller Abwechslung sein. Gehen Sie in einen Laden, den Sie nicht kennen, in den Sie normalerweise auch nicht gehen würden. Besuchen Sie eine Veranstaltung, in die Sie ansonsten niemals gegangen wären, es darf und sollte ruhig etwas Schräges, Ausgefallenes sein. Sprechen Sie eine fremde Person an, wenn Sie gemeinsam auf einer Parkbank sitzen oder in der Schlange stehen. Suchen Sie kurze Begegnungen. Der Fantasie sind hier keine Grenzen gesetzt. Neues, Ungewohntes im Leben zu erfahren ist nicht schwer.
Nach zwei Wochen gehen Sie Ihr Gefühlstagebuch sukzessive durch. Mit großer Wahrscheinlichkeit werden Sie bemerken, dass jene Situationen, die für Sie im Leben neu waren, von Ihnen gefühlsmäßig eher positiv und erregend bewertet wurden. Gelingen Ihnen zwei Wochen abwechslungsreicher Zeit, dürfte Ihr Glücksbarometer gestiegen sein. Menschen, die oft Neues erle-

ben, das Vertraute auch mal verlassen, sind glücklicher und zufriedener, erklärt der Psychologe Todd Kashdan, der ein solches Tagebuchexperiment mit zahlreichen Probanden durchführte.

8. Grundlegende Zufriedenheit ist ein weiteres Merkmal des Lebenskünstlers und Meisterwünschers. Diese speist sich aus einem ausgewogenen Verhältnis zwischen der Erfüllung diverser Ansprüche und Wünsche, die er in sich trägt, und seinem grundsätzlichen Anspruchsniveau. Anders ausgedrückt: Der Lebenskünstler lebt gemäß seinen tatsächlichen Ansprüchen.
9. Die Wünsche des Lebenskünstlers sind selten oberflächlich oder zu hoch gegriffen, wie dies etwa beim Prestige-, Gier- oder Neidwünscher der Fall ist.
   Ahnt der Meisterwünscher, dass seine Wünsche partout nicht erfüllbar sind, senkt er zur eigenen Zufriedenheit seine Erwartung und hadert nicht damit, dass er nicht bekommt, was er gerne hätte. An unerreichbaren Zielen und Wünschen beharrlich festhalten ist übrigens ein Merkmal depressiver Menschen.
10. Der Lebenskünstler lässt gerne fünfe mal gerade sein. Absoluten Perfektionismus meidet er, wenn Zufriedenheit und Glück dabei auf der Strecke bleiben.

Verdichten wir die Tugenden eines Lebenskünstlers, können wir ihm folgende Merkmale attestieren:

Weisheit, Mut, Menschlichkeit, Gerechtigkeit, Mäßigung und Transzendenz.

Wie ist es nun um Sie persönlich bestellt? Welche dieser einem Fragebogen des Psychologischen Instituts der Universität Zürich entlehnten Kriterien des Meisterwünschers erfüllen Sie?

Weisheit:

Haben Sie ausreichend Kreativität, die sich dadurch ausdrückt, dass Sie neue und wirkungsvolle Wege gehen, um Ihre Wünsche zu erfüllen?

Sind Sie neugierig? Verspüren Sie den Wunsch, zu erfahren und zu erleben, was alles um Sie herum passiert?

Beachten Sie bei Ihrer Wunschentscheidung jedes Für und Wider?

Mut:

Sind Sie authentisch? Stehen Sie zu Ihren Wünschen?

Nehmen Sie für diese Wünsche auch Herausforderungen und Rückschläge an?

Beenden Sie in der Regel das, was Sie begonnen haben?

Menschlichkeit:

Tun Sie anderen gerne einen Gefallen?

Verspüren Sie den Wunsch nach Nähe?

Spüren Sie, was Sie selbst wollen und was andere bewegt?

Gerechtigkeit:

Behandeln Sie alle Menschen gleich fair?

Können Sie gut in einem Team arbeiten?

Mäßigung:

Können Sie sich in Bescheidenheit üben und sich mit dem Erreichten zufriedengeben?

Sind Sie vorsichtig und tun beziehungsweise sagen Sie nicht immer wieder etwas, was Sie später bereuen?

Haben Sie sich selbst und Ihre Bedürfnisse und Wünsche halbwegs im Griff?

Transzendenz:

Können Sie auch die kleinen Geschenke des Lebens ausreichend schätzen?

Sind Sie dankbar für das meiste, das das Leben für Sie bereithält?

Spüren Sie Hoffnung in sich, indem Sie das Beste erwarten und dies entsprechend verfolgen?

Lachen Sie selbst gerne und bringen andere gerne zum Lachen?

Um persönliche, detailliertere Auskunft mit entsprechendem Feedback zu erhalten, gibt es auf der Homepage der Universität Zürich einen Test, an dem Sie online teilnehmen können.

Für all jene, die sich weit von einem Meisterwünscher wähnen, und für solche, die Meisterwünscher werden wollen, stellt sich nun mit großer Wahrscheinlichkeit die Frage:

Kann ich überhaupt zu einem Lebenskünstler und Meisterwünscher werden? Und wenn ja, wie?

Psychologen wie Wilhelm Schmid sind der Meinung, dass dies möglich ist.

Es klingt fast schon banal, wird aber durch die Forschung bestätigt: Es gelingt durch ein hohes Glückslevel.

Unter Glück verstehen wir in der Regel etwas Kurzfristiges, plötzlich Eingetretenes. Man hatte Glück, dass bei dem Unfall nichts passiert ist. Man hatte Glück, weil man bei einem Preisausschreiben gewonnen hat. Man hatte Glück, weil man im rechten Moment zur richtigen Stelle war.

In der Glücksforschung betrachtet man Glück mitnichten nur als Zufallsprodukt des Schicksals, bei dem wir ohne unser Dazutun etwas Positives erreicht haben.

Glück bewegt sich vielmehr auf einem ziemlich konstanten Glückslevel, auch Set Point beziehungsweise Vorgabewert genannt. Um diesen Set Point herum oszilliert je nach Lebenssituation unser Glücksgefühl, ganz gleich wohin uns die Achterbahn des Schicksals führt. Schicksalsausschläge im Negativen wie Positiven werfen uns zweifelsohne aus dem Gleichgewicht, dennoch finden wir relativ schnell wieder zurück zu unserem jeweiligen subjektiven Glückslevel, meint etwa Philip Brickman. Der Psychologe befragte sowohl Menschen, die ein schwerer Schicksalsschlag ereilt hatte wie eine durch einen Unfall verursachte Querschnittslähmung, als auch Menschen, die extremes Glück erlebt und im Lotto gewonnen hatten. Erwartungsgemäß reagierten beide Gruppen stark auf die unerwartete Veränderung in ihrem Leben. Die Glücklichen schwelgten im Freudentaumel, für die vom Unglück getroffenen Personen brach die Welt zusammen. Dennoch, und das ist das überraschende Ergebnis von Brickmans Befragung: Nach einer gewissen Zeit pendelte sich das Lebensgefühl beider Gruppen wieder auf das gewohnte, vor dem Einschnitt empfundene Niveau ein. Wir seien mit einer Art innerer Schutzvorrichtung ausgestattet, die uns vor lang andauernden emotionalen Hochs und Tiefs bewahrt, meint Brickman. Hedonistische Adaption nennt er diese Schutzvorrichtung, die wie eine Wippe funktioniert, an deren Enden zwei gleich schwere Kinder sitzen. Bewegen sie sich nicht mehr, pendelt sich die Wippe automatisch in die Horizontale ein.

Dem Vorteil, dass harte Schicksalsschläge in überschaubarer Zeit überwunden werden, steht der Nachteil gegenüber, dass auch die extremen Lebensfreuden nicht allzu lang andauern. Was bleibt, ist unser ureigenes Mittelmaß, unser Set Point.

Die hedonistische Adaption wirkt allerdings nicht, wenn

wir uns in kontinuierlichen Prozessen bewegen, die unsere Gefühle langfristig angenehm oder unangenehm berühren. So gewöhnen wir uns auf Dauer nicht an einen nörgelnden, stets schlecht gelaunten Partner. Auch nicht an die Ungerechtigkeit des Chefs, schon gar nicht an eine heimtückische, schleichende Krankheit. Unsere hedonistische Adaption führt auch nicht dazu, dass wir uns irgendwann an gutes Essen oder hervorragende Weine gewöhnen. Im positiven wie negativen Fall wirkt der Mechanismus jeweils verstärkend. Auf anhaltend negative Situationen reagieren wir immer grimmiger und empfindlicher. Und in den positiven und schönen Bereichen werden wir zunehmend zum Kenner und Genießer.

Unser Set Point ist früh in uns angelegt und ein wesentlicher Teil unserer Persönlichkeit, stellen viele Wissenschaftler fest. Einige von ihnen meinen, das Glückslevel bliebe im Lauf unseres Lebens relativ konstant.

Andere Forschungsergebnisse verweisen darauf, dass sich unser Set Point durchaus auch verschieben kann. So veränderte sich bei zehn Prozent der von dem Psychologen Ulrich Schimmack Befragten das Glückslevel sogar um 50 Prozent.

Unter anderem diese Ergebnisse weisen darauf hin, dass wir unserem Glückslevel durchaus nachhelfen können: mit unserem Willen, mit unseren Gedanken.

Als denkende Wesen sind wir in der Lage, einen großen Einfluss auf unser Glücksgefühl zu nehmen. Wir können beeinflussen, wie wir unser eigenes Leben bewerten und mit unseren Erwartungen, Wünschen sowie Enttäuschungen umgehen. Unsere Gedanken haben die Macht, uns durch widrige Situationen zu begleiten und zu einem guten Glückslevel zurückzuführen.

Wünschen lernen

Kunstvoll und zufrieden das Leben gestalten, wie ein Meisterwünscher dies tut, ist eine Frage der Entscheidung und unseres Willens. Mit anderen Worten: Ein Meisterwünscher zu werden ist für jeden möglich. Das ist die gute Botschaft aller Experten, die auf diesem Gebiet forschend und praktizierend tätig sind. Doch es bedeutet auch harte Arbeit an uns selbst. Denn in jedem von uns steckt ein wenig von einem der 13 genannten Wunschtypen, die Wünsche versäumen, unter anderem weil sie zaudern, gieren, jammern oder keine Zeit haben. Zieht man wissenschaftliche Erkenntnisse zu Rate, führt die Beherzigung der folgenden Vorschläge am ehesten dazu, zum Meisterwünscher zu werden:

An der Lebenskunst arbeiten, Wünsche überprüfen, sie richtig angehen, äußere Beeinflussungen reflektieren, kleine Flächen nutzen, last, but not least auch Rückschläge ertragen.

An der Lebenskunst arbeiten

Genießen lernen

Wir sollten lernen, die kleinen Dinge zu genießen, solche, die wir auf den ersten Blick kaum wahrnehmen, sagt der Glücksforscher Bernhard Schmitz. Wir sollten unsere Sinne schärfen, mehr auf Unscheinbares und doch Schönes achten. Einen romantischen Sternenhimmel, einen verführerischen Duft, ein gutes Glas Wein.

Schließen Sie zum Beispiel die Augen und lassen sich von Ihrem Partner verschiedene köstliche Naschereien auf die Zunge legen, auf diese Weise wird Ihr Geschmackssinn geschärft, erklärt Bernhard Schmitz, der an Schulen Lebenskunsttrainings abhält, um bei den Schülern schon möglichst früh die Fähigkeit des Genusses zu stärken. Mit Erfolg, wie Schmitz erzählt.

Das Wohlbefinden steigern

Trainieren Sie systematisch Ihr Wohlbefinden, allein schon intensive Gedanken an Schönes können Positives in Ihnen anregen.

Verfassen Sie acht Wochen lang alle sieben Tage einen kurzen Text, in dem Sie sich für die kommenden 10 Jahre eine ideale Zukunft ausmalen.

Mal schreiben Sie über Ihre Beziehung beziehungsweise Ihr Privatleben.

Mal über Ihren beruflichen Werdegang.

Mal über Ihre Freunde, über die Gesundheit, über Ihr soziales Engagement.

Wahlweise können Sie aber auch Dankbarkeit in den Mittelpunkt Ihrer Texte rücken. Schreiben Sie acht Wochen lang alle sieben Tage auf, wem Ihrer Freunde, Verwandten, Partner oder Kollegen Sie in den vergangenen Jahren etwas zu verdanken hatten. Was haben diese mittelbar oder unmittelbar für Sie getan, und welche Auswirkung hatte das auf Ihr Leben? Und halten Sie auch fest, wie oft Sie daran denken, was diese Hilfe bei Ihnen bewirkte.

Sie können davon ausgehen, dass diese Übung Ihr Wohlbefinden nachhaltig steigern wird, bestätigt die ausgewiesene Glücksexpertin und Psychologin Sonja Lyubormirsky. Voraussetzung dabei ist allerdings, dass Sie diese Aufgaben mit Freude angehen und sich dabei bemühen, tief in sich zu gehen.

Eigen-Macht gewinnen

Achten Sie bei Ihren Einstellungen, Ihrem Handeln, Ihrem Verhalten so oft wie möglich darauf, dass Sie es für sich selbst tun, nicht weil andere es von Ihnen erwarten. So gewinnen Sie an Eigen-Macht und Zufriedenheit.

Negatives schwächen

Will Ihnen etwas nicht so recht gelingen, denken Sie: »Das ist jetzt ungünstig für mein Vorhaben.« Aber bejammern Sie die Situation nicht mit Sätzen wie:

»Was für ein Mist, wie blöde, verdammt noch mal, wieso passiert immer mir das? Was habe ich auch für ein Pech!«

Bewerten Sie die Umstände vielmehr als den Lauf der Dinge im Leben, in dem es nun mal auf und ab geht. Auf diese Weise schwächen Sie Ihre Negativgedanken, empfiehlt Jens Corssen. Nützlich ist es, wenn Sie die Hindernisse auf dem Weg zur Wunscherfüllung als Herausforderung betrachten, durch die Sie letztlich auch erstarken können. Anders ausgedrückt: Machen Sie die Not zur Tugend. Oder, um es mit den Worten von Corssen zu sagen: »Situation, sei mein Coach!«

Zum Meisterwünscher werden wir nicht, wenn sich andere in unser Wünschen einmischen. Und umgekehrt können auch wir mit guten Ratschlägen unseren Mitmenschen nicht zu ihrem Glück verhelfen.

»Mensch, gönn es dir doch endlich mal«, sagt die Freundin. »Das hast du dir verdient«, sagt die Kollegin. »Man lebt nur einmal, also, komm, mach schon, trau dich«, sagt der Vater.

»Mach es jetzt einfach!«, sagt die Mutter.

»Warum springen Sie nicht mal über Ihren Schatten?«, fragt der Therapeut.

»Was du heute kannst besorgen, das verschiebe nicht auf morgen, tu es, du wirst deine Freude daran haben«, sagt ein Bekannter.

Von überall Ermunterungen, Einreden, aber auch Abraten, wenn es um das Wünschen geht, Sie kennen das. Und umgekehrt geschieht es mindestens genauso häufig. Wir versuchen, anderen deren Wünsche, die wir persönlich für unsinnig, unvernünftig und nicht zielführend halten, auszureden beziehungsweise Ihnen einzureden, was wir für gut halten.

Sicherlich meinen wir es gut mit dem anderen, doch gelingt es tatsächlich, ihn mit Ratschlägen und Tipps in seinem Wünschen oder Nichtwünschen zu beeinflussen?

Wenn die Tipps ungefragt daherkommen, führt das nicht weit. Denken Sie daran, wann immer Sie einem Partner, Freund, ihren Kindern, Bekannten oder Kollegen mit guten Tipps zur Seite stehen wollen:

Nichts einreden!
Nichts ausreden!

Keine ungebetenen Kommentare!
Keine ungefragten Ratschläge!

Denn Einreden, Ausreden, ungebetene Kommentare und ungefragte Ratschläge sind Jens Corssen zufolge die ungünstigen vier, die jede Beziehung, jedes Ziel, jeden Wunsch überaus unglücklich beeinflussen.

Widerspricht Ihre Einstellung nämlich den Intentionen des anderen, bedeutet dies, dass Sie ihn in seinen Einstellungen, Meinungen und Wünschen nicht wirklich ernst nehmen. Sie stellen sich als allwissend, zumindest als schlauer dar und schwächen so Ihr Gegenüber.

Außerdem rechnen Sie dann nicht mit dessen konfirmatorischem Hypothesentesten, auch Bestätigungsfehler genannt. Das ist nämlich die Folge der ungünstigen vier.

»Confirmare« kommt aus dem Lateinischen und bedeutet »bestätigen«. Konfirmatorisches Hypothesentesten ist nichts anderes, als sich einen vermeintlichen Fehler selbst schönzureden.

Sie erzählen Ihrer Freundin Lena, Ihr größter Wunsch sei ein Dolby-Surround-System, wie Sie es jüngst bei einer Bekannten gesehen haben. »Das ist aber ziemlich teuer«, kommentiert Lena, ungefragt selbstverständlich. »Ja, aber ich höre doch gerne Musik«, antworten Sie. »Also, ich würde das Geld eher anders verwenden. Wärst Du wirklich musikalisch, könnte ich Dich ja verstehen. Aber hattest Du damals im Musikunterricht nicht immer schlechte Noten?«, meint Lena in ihrem Versuch, Ihnen Ihren Wunsch auszureden.

Sie sind ein wenig frustriert, weil Ihnen Ihr konfirmatorisches Hypothesentesten sagt: »Was? Unmusikalisch? Ich? Mitnichten!«

Sie suchen nach Argumenten, die Ihre Annahme, musikalisch zu sein, bestätigt und gleichzeitig erklärt, dass Sie aufgrund Ihrer Musikalität ein teures Surround-System genießen können. »Liebe Lena, mein Musiklehrer mochte mich halt nicht, außerdem war ich nur in Theorie schlecht. Ich habe immer gut gesungen.« »Findest Du, dass Du deswegen so eine Luxusanlage brauchst?«, fragt Lena. »Finde ich«, sagen Sie.

Je mehr Lena Ihren Wunsch anzweifelt, desto mehr erhärtet er sich in Ihnen.

Achten Sie mal darauf, wie oft Sie Ihren Mitmenschen gegenüber mit den ungünstigen vier entgegentreten. Wahrscheinlich sehr viel öfter, als Sie annehmen.

Zurückhaltung ist nämlich ungemein schwierig, wenn wir meinen, der andere befinde sich gerade vollkommen auf dem Holzweg.

Nehmen wir zum Beispiel Gerd. Der will seine Frau Sofie und die Kinder verlassen, weil er eine 20 Jahre jüngere Frau, Tanja, kennengelernt hat und in ihr die große Liebe sieht. Endlich aussteigen aus dem festgefahrenen Familienleben, wieder Gefühle spüren können, sich jung fühlen. Gerd trägt nun die Haare lässiger und blond gefärbt. Er hört auf einmal Hip-Hop und hat sich im Fitnessstudio angemeldet, zum ersten Mal in seinem Leben. Wir ahnen, Gerd befindet sich in den Wechseljahren des Mannes, in einer Sinnkrise. Wie so oft im Endorphinrausch des Glücks schwärmt er Ihnen die Ohren voll: Tanja hier, Tanja dort. Als langjähriger Freund der Familie können Sie es nicht fassen. Gerd will tatsächlich seine Familie verlassen. Wie leicht sind Sie nun versucht, Gerd von Wolke sieben schubsen zu wollen, weil Sie, möglicherweise zu Recht, vermuten, er wäre derzeit nicht ganz ernst zu nehmen.

Wer aber leicht der Versuchung erliegt, den anderen in seinen Wünschen zu maßregeln und zu wissen, was besser für diesen ist, sollte sich die Reaktanzreaktion des anderen vor Augen halten.

Reaktanz nennen Psychologen das Phänomen, das wir spüren, sobald sich äußere Widerstände gegen unsere Einstellung, gegen unser Verhalten, aber auch gegen unser Wünschen und Begehren stellen. Dann nämlich reagieren wir mit einem noch größeren Begehren, unser Wunsch wächst in seinem Wert. »Ich mach es jetzt einfach!«, sagen Sie zu Lena. »Jetzt erst recht zu Tanja!«, denkt sich Ihr verliebter Bekannter Gerd.

Reaktanz ist dann besonders ausgeprägt, wenn Sie:

1. versuchen, den anderen mit Argumenten umzustimmen oder ihm gar entsprechende Konsequenzen vor Augen zu führen. »Gerd, denk doch mal nach, was du alles aufgibst. Diese, wie heißt sie noch mal gleich? Diese Tanja, 20 Jahre jünger, wie soll das denn gutgehen!«
2. dem anderen Hindernisse zur Wunscherfüllung in den Weg legen, hinterrücks intervenieren, etwa bei der Geliebten anrufen und die Sache ein für alle Mal klären wollen.
3. den anderen zur Entscheidung zwingen. »Also Gerd, wenn du deine Frau verlässt, hast du hier bei uns nichts mehr zu suchen!«

Je mehr sich Gerd in die Ecke gedrängt und in seiner Handlungsfreiheit eingeschränkt fühlt, umso stärker werden seine Reaktanz, aber auch sein konfirmatorisches Denken aktiviert. Mit großer Wahrscheinlichkeit wird er dann anders reagieren, als Sie es ihm geraten haben.

Wünsche wollen von außen unbeeinflusst bleiben. Nur dann können sie sich gut und ausreichend entfalten. Achten Sie bei Ihren Wünschen darauf, ob sie gegebenenfalls einem der eben genannten Prozesse unterliegen.

Richtig wünschen

Sie nehmen es sich fest vor, Sie sagen es anderen, damit Sie moralische Unterstützung haben in Ihren Vorsätzen, etwa bei dem Wunsch, mit dem Rauchen aufzuhören, oder dem, so viel abzunehmen, dass Ihnen die Kleider wieder passen, die Sie letzten Sommer getragen haben.

Sie versprechen sich also selbst: Von heute an esse ich ab Mittag keine Kohlehydrate mehr, gehe täglich joggen und trinke abends keinen Wein. Fünf Kilo sollen runter, dann fühlen Sie sich wieder wohl. Von diesem Wunsch beflügelt, hoffen Sie dieses Mal das richtige Abspeckrezept gefunden zu haben. Sie machen sich einen Plan: montags joggen, dienstags Fitnessstudio, mittwochs nur Brühe trinken, donnerstags Abendessen weglassen usw. Sie wollen diesen Plan die nächsten drei Wochen konsequent durchhalten. Fünf Kilo in 21 Tagen.

Sie sind hochmotiviert, weil Ihnen nur noch zwei Ihrer Hosen und drei überweite Hemden passen. Ja, jetzt ist es wirklich an der Zeit!

Jedoch: Vergessen Sie diesen Wunsch ganz schnell! Denn es ist ein gänzlich falsches Wünschen.

Ein solches Wünschen wird Sie auf Dauer demotivieren, sagen die beiden Psychologen Ayelet Fishbach und Jinhee Choi. Mit großer Wahrscheinlichkeit, und möglicherweise hat es Sie die Erfahrung bereits mehrfach gelehrt, werden Sie sich diesen Wunsch nicht erfüllen können.

Fishbach und Choi luden 103 Studenten in einem Fitnessstudio zu einem Interview ein, bevor diese aufs Laufband stiegen. Dann teilten sie ihre Probanden in zwei Gruppen ein. »Was willst du im Fitnessstudio eigentlich erreichen?«, fragten sie die eine Gruppe. »Abnehmen, fit sein, mich auspowern«, antworteten die meisten. »Gut«, sagten die Wissenschaftler, »und wie lange wollt ihr heute trainieren, um das zu erreichen?«

47 Minuten, lautete die durchschnittliche Antwort dieser Gruppe, die klare Ziele formuliert und sich auf diese auch konzentriert hatte. 47 Minuten, um Gewicht zu verlieren, einen straffen Körper zu bekommen, sich auszupowern. In den Köpfen dieser Studenten drehte sich alles um die Funktion, Sinn und Zweck des Fitnessstudios.

Die andere Gruppe konzentrierte sich auf das pure Erlebnis – ohne dabei ein bestimmtes Ziel im Kopf zu haben. »Ich rudere ein wenig, danach könnte ich auf das Laufband gehen, vielleicht mache ich dann noch die eine oder andere Kraftübung, mal sehen, was mir gerade so Spaß macht.« Die Personen, bei denen es nicht um ein spezielles Ziel, sondern um das Machen, das Erleben selbst ging, hatten vor, knapp zehn Minuten weniger als die zielorientierten zu trainieren, durchschnittlich 38 Minuten.

Was geschah nun tatsächlich mit den Vorsätzen?

Die zielorientierte Gruppe befand sich kürzer im Studio, als sie es sich vorgenommen hatte, im Durchschnitt nur 40 Minuten. Die erlebnisorientierte Gruppe hingegen trieb im Schnitt vier Minuten länger Sport als geplant.

Dieser Effekt wurde in ähnlichen Versuchen beim Basteln, Yoga usw. bestätigt. Ziele und Wünsche motivieren zwar, so die Forscher, die Stärke der Motivation kann jedoch schnell verpuffen. Anfangen ist stets einfacher als Weitermachen.

Weitaus effektiver und nachhaltiger ist es, wenn wir uns auf die Aufgabe beziehungsweise den Weg zum Ziel selbst konzentrieren und daran Freude gewinnen.

Die äußere Belohnung, in unserem Fall den Verlust von ein paar Kilo, sollten Sie ersetzen durch Ihre grundsätzliche Einstellung zum Sport, indem Sie Freude daran gewinnen. Sie sollten sich auf die Entspannung konzentrieren, die sich aus ihm ergibt, sollten sich darüber freuen, wie er zur seelischen Ausgeglichenheit führen kann. Die während der Tätigkeit auftretende Zufriedenheit motiviert Sie weiterzumachen.

Den Weg zum Ziel genießen lernen, sich nicht lustlos auf ihm abzumühen, ist das Erfolgsrezept. Wenn Sie eine Diät angehen, macht es auf Dauer keinen Sinn, täglich einen eher übelriechenden Drink zu sich zu nehmen, der den Hunger stillt und den Stoffwechsel beschleunigt, oder tagelang Limettensaft zu trinken beziehungsweise sich zur Kohlsuppe zu zwingen. Effektiver ist es, Lust an gesunder Nahrung zu bekommen, auf den Markt zu gehen, schönes Gemüse zu kaufen, tolle Rezepte auszusuchen, den Akt des Kochens zu genießen wie später das Essen. Vergessen Sie das Ziel der Gewichtsabnahme, konzentrieren Sie sich stattdessen darauf, dass die gewählte Strategie Ihnen Freude bereitet.

Kleine Flächen nutzen

Eine weitere, überaus effektive Strategie, unseren Wünschen näher zu kommen, ist die Stärkung von Disziplin und Durchhaltevermögen. Das gelingt am besten, indem wir kleine Flächen nutzen.

»Kleine Flächen?«, werden Sie sich jetzt fragen.

Ja, vertrauen Sie der Kleine-Flächen-Hypothese, die die beiden Forscherinnen Minjung Koo und Ayelet Fishbach aufgestellt und überprüft haben, unter anderem in einem Sushirestaurant.

Sie kennen sicherlich auch eine dieser Bonuskarten, auf die es bei jedem Besuch oder Einkauf einen Stempel gibt. Ist die Karte voll, erhält man etwas gratis. Solche Kärtchen verteilten die beiden Forscherinnen an 1000 Gäste, allerdings in zwei unterschiedlichen Varianten. Die eine Hälfte erhielt pro Mahlzeit einen Stempel auf einer Karte, auf der zunächst nur freie Flächen waren. Die Karten der zweiten Gruppe waren derart gestaltet, dass man pro Mahlzeit ein Feld mit Punkten freirubbeln durfte. Nach zehn Punkten beziehungsweise zehn Stempeln erhielten die Besucher eine Portion Sushi gratis.

Wie sehr lassen sich Menschen von unterschiedlichen Belohnungssystemen motivieren, das Lokal so schnell wie möglich wieder zu besuchen?, wollten die Forscherinnen mit dem Experiment herausfinden.

Worin besteht da der Unterschied?, könnten Sie sich nun fragen. Es ist doch einerlei, ob man die zehn Felder nach und nach freirubbelt oder ob man sie vollstempelt.

Dem jedoch ist nicht so.

Es besteht ein großer Unterschied, nämlich der der freien Flächen.

Die Gruppe mit den Stempeln sah stets die noch freien Flächen, ihr Augenmerk war folglich auf den Fortschritt gerichtet, indem ein freies Feld nach dem anderen abgestempelt werden musste. Die andere Gruppe hingegen hatte gefüllte Felder vor sich, die sie langsam öffneten. Ihr Fokus lag auf einer Art Countdown.

Die spezifische Wirkungsweise der unterschiedlichen Kärtchen hing nun vom allerersten Besuch im Sushilokal ab. Wurde dort sehr viel Geld ausgegeben, und waren entsprechend viele Felder fällig, wirkte der Countdown, sprich die Rubbelkarte, stärker motivierend, rasch wiederzukommen, als die Stempelkarte.

Wurde beim ersten Restaurantbesuch wenig Geld ausgegeben, folglich nur ein Feld entwertet, waren die Gäste mit vielen leeren Feldern auf der Stempelkarte konfrontiert. Das Ziel des Gratisessens erschien entsprechend fern. Der Anreiz, so schnell wie möglich wieder in dieses Lokal zu gehen, war bei dieser Testgruppe noch vergleichsweise gering. Im Lauf der nächsten Wochen füllten sich die Kärtchen nur langsam und zäh. Dann waren plötzlich sieben oder acht Felder abgestempelt, und es gab nur noch wenige freie Flächen. Nun wurde es für die Gäste mit den Stempelkarten spannend, das Sushilokal wurde interessanter, immer rascher kamen die Gäste wieder, denn das Ziel schien nahe zu sein. Sushi am Montag, Stempel acht, Sushi sofort wieder am Dienstag, denn dann kam Stempel neun, und weil das Freiessen so nah war, gingen sie auch noch schnell am Mittwoch hin, auch wenn Sushi ihnen allmählich zum Hals heraushing. Morgen nochmals Sushi, dann ist es so weit. Geschafft!

Das Experiment zeigt, dass wir immer wieder ermutigende Anhaltspunkte auf dem Weg zum Ziel benötigen – im Fall des Sushiexperiments diente die Verringerung der freien Felder als Anreiz. Je näher wir uns am Ziel wähnen, desto leichter und schneller gehen wir auf dem Weg dorthin.

Die Vorstellung, die wir von unserem Ziel haben, kann variieren. So macht es beispielsweise einen enormen Unterschied, ob wir eine Deadline in 30 Tagen oder in einem Monat haben. Bei der Zahl 30 haben wir eine konkretere Vorstellung, das treibt uns in unserem Handeln eher an als ein vages »In einem Monat wird es geschehen«. Wollen Sie einen Wunsch wirklich zeitnah angehen, denken Sie in kleinteiligeren Zeiteinheiten, lieber in Tagen oder Stunden als in Monaten oder gar Jahren. Das nämlich führt zu einer anderen, kürzeren Zukunftswahrnehmung, stellte die Forscherin Daphna Oyserman in mehreren Experimenten fest.

Um unsere Wünsche erfüllen zu können, brauchen wir folglich immer wieder Anreize und eine konkrete Zielvorstellung, die uns einen Hinweis darauf geben, wie weit wir noch von der Erfüllung entfernt sind. Dabei schauen wir, je nachdem, was uns näher erscheint, entweder auf den Weg, den wir noch zu gehen haben, oder auf die Strecke, die wir bislang schon gegangen sind.

Sind wir von einem Ziel weit entfernt, motivieren wir uns am besten, indem wir an das denken, was wir bis jetzt schon geschafft haben. Ist hingegen der Weg zur Wunscherfüllung nicht mehr weit, sollten wir gedanklich fest das Ziel vor Augen haben.

Vom Wünschen zum Handeln

Der Rubikon ist ein kleines Flüsschen, 29 Kilometer lang, und mündet südlich der italienischen Stadt Ravenna in die Adria.

Der Rubikon ist jedoch mehr als ein Gewässer. Julius Cäsar machte ihn zur Metapher für die Umsetzung eines Wunsches zum Handeln. Der Feldherr wollte den Grenzfluss zwischen der Provinz Gallia cisalpina und dem italienischen Kernland überschreiten, was einem römischen Feldherrn strengstens untersagt war. Lange grübelte Cäsar darüber, was alles passieren könnte, wenn er das andere Ufer des Grenzflusses beträte. »Alea iacta est«, die Würfel sind gefallen, sagte der Imperator schließlich und beschloss, einfach zu handeln, egal was folgen würde. Nach diesem Ereignis benannten die beiden Psychologen Heinz Heckhausen und Peter Gollwitzer ihre Theorie der Handlungsphasen. Deren Rubikon-Modell beschreibt den Prozess vom Wünschen zum Handeln.

Wie können wir uns diesen Prozess vorstellen? Was genau muss in oder mit uns geschehen, damit wir unsere Wünsche mit tatsächlichem Handeln angehen?

Was genau lässt uns eines Tages aufstehen und dem Kollegen mal die Meinung sagen? Was genau geht dem Gang ins Reisebüro voran, bei dem wir endlich die ersehnte Reise buchen? Was genau muss passieren, bis wir beschließen, unsere Wohnung zu entrümpeln und uns von Altlasten zu befreien?

Das Rubikon-Modell besteht aus vier Phasen, die aufeinander folgen: das Abwägen, das Planen, das Handeln und das Bewerten.

Wir wissen, dass wir Wünsche im Übermaß produzieren, um auswählen und abwägen zu können.

In der ersten Phase picken wir aus der Vielzahl dieser Wünsche und Ziele jene heraus, die für uns gerade am wertvollsten erscheinen. Was berührt uns gefühlsmäßig am intensivsten, was erscheint uns in diesem Moment am vernünftigsten? Was spricht für den Wunsch und was dagegen?

Innerlich wägen wir in dieser ersten Phase ab, welchen Wunsch wir am ehesten realisieren und welche Konsequenzen sich aus der entsprechenden Wunscherfüllung ergeben könnten.

Die Wünsche, die in dieser Phase in unserem Kopf umherschwirren, können schlichte und halbwegs überschaubare sein: Ich wünsche mir ein paar schöne Lederhandschuhe. Komplex wünschen wir, wenn sich in dem Wunsch vieles vereint, der Wunsch beispielsweise, zwei Wochen in einer einsam gelegenen Blockhütte an einem kanadischen See zu verbringen, in dem viele Fische schwimmen. Das Ganze am besten mit einer geliebten Person und bei gutem Wetter.

Ausgesprochen kompliziert wird es in Phase eins, wenn eine Vielzahl an Möglichkeiten miteinander konkurriert. Soll ich ein tolles Fahrrad kaufen oder ein Auto? Soll ich nach Indien reisen, nach Kuba, Thailand oder doch das Geld sparen, mir einen anderen Wunsch erfüllen, den lang ersehnten Designerstuhl kaufen oder ein neues Tablet?

In dieser Phase stehen wir unseren Wünschen durchaus auch kritisch gegenüber, indem wir die möglichen Negativaspekte berücksichtigen und unsere Wünsche gegebenenfalls loslassen.

Loslassen ist eine Kunst. Es beinhaltet die Kontrolle unguter Gedanken, die immer wiederkehren. Und es erfordert das Eingeständnis einer Überschätzung, einer falschen Beurteilung der eigenen Fähigkeiten oder der Umstände.

Bei diesem Prozess des Loslassens geben wir vor allem zu: Wir irren, wir haben nicht recht. Besonders schwierig wird das Loslassen eines Wunsches, wenn andere vorher schon geunkt hatten: »Was wünschst du dir? Wie verrückt, wie absurd, komm mal auf den Teppich zurück!«

Nebenbei bemerkt, sind wir Deutschen in dieser ersten Phase besonders penibel. Gesellschaften unterscheiden sich erheblich in der Fehlervermeidung, stellt der Wirtschaftspsychologe Michael Frese fest. In Ländern wie den Philippinen oder in Venezuela bewerten Menschen Fehlentscheidungen und die daraus resultierenden Fehlhandlungen wesentlich entspannter, als wir Deutschen es tun. Hierzulande tendieren wir dazu, Fehler auf ein persönliches Defizit zurückzuführen. »Kollege Huber ist einfach zu dämlich, zu unvorsichtig, Kollegin Schlüter ist halt zu feige, zu unkreativ, zu bequem.« In Ländern wie Japan wiederum hat man einfach zu wenig Fleiß gezeigt, denn, so die Meinung, würde man sich mehr bemühen, würde sich der ersehnte Erfolg einstellen und der Wunsch auch erfüllen. Keinesfalls werden die Menschen dort in ihren grundsätzlichen Lernfähigkeiten in Frage gestellt. Ein Nachteil unseres vorsichtigen, stark fehlerreduzierenden Verhaltens ist, dass es Innovationen und Veränderungen hemmt. Für viele Deutsche gilt folglich die Devise, wer nichts tut, kann auch nichts falsch machen.

Zurück zur Phase eins. Mittlerweile haben wir nach gedanklichem Hin und Her, nach Bedenken von Pro und Kontra einen Wunsch nach dem anderen reduziert, bis nur noch wenige übrig geblieben sind, von denen wir meinen, wir könnten sie uns erfüllen. Sind wir nicht mehr mit dem Entwirren eines verworrenen Wunschknäuels beschäftigt, setzt sich allmählich ein interessanter Prozess in Gang:

Wir bekommen zu dem verbliebenen Rest an Wünschen eine andere Einstellung, indem diese immer begehrenswerter erscheinen und wir zunehmend an deren Realisierbarkeit glauben. Wir sehen den Moment, in dem der Wunsch in Erfüllung gehen könnte, nahezu bildhaft vor uns. Gleichzeitig beginnen wir die Wünsche, die wir inzwischen ausgesondert haben, abzuwerten.

In dieser ersten Phase denken wir über unsere Wünsche entweder abstrakt oder ganz konkret nach.

»Irgendwie wünsche ich Veränderung in meinem Leben, würde gerne den Beruf wechseln.« Derartige Gedanken sind abstrakt. Konkret hieße: »Mein Traumberuf wäre Schauspieler.« Je näher der Wunsch beziehungsweise dessen mögliche Umsetzung ist, weil wir wissen oder ahnen, wie wir ihn uns erfüllen können, desto konkreter wird er. Wünsche drohen vor allem dann zu zerplatzen, sobald sie in Gedanken konkret werden. Denn dann ist der Moment gekommen, in dem wir handeln müssen. Umgekehrt gilt, je näher wir in unserem Handeln und Tun unserem Wunsch kommen, desto stärker wird unsere Motivation, ihn uns auch zu erfüllen.

Der Wunsch nimmt an Fahrt auf, weil die Vorfreude auf das Kommende ihn mehr denn je antreibt. Bei konkreten Wünschen sehen wir nahezu plastisch vor uns, was geschehen wird: Das neue Auto, das zum Abholen bereit steht, die Reise, für die wir die Koffer aus dem Keller holen, oder wir beziehen die Betten, legen Handtücher raus, weil der lang ersehnte Besuch gleich eintrifft. Vorfreude steigert bekanntlich die Spannung in uns, wir hoffen, es kann noch schöner werden, als wir uns versprochen hatten.

Abstrakte Wünsche hingegen lassen uns besser träumen, sie liegen unverbindlich in der Ferne. In abstrakten Wünschen können wir unsere Fantasien spielen lassen, alles Positive denken und mögliche Nachteile oder Hindernisse ausblenden.

»Ach, ich würde so gerne mal …« Wenn Sie einen solchen Satz aussprechen oder von einem Bekannten oder Freund hören, dann achten Sie mal darauf, wie abstrakt dieser Wunsch ist. In seiner abstrakten Form sehen wir den Wunsch ganz und gar rosig. Beim Gedanken an ihn sind wir euphorisch und beglückt. Je näher dessen mögliche Erfüllung kommt, je konkreter er wird, desto mehr Hürden nehmen wir wahr.

»Abstrakte Ziele motivieren uns am Anfang, konkrete am Ende«, schreibt der Psychologe Jens Förster.

Es ist eine schöne Übung des Wünschens, aus abstrakten Wünschen gedanklich konkrete werden zu lassen. Setzen Sie einen Ihrer abstrakten Wünsche in einem Gedankenspiel doch mal konkret um.

Sie werden sehen, je fassbarer und anschaulicher er wird, desto klarer sehen Sie auch die möglichen Probleme und Nachteile, die sich aus der Realisierung des Wunsches ergeben.

Wenn es sich um Wünsche handelt, in denen schmerzvolles Begehren zu sehr in den Vordergrund tritt, ist das Folgende eine sehr gute Übung:

Nehmen wir an, Ihr Partner hat sich von Ihnen getrennt. Sie leiden wie ein Tier, können nachts nicht mehr schlafen, tagsüber sich auf nichts konzentrieren, Ihre Gedanken sind vom anderen blockiert. Sie haben keinen Appetit mehr, Sie wollen keine Freunde sehen, Ihr einziger Wunsch:

Möge der andere zurückkehren!

Ihr Wunsch und Begehren ist abstrakt. Das Glück, sagen Sie sich, kann nur bestehen, wenn der andere wieder hier ist. Was auch zwischen Ihnen geschehen ist, all die Streitereien, die Differenzen, die Marotten, an denen Sie sich gestört hatten, sind vergessen. Ihr abstrakter Wunsch sagt einzig: Komm zurück!

Immer mehr quält Sie der Wunsch, immer mehr begehren und sehnen Sie sich.

Um diesen zerstörerischen Prozess zu stoppen, sollten Sie aus dem abstrakten Wunsch (Ich möchte mit dem anderen wieder zusammen sein) einen konkreten Wunsch werden lassen. Und zwar erbarmungslos konkret.

Stellen Sie sich dabei Ihren Partner vor, wie er wieder vor Ihnen steht, wie der Alltag mit ihm wieder beginnt. So wie immer, wie es tagein, tagaus gelaufen ist, als Sie noch ein Paar waren.

Gehen Sie die Stunden gedanklich durch, von morgens bis abends, denken Sie dabei auch bewusst an all das, was Sie gestört hat: an das gemeinsame und doch einsame Frühstücken, bei dem sich der andere hinter der Zeitung versteckt und muffelig seinen Kaffee getrunken hat, wie Sie sich stritten, wer mal wieder die Wohnung zu putzen hat. Denken Sie daran, wie Sie täglich im Bad seine achtlos hingeworfenen Handtücher aufgehoben haben. Denken Sie an die vielen Abende, an denen der andere Sie mit allerlei Ausreden hinhielt und Sie zu Recht argwöhnten, dass …

Sie werden sehen, derartige, von quälender Sehnsucht durchdrungene Wünsche können durch den Prozess vom Abstrakten zum Konkreten in andere, realistischere Bahnen gelenkt werden, wo sie weniger drängen und schmerzen.

Phase eins, die des Planens und Abwägens, ist nun beendet.

Erinnern Sie sich bitte an sie, wenn Sie rückblickend mal wieder meinen, das Falsche entschieden zu haben. Es zählt stets der Moment, in dem Sie entschieden haben, und Sie haben in jenem Moment für sich das Optimale entschieden, für den Wunsch, der Ihnen gerade am verlockendsten und am realisierbarsten erschien. All das spätere Klagen und Bedauern, wenn sich die Sichtweise verschoben hat, ist sinnlos. Sie haben zu einem anderen Zeitpunkt subjektiv richtig entschieden.

Hilfreich ist es, wenn Sie sich in dieser ersten Phase selbst aus einer anderen Perspektive betrachten, sozusagen von oben »draufschauen«. Nur so können Sie für sich klären, inwiefern der eine oder andere Wunsch tatsächlich aus Ihrem Inneren kommt, also intrinsisch motiviert ist, oder ob er eher den Erwartungen anderer entspringt.

Die Betrachtung von einem erhöhten Standpunkt gelingt Ihnen am besten, wenn Sie gerade mit sich im Reinen und in positiver Stimmung sind. Ihr Selbstwertgefühl, so die Psychologin Daphne Wiersema, ist dann ausreichend stark, um auch kritische Gedanken ehrlich zuzulassen.

Eine gute Stimmung lässt Sie zudem kreativer denken und löst mehr Assoziationen aus als ein trauriger oder verärgerter Zustand.

Wir kommen in die zweite Phase des Rubikon-Modells. Nun geht es ums Wollen und Planen. Wir fragen uns nicht mehr, welchen Wunsch wir uns erfüllen wollen, jetzt dreht sich alles um die Überlegung, wie ich ihn mir erfüllen kann. Wann genau setze ich meinen Wunsch um, und wo? Auf wen kann ich dabei bauen, wer könnte helfen? Jetzt geht es darum, dass wir uns mit Willenskraft selbst steuern. Wir planen, bereiten uns auf das Handeln vor, setzen uns einen Zeitpunkt: Heute Nachmittag kaufe ich mir ein Rad. Morgen sage ich meinem Kollegen endlich mal die Meinung. Jetzt gehe ich in ein Reisebüro und buche meine ersehnte Reise nach Kuba.

Wir kommen nun unserem Wunsch näher. Je besser und genauer wir planen, desto wahrscheinlicher ist dessen Umsetzung.

Sobald wir den Weg zum Wunsch beschritten haben, konzentrieren wir uns auf die Machbarkeit, auf uns selbst, auf unsere Stärken und auf die Möglichkeit, den Weg zum Wunsch auch kontrollieren zu können. Jetzt sind wir auch nicht mehr zu haben für irgendwelche Kommentare oder Ratschläge von außen. Diese würden nur stören, denn nun benötigen wir ein ausreichendes Maß an Selbstbewusstsein und bauen es entsprechend auf.

Angenommen, Sie haben den Wunsch, eine Reise zu tun. In der Planungsphase wird dieser Wunsch zu einer Absicht.

Wichtig ist nun, dass Sie diese Absicht auch mit entsprechenden Vorsätzen auskleiden.

Vorsätze befassen sich nicht nur mit den Wann-, Wie- und Wo-Fragen, Sie berücksichtigen auch die »Was-ist-wenn-Überlegungen«:

Was, wenn das Hotel, in das ich mich gerne einbuchen würde, ausgebucht ist, was, wenn ich vor der Reise krank werde, was, wenn der Chef mir keinen Urlaub genehmigt? Was, wenn das Geld nicht reicht?

Vorsätze sind außerordentlich wichtig für die Wünsche, denn sie erhöhen die Wahrscheinlichkeit von deren Erfüllung.

Es mag verrückt klingen und irgendwie kontraproduktiv, wenn Sie nun hier Folgendes lesen:

Sie realisieren Ihre Wünsche eher, wenn Sie an alle Hindernisse und Widerstände denken, die Sie auf dem Weg dorthin begleiten. Schluss mit dem bejubelten positiven Denken, bei dem Sie sich selbst zu motivieren versuchen und sich ständig vorsagen: »Du schaffst es!«

»Mentales Kontrastieren« nennt die Forscherin Gabriele Oettingen einen solchen Vorgang. Nehmen wir nochmals den starken Wunsch als Beispiel, schlank und fit zu werden, denn es ist ein Wunsch, an dem viele von uns immer und immer wieder scheitern, weil Sport zu anstrengend ist und/oder das Essen zu verlockend, die Currywurst, die Pizza oder die Nudeln einfach zu gut schmecken.

»Montag fange ich damit an, und dann ziehe ich es endlich durch!«, nehmen Sie sich vor. Falsch wäre es zu denken, guter Wille, eine starke Anfangsmotivation würden ausreichen. Nein, denken Sie bewusst auch daran, woran Sie in der Realität scheitern könnten. Dabei greifen Sie zurück auf Ihre Erfahrungswerte: Woran sind Sie in der Vergangenheit gescheitert? Kein Sport bei schlechtem Wetter, keine Zurückhaltung an der Frittenbude, stattdessen eine Currywurst nach dem Motto: Ein Ausrutscher ist keiner.

Durch mentales Kontrastieren, so Oettingen, schmieden wir Pläne und sammeln Kräfte.

Ergänzend zu diesem Kontrastieren sollten Sie in Gedanken durchgehen, wie Sie die etwaigen Hindernisse beseitigen und welche Konsequenzen sich daraus ergeben könnten:

Wenn ich morgen meinem Chef sagen will, dass ich derzeit mit meinem Job unzufrieden bin, *dann* sage ich es ihm um 14 Uhr, also nach dem Mittagessen, denn vorher ist er meistens schlecht gelaunt. *Wenn* mein Chef nach dem Essen keine Zeit für mich hat, *dann* bestehe ich auf einem anderen Termin, möglichst noch am gleichen Tag. *Wenn* mein Chef mir dann bei dem Gespräch zu verstehen gibt, dass ich ja gehen könne, wenn ich wolle, *dann* bleibe ich erst einmal ruhig, denn ich kenne meinen Chef inzwischen. So ernst meint er es nicht. Wenn doch, so bitte ich um Versetzung in eine andere Abteilung.

Die Effektivität der »Wenn-dann-Strategie« wurde von dem Psychologen Peter Gollwitzer untersucht. Dabei zeigte sich, dass sich auf diese Weise nicht nur Ziele besser erreichen lassen, sondern dass sich diese Strategie automatisieren kann, sprich auf die Persönlichkeit des Handelnden übergeht.

Es funktioniert, das erfahre ich selbst immer wieder. Vor allem während meiner Buchprojekte.

Merke ich, dass ich im Schreiben nicht weiterkomme, weil ich den Zugang zu dem Thema nicht finde oder weil die Kreativität auf sich warten lässt, ist die Gefahr groß, dass ich resigniere. Ein, zwei Tage lang bringe ich dann keine Zeile aufs Papier. Es sind Tage, die ich mir gönne, sozusagen als Schaffenspause, in der ich mich erhole. Danach aber habe ich stets den Vorsatz, täglich mindestens drei Stunden zu schreiben. Egal was, es wird geschrieben. Oft schüttele ich dabei den Kopf über das, was ich in den Computer hacke. Meine Güte, wie schlecht und unwichtig ist das alles, denke ich mir, gleichzeitig freue ich mich darüber, dass ich überhaupt schreibe und dass es weitergeht. Durch mein Handeln ermutige ich mich, immerhin schreibe ich. Den verfassten Text redigiere ich später, oder ich lösche ihn wieder. Nur so, nur mit diesem »Wenn-dann-Vorsatz« konnte ich meine bisherigen Bücher fertigstellen.

Die Kombination aus dem kontrastierten und dem »Wenn-dann-Denken« führte zu der sogenannten WOOP-Strategie.

WOOP steht für Wish Outcome Obstacle Plan (Wunsch – Ergebnis – Hindernis – Plan). Basierend auf 20 Jahren intensiver Forschung, hat ihn Gabriele Oettingen gemeinsam mit Peter Gollwitzer entwickelt.

Herausgekommen ist verblüffend Einfaches wie Effektives:

Ein wenig Ruhe, Bündelung der Gedanken, eine kleine Portion Fantasie, und die Chancen auf eine Wunscherfüllung lassen sich in vier Schritten deutlich erhöhen. Wie genau funktioniert »woopen«?

Erster Schritt: Der Wunsch, wish (WOOP)

Entspannen Sie sich, nehmen Sie sich Zeit für sich selbst. Nichts und niemand sollte Sie nun stören. Lümmeln Sie sich auf eine bequeme Couch, legen Sie sich in die Badewanne, zünden Sie Kerzen an, schenken Sie sich ein Glas Rotwein ein, tun Sie was auch immer, um in einen wunderbar relaxten Zustand zu geraten.

Begeben Sie sich in dieser ruhigen, tiefenentspannten Situation auf die Suche nach Ihrem Wunsch, nach *dem* Wunsch, der tief in Ihnen steckt. Er kann sich auf privater oder beruflicher Ebene bewegen. Er kann materieller Natur sein oder sich auf Ihre Lebensumstände beziehen. Wichtig ist, dass er

Ihnen erfüllbar erscheint. Ein Sechser im Lotto tut es da nicht, oder der Wunsch, wieder wie 18 auszusehen. Wenn in Ihrem Kopf nun mehrere Wünsche miteinander konkurrieren, filtern Sie denjenigen heraus, der Sie am meisten beschäftigt. Finden Sie den intensivsten Wunsch und bündeln Sie Ihre Gedanken nur auf diesen.

Zweiter Schritt: Das Ergebnis, outcome (WOOP)

Konzentrieren Sie sich nun auf die Vorstellung, wie es in Ihrem Leben aussehen könnte, sobald Sie sich den Wunsch erfüllt haben. Wie würde sich Ihr Leben verändern? Welche Konsequenzen würde die Wunscherfüllung mit sich bringen? Was werden Sie genießen, wie wird es um Sie herum aussehen? Wie würden andere reagieren?

Bedenken Sie alle möglichen Konsequenzen.

Nehmen Sie sich Zeit für diesen zweiten Schritt, eine Wunscherfüllung hat mehr Konsequenzen, als Sie zunächst annehmen. Schließen Sie die Augen, sehen Sie Bilder vor sich, machen Sie den Wunsch in Gedanken so lebendig und intensiv wie möglich. Werden Sie in diesem Moment zum Schwelger, der in seiner Fantasie in einer Wunschwelt schwelgt.

Auf diese Weise können Sie Ihrem Gehirn die Realität geschickt vorgaukeln. Denn es reagiert bei dem bloßen Gedanken, wenn dieser genügend Kraft hat, genauso, als würde etwas in Realität eintreffen. Denken Sie mal intensiv an das Zähneputzen, wie die Bürste hin und her fährt, wie sich dabei Geschmack und Schaum der Zahnpasta in Ihrem Mund verteilen, Sie werden spüren, wie sich nun, allein bei dem intensiven Gedanken, etwas in Ihrem Mund regt, ein leichtes Prickeln und Zusammenziehen. Zahlreiche Experimente, bei denen die Hirnaktivität der Versuchsteilnehmer während deren starken Vorstellungen untersucht wurde, bestätigten diese Macht der Gedanken. Egal ob es sich dabei um eine geschmackliche, akustische oder visuelle Vorstellung handelte.

Mit der gedanklichen Konzentration auf die Konsequenzen der Wunscherfüllung erfassen Sie die Richtung, in die Sie wollen. Gleichzeitig wird Ihre Leidenschaft für den Wunsch gesteigert. Behalten Sie die Gedanken dieses zweiten Schritts im Kopf und kehren langsam wieder zurück in die Realität, dorthin, wo Sie gerade sind. Es ist nun Zeit für die nächste Stufe.

Dritter Schritt: Hindernisse, obstacle (WOOP)

Bis jetzt waren Sie Schwelger, haben überwiegend die schönen Seiten Ihres Wunsches im Visier gehabt. Nun sollten Sie den Grübler in sich wecken, indem Sie sich mit der Realität, mit Ihrer Ausgangslage befassen. Schnell werden nun die möglichen Hindernisse auf dem Weg zur Wunscherfüllung klar und deutlich. Fragen Sie sich, was Sie alles von der Erfüllung des Wunsches abhalten könnte. Gemeint sind Sie, nicht irgendwelche äußeren Umstände, sondern wie Sie persönlich diese bewerten und gewichten. Gemeint sind auch mögliche Barrieren, die tief in Ihrem Inneren stecken. Welches Verhalten, welche Gefühle könnten Sie daran hindern, dass Sie sich den Wunsch erfüllen? Fallen Ihnen mehrere Hindernisse ein, konzentrieren Sie sich auf das schwerwiegendste, das Größte, das am aufwendigsten zu beseitigende. Ist es der Partner? Das Geld? Die Zeit? Die Bequemlichkeit? Die Unsicherheit? Woran genau liegt es, dass Sie das Hindernis überhaupt als solches wahrnehmen?

Sie werden in diesem Schritt erfahren, dass sich entweder die Energie in Ihnen bündelt oder Sie sich endgültig von dem Wunsch verabschieden, weil er Ihnen dann doch unerreichbar oder mit zu viel Aufwand verbunden erscheint. Wünsche loslassen kann überaus erleichternd und befreiend wirken.

Kehren Sie nach dieser Übung wieder langsam zurück ins Hier und Jetzt, dorthin, wo Sie gerade sind. Wir kommen zu Ihrem Plan, zur letzten Phase – wenn Sie den Wunsch immer noch in sich tragen.

Vierter Schritt: Plan, plan (WOOP)

Was tun? Wie könnten Sie die gedanklich durchgespielten Hindernisse beseitigen?

Hier kommen die bereits erwähnten »Wenn-dann-Überlegungen« ins Spiel.

Wenn das gedachte, spezielle Hindernis auftaucht, dann nehmen Sie sich eine entsprechende Gegenstrategie vor. Auf genau diese konzentrieren Sie sich. Wenn Sie nachts eine Heißhungerattacke bekommen, dann gehen Sie ein Mal um den Block. Wenn Sie nach der Arbeit zu müde sind, sich zu bewegen, machen Sie dennoch ein paar Liegestütze. Wenn – dann. Verankern Sie diese »Wenn-dann-Strategie« für das größte Hindernis in Ihrem Kopf.

Oettingen konnte mit diversen Studien wissenschaftlich nachweisen, dass das WOOP-Verfahren, diese Art der Selbstregulation, wunderbar funktioniert. Der Umgang mit Ängsten vereinfacht sich, der innere Schweinehund wird leichter überwunden, ungute, eingefahrene Gewohnheiten und Pfade können leichter verlassen werden.

Wenn Sie Ihre Vorsätze in dieser zweiten Phase, der des Planens, gut ausarbeiten, kann das Ihre Motivation deutlich steigern, denn Sie erhöhen damit Ihre Erwartungen, dass sich Ihr Wunsch auch erfüllt. Sie können übersteigerte Wunschvorstellungen auf den Boden der Tatsachen bringen und lassen sich nicht von allzu großen Fantasien heimsuchen. Das ist enorm wichtig! Denn was genau motiviert uns dazu, unseren Wunsch auch umzusetzen?

Es ist das Gespann zweier Zugpferde: Erwartung und Wert. Meine ich, dass ich mir den Wunsch mit großer Wahrscheinlichkeit auch erfüllen kann, und ist mir dieser Wunsch auch viel wert, steigert dies meine Motivation.

Ich würde gerne mal ins All fliegen. Das ist ein großer Wunsch, durch den Himmel zu sausen, alles von oben zu betrachten. Der Wert ist hoch.

Ich lese, dass es durchaus möglich ist, wenn ich dafür über eine Million Euro auf den Tisch lege. Das Geld habe ich leider nicht, also ahne ich, dass mein Wunsch nicht eintreffen wird. Meine Erwartung ist entsprechend niedrig. Keine gute Ausgangsposition für meine Motivation.

Die beiden Zugpferde Wert und Erwartung schaukeln sich dabei gegenseitig hoch, multiplizieren sich sozusagen. Zieht an der Kutsche ein Pferd schneller, tut sich das andere Pferd leichter und trabt fleißiger, dadurch wird das erste Pferd wiederum schneller, die Kutsche nimmt deutlich an Fahrt auf.

Lerne ich zufällig einen Astronauten kennen, der mich gegebenenfalls mal mit ins All nehmen würde, steigt meine Erwartung merklich an, schließlich könnte mein Wunsch nun doch in Erfüllung gehen. Einmal mehr wächst der Wert usw.

Wirklich hoch motiviert sind wir Menschen erst dann, wenn beide Zugpferde, Erwartung und Wert, ausreichend ziehen. Genau aus diesem Grund ist es wichtig, Menschen, die einen Wunsch in sich tragen, weder in Wert noch in Erwartung zu drücken. »Was willst du werden? Schriftsteller? Toller Wunsch, aber du weißt schon, brotlose Kunst halt, kaum einer kann davon leben.« Wohlgemeinte Ratschläge aus der Kategorie der oben angesprochenen ungünstigen vier bremsen das Gespann ein und drücken die Motivation.

Handeln

In dieser Phase sprechen Forscher nicht mehr von Motivation, bei der ein Wunsch angestrebt und dessen Erfüllung geplant wird. Jetzt beginnt die sogenannte Volition, bei der wir zielgerichtet handeln, um unseren Wunsch oder unser Ziel zu erreichen. In dieser Phase ist gute Selbststeuerung gefragt. Wir dürfen uns keinesfalls von Hindernissen unterkriegen lassen, auch sollten wir uns nicht ablenken lassen oder das Geplante aufschieben.

Es ist eine höchst kritische Phase, denn der Weg zum Ziel könnte anstrengender, langweiliger oder quälender sein, als wir es uns vorgestellt hatten. Er könnte uns auf einmal nicht mehr gefallen.

Ausmisten und Ordnen zum Beispiel. Ein ewiges Dauerthema, bei mir zumindest. Mein Wunsch sind seit langem Fotoalben, in denen Erlebtes chronologisch festgehalten wird. Es ist wirklich ein großer Wunsch, ich sehe mich in diesen Alben blättern, sehe mich, wie ich sie meinen Kindern zeige und dabei erzähle.

Wie oft habe ich damit angefangen, die Phasen des Abwägens und Planens erfolgreich durchschritten. Und schwups, in der dritten Phase sitze ich jedes Mal fest. Ich lasse mich ablenken, schwelge in Erinnerungen, frage mich, was aus dieser oder jener Person wohl geworden ist. Aus Steffi zum Beispiel. Ich könnte sie mal wieder anrufen, ich blättere im Adressbuch, suche sie auf Facebook, während es auf dem Schreibtisch chaotischer aussieht denn je. Meistens werfe ich dann irgendwann alle Bilder zurück in die Kiste, wo sie ein weiteres halbes Jahr unbeachtet liegenbleiben.

Auf diesem Gebiet habe ich einfach keine Volitionskompetenz, ich bündle meine Gedanken, meine Aufmerksamkeit und meine Gefühle nicht auf das, was ich zuvor als das Wesentliche, nämlich endlich mal die Bilder zu sortieren, bestimmt habe.

Ich muss mir eingestehen, meine Motivation hat nicht ausgereicht, ich habe mein Ziel nicht erreicht. Oder, mit anderen Worten: Ohne Willenskraft, ohne Volition, keine Wunscherfüllung, da kann die Motivation ursprünglich noch so stark gewesen sein.

Möglicherweise habe ich auch zu wenige Vorsätze gefasst, zu wenige »Wenn-dann-Strategien« überlegt. Ich hätte mir vornehmen können, kein Bild länger als eine Sekunde lang anzusehen. Ein anderer Vorsatz hätte sein können, 60 Minuten lang das Handy auszuschalten, nicht aufzustehen usw.

Was zeichnet eine starke Willenskraft aus?

1. Sie müssen Ihre Aufmerksamkeit auf das Wesentliche konzentrieren können.
   Ich aber war zu sehr von den Bildern abgelenkt.
2. Sie sollten Ihre momentanen Emotionen und Stimmungslagen im Griff haben.
   Hatte ich nicht, weil mich bei all den vielen Fotos die Erinnerungen einholten, die schönen wie die unangenehmen. Ich schwelgte in Nostalgie, vergaß dabei mein ursprüngliches Ziel.

3. Sie brauchen Vertrauen in sich selbst und eine gewisse Durchsetzungsstärke.
   Nun ja, da ich das Bildersortieren bereits mehrere Male abgebrochen hatte, war das Selbstvertrauen diesbezüglich eher gering.
4. Sie benötigen eine gute Planung, das heißt, in Phase zwei müssen sämtliche Hindernisse sorgsam durchdacht worden sein.
   Ich hatte keine »Wenn-dann-Strategie« vorbereitet und die möglichen Hindernisse auf dem Weg zum Ziel (die mögliche Ablenkung durch Erinnerungen) zu wenig berücksichtigt.
5. Sie müssen sich den tieferen Sinn Ihres Handelns und Ihrer Wünsche bewusst machen, um dadurch mehr Selbstdisziplin zu gewinnen.
   Punkt fünf habe ich möglicherweise stets zu wenig Aufmerksamkeit gewidmet.

Bewerten

Der Vollständigkeit halber sei noch in aller Kürze die letzte Phase des Rubikon-Modells erwähnt. Hier bewerten wir, ob eingetroffen ist, was wir uns erhofft hatten, oder ob wir gegebenenfalls noch etwas Kraft und Zeit aufwenden müssen, um uns unseren tatsächlichen Wunsch zu erfüllen. Wir erkennen nun auch, ob unser Ziel ein gutes war oder gegebenenfalls unerreichbar. Unsere Bewertungen beziehen sich auf alle Phasen, die wir auf dem Weg zur Wunscherfüllung oder Nichterfüllung durchschritten haben.

Selbstverständlich muss nicht jede Wunscherfüllung zwingend diesen vier Phasen chronologisch folgen, einzelne von ihnen können durchaus übersprungen werden, überdies besteht keine genaue Trennschärfe zwischen ihnen.

Nicht selten handeln wir auch intuitiv, aus dem Bauch heraus, ohne vorher bewusst einen Entschluss gefasst zu haben. Und nicht alles, was wir machen, ist das Ergebnis einer komplexen Wunschauswahl. Manchmal handeln wir und rechtfertigen dies rückwirkend mit einem Wunsch: »Das habe ich so gemacht, weil ich es immer mal so machen wollte.«

Dennoch stellen diese Phasen eine ideale, typische Grundlage für den Weg vom Wünschen zum Handeln dar.

Die Rückschläge auf dem Weg zur Wunscherfüllung

Was tun Sie, wenn etwas nicht so klappt, wie Sie es sich vorgenommen haben? Wie verhalten Sie sich gewöhnlich bei Rückschlägen auf dem Weg zum Ziel? Wie verarbeiten Sie es, wenn Sie sich eingestehen müssen, dass es einfach nicht weitergeht, Sie stattdessen mitten auf dem Weg stehenbleiben, umdrehen oder sich neu orientieren müssen?

Die Fähigkeit, mit Rückschlägen umzugehen, sie gut zu bewältigen, nennt man Resilienz. Ein Begriff, der boomt.

Auch wenn die Resilienz in unserem Leben, so wie dieses selbst, aus einem Auf und Ab besteht, ist die Art und Weise, wie wir mit Hindernissen umgehen, eine relative Konstante unserer Persönlichkeit, meint der Psychologe Julius Kuhl. Menschen, die sich stets von den Hindernissen auf dem Weg zum Ziel umwerfen lassen, hatten eine andere Kindheit als solche, die sich erst recht angespornt fühlen, indem sie früh schon lernen durften, Probleme selbst zu bearbeiten.

Rückschlägen können wir auf zweifache Weise begegnen: lageorientiert oder handlungsorientiert.

Empfinden Sie Rückschläge überwiegend als Schicksal, gegen das Sie, wie Sie meinen, nichts ausrichten zu können, orientieren Sie sich am Stand der Dinge. Dann sind Sie lageorientiert.

Die Lageorientierten fühlen sich widrigen Umständen ohnmächtig ausgeliefert, sie beginnen zu klagen und mit ihrem Schicksal zu hadern. Und werden auf diese Weise zu

Jammerwünschern, in deren Kopf sich alles Negative der Welt bewegt. Sämtliche bereits erlebten Rückschläge haben sich in das Gedächtnis dieser Menschen eingegraben, und die Erinnerungen daran begleiten sie bei jedem neuen Versuch zur Wunscherfüllung. Dabei bremsen sich die Lageorientierten selbst aus. Schicksalsergeben geben sie vorschnell auf und kommen danach aus dem Hadern kaum heraus. Je mehr sich diese Menschen mit ihren unguten Gedanken beschäftigen, desto weniger Raum bleibt ihnen, neue, andere Ziele und Wünsche zu entwickeln, geschweige denn das eine oder andere Hindernis gezielt anzugehen.

Lageorientierte Menschen tendieren dazu, das zu tun, was andere von ihnen erwarten.

Jens Corssen geht mit Rückschlägen ganz pragmatisch um. Für ihn gibt es keine Rückschläge. Dinge, die im Leben nicht so laufen, wie wir es uns vorstellen, sind ein Beitrag zu unserem Leben. Sie gehören eben dazu. »Wir machen sie zu Rückschlägen, zu Unglücksgeschehnissen, indem wir sie so benennen«, sagt er. »Immer habe ich Pech, nie gelingt mir etwas, es ist eine Katastrophe.« Mit derlei Vokabular geben wir dem, was nicht nach unseren Vorstellungen läuft, einen dramatischen Unterton. Wir fühlen uns frustriert, sind gekränkt, bisweilen auch bockig. Besser ist es, wir denken in einem »Ich-habe-es-mir-anders-vorgestellt«.

Menschen, die mit Rückschlägen auf dem Weg des Wünschens zur Erfüllung schlecht umgehen, empfiehlt der Verhaltenstherapeut die Visionstechnik beim Einschlafen:

Stellen Sie sich Abend für Abend in Gedanken vor, wie Sie sich fühlen, wenn Sie sich den Wunsch erfüllt haben. Was regt sich dann in Ihnen? Worüber freuen Sie sich? Spüren Sie den Stolz, das Glück? Mit dieser Visionstechnik, so Corssen, färbe man das Unterbewusstsein, und Sie erinnern sich an die eingangs beschriebene Macht der Gedanken – mit Mut, Kraft, Hoffnung und Vertrauen in sich selbst. Zudem werde man einmal mehr von dem Wunsch beseelt.

Die handlungsorientierten Personen hingegen empfinden Rückschläge als Herausforderung. Sie besinnen sich auf ihre Stärken und Kräfte, auf ihre positive seelische Grundstimmung und auf all das, was sie im Leben bislang geleistet haben. Solche Menschen verurteilen sich nicht, wenn sie mal scheitern, und sie lassen sich nicht in eine Opferrolle drängen, in der sie ohnmächtig gefangen bleiben. Nein, diese Menschen werden aktiv, handeln dagegen an. Auf diesem Weg helfen ihnen ihr Humor, ihre Begeisterungsfähigkeit, ihre Kreativität und ihre Zielstrebigkeit.

Handlungsorientiertheit ist ein Merkmal von Lebenskünstlern und Meisterwünschern.

Handlungsorientierte Menschen haben einen besseren Zugang zu ihrem Selbst, sie sind ausgeglichener, ruhen mehr in sich, sind flexibler als die Lageorientierten.

»Jetzt erst recht!«, denken diese Menschen und überlegen, was alles in ihrer Macht stehen könnte, um das Ruder wieder herumreißen zu können. Für sie ist wichtig, dass alles im Fluss bleibt, dass sie über Blockaden hinweggehen, auch wenn sie sich an ihnen stoßen oder durch sie umgeworfen werden. Handlungsorientierte Menschen stehen wieder auf und machen sich auf den Weg. Sie machen Abstriche bei der Perfektion, wählen gegebenenfalls ein anderes Ziel, kurzum, sie haben einen ganzen Bauchladen an Strategien, die sie weiterkommen lassen.

Ich mach das jetzt einfach

Ich mach das jetzt einfach!

Haben Sie noch den Zettel, auf dem Sie Ihre drei Wünsche notiert hatten?

Sie könnten ihn nun vor sich hinlegen und ein wenig darüber grübeln, wie es um die Erfüllung dieser Wünsche steht.

Vielleicht haben Sie jetzt, da Sie die komplexen Prozesse des Wünschens kennengelernt haben, ein Gespür dafür bekommen, wie Sie mit Ihren eigenen Wünschen umgehen. Konnten Sie sich wiederfinden in dem einen oder anderen Wunschtypus?

Möglicherweise empfinden Sie sich ja auch, je nach Wunsch, mal so, mal so: Zauderwünscher, wenn Sie im Job sind, ein Jammerwünscher, wenn Sie unter Freunden sind, ein Schwarzseh- oder Normwünscher, wenn Sie nachts im Bett wach liegen und grübeln, warum alles anders gekommen ist, als Sie sich vorgestellt hatten.

Jetzt, da Sie ins Reich der Wünsche eingetaucht sind, sich ins Bewusstsein geholt haben, welch wichtige Funktionen Wünsche für Ihr Leben haben, lernen Sie Ihre Wünsche möglicherweise noch mehr lieben, haben gleichsam Respekt für die Kunst des Wünschens.

Wollen Sie zum Meisterwünscher werden, ist dies eine Frage der Entscheidung, Ihrer Entscheidung.

Meisterwünschen ist Einstellungssache. Somit liegt meisterhaftes Wünschen in unserer Macht. Einerseits ist das Bewusstwerden dieser Möglichkeit beruhigend und ermutigend. Andererseits können wir uns nicht mehr auf andere Menschen oder auf die ungünstigen Lebensumstände berufen, wenn es mit dem Wünschen und Erfüllen mal nicht so klappen sollte.

So manch ein Wunschtyp mag nichts ändern wollen an seiner Art des Wünschens, möglicherweise die Gier- oder Neidwünscher unter Ihnen. Nun, Sie sollten es dabei belassen, sich auf Ihre Stärken konzentrieren, auf das Jagen, Sammeln und Anhäufen.

Eines gilt jedoch für alle Wunschtypen gleichermaßen:

Sie sollten weder jammern noch klagen, wenn es mit dem Leben und den Wünschen anders verläuft, als sie es sich wünschten. Es bringt nichts. Gar nichts, sieht man von den Jammerwünschern ab, die sich in ihrem Klagen wohl fühlen.

Allen anderen gilt die Regel:

Meisterwünscher kann jeder werden, der es wirklich werden will. Mit Geduld, Ausdauer, Disziplin und Respekt vor der Macht der Wünsche und dem Bewusstsein, dass Wünschen und Wunscherfüllung viel Arbeit an sich selbst bedeuten.

Warum nehmen Sie dieses Buch nicht zum Anlass, sich einen der drei notierten Wünsche zu gönnen?

Gehen Sie es an, suchen Sie sich eine passende Strategie, bekämpfen Sie den Zauderer, den Prestige- oder welchen Wünscher auch immer in sich. Gehen Sie den Meisterwünscher an.

Beginnen Sie mit einem Wunsch, wählen Sie denjenigen aus, der Ihnen am meisten am Herzen liegt, der den größten Wert für Sie hat. Und vergessen Sie dabei keinesfalls die Wahrscheinlichkeit seiner Erfüllung.

Schreiben Sie sich ihn nochmals auf einen Zettel und hängen ihn an den Badezimmerspiegel, an den Kühlschrank, an die Haustür. Daneben kleben Sie einen Zettel, auf dem geschrieben steht:

»Ich mach das jetzt einfach!«

Literaturangaben

INTRO

Die berühmten drei Wünsche

Moser, E. (1998): Was ist ein Wunsch? In: B. Boothe, R. Wepfer, A. von Wyl (Hg.): Über das Wünschen.

Effektivität der Selbstbekräftigung:

Kang, S., et al. (2015): Power affects performance when the pressure is on. Evidence for low-power threat and high-power lift. Journal of Personality and Social Psychology Bulletin, 41, S. 726–735.

US-Studie über das Glück:

http://www.news-medical.net/news/20110502/3587/German.aspx

ÜBER DAS WÜNSCHEN

Wie Wünschen entsteht

Bowlby, J. (1973): Attachment and loss. Vol II. Separation.

Gollwitzer, P. M. (1991): Abwägen und Planen: Bewusstseinslagen in verschiedenen Handlungsphasen.

Skinner, B. F. (1974): About behaviorism.

Zur intrinsischen und extrinsischen Motivation:

Maslow, A. (1981): Motivation und Persönlichkeit.

Deci, E. L. (1972): The effects of contingent and non-contingent rewards and controls on intrinsic motivation. Organizational Behavior and Human Performance, S. 217 bis 229.

Deci, E. L., Ryan, R. M. (1985): Intrinsic motivation and self-determination in human behavior.

Alderfer, C. P. (1972): Existence, Relatedness, and Growth; Human Needs in Organizational Settings.
McClelland, D. (1961): The achieving society. Van Nostrand, Princeton.

WARUM WÜNSCHEN WIR EIGENTLICH?

Allgemeines zum Thema:

Boothe, B., Wepfer, R., von Wyl, A. (Hg.) (1998): Über das Wünschen. Ein seelisches und poetisches Phänomen wird erkundet.
Heckhausen, H. (1987): Wünschen, Wählen, Wollen. In: H. Heckhausen, P. M. Gollwitzer, F. E. Weinert (Hg.), Jenseits des Rubikon: Der Wille in den Humanwissenschaften, S. 143–175.
Kuglanski, A.W., Shah, J. Y., Fishbach, A., Friedman, R., Chun, W. Y., Sleeth-Keppler, D. (2002): A theory of goal-systems. In: M. P. Zanna (Hg.): Advances in Experimental Social Psychology, Vol. 34, S. 331–378.
Frey, B., Martl, C. F. (2010): Glück: Die Sicht der Ökonomie.
Frey, B. S., Stutzer, A. (2002): Happiness and Economics: How the economy and institutions affect well-being.
Loewenstein, G. (1987): Anticipation and the valuation of delayed consumption. The Economic Journal, 97, S. 666 bis 684.
Gilbert, D. (2007): Stumbling on Happiness. Vintage.

Experiment von Gregory Berns:

Zink, C. F., Pagnoni, G., Martin, M. M., Dhamala, M., Berns, G. S. (2003): Human stratial responses to salient nonrewarding stimuli. The Journal of Neuroscience, 23, S. 8092–8097.

Wishful Thinking:

Gordon, R., Franklin, N., Beck, J. (2005): Wishful thinking and source monitoring. Memory & Cognition 33, S. 418.

Ausklammern von Informationen beim Wishful Thinking:

Kappes, H. B., Oettingen, G. (2012): Wishful information preference. Positive fantasies mimic the effects of intentions. Personality and Social Psychology Bulletin, 38, S. 870–881.

Snyder, M. (1984): Effects of naturally induced teacher expectancies. Journal of Personality and Social Psychology, 28, S. 333–342.

Snyder, M. (1992): Motivational foundations of behavioral confirmation. In: M. P. Zanna (Hg.): Advances in Experimental Social Psychology, 25, S. 67–114. Academic Press.

Priming-Experimente:

Vohs, K. D. (2006): The Psychological Consequences of Money. Science, 314, 2006, S. 1154–1156.

Bargh, J. A., Chen, M., Burrows, L.(1996): Automaticity of social behavior: Direct effects of trait construct and stereotype priming on action. Journal of Personality and Social Psychology, 71, S. 230–244.

Shah, J. Y., Kuglanski, A. W. (2002): Priming against our will: How accessible alternatives affect goal pursuit. Journal of Experimental Social Psychology, 38, S. 368–383.

Barnum-Effekt:

Dickson, H. D., Kelly, I. W. (1985): The Barnum effect in personality assessment: A review of the literature. Psychological Reports, 57, S. 367–382.

Wenn wir Wünsche versäumen

Gebrüder Grimm, Deutsches Wörterbuch, Bd. 16, Sp. 157 bis 158.

Zur Sehnsucht:

Scheibe, S., Freund, A. M., Baltes, P. B. (2007): Toward a developmental psychology of Sehnsucht (life longings): the optimal (utopian) life. Developmental Psychology, 43, S. 778–795.

Scheibe, S. (2005): Longing (Sehnsucht) as a new lifespan concept: A developmental conceptualization and its measurement in adulthood.

Baltes, P. B. (1998): Testing the limits of the ontogenetic sources of talent and excellence. Behavioral and Brain Sciences, 21, S. 407–408.

Freund, A. M., Nikitin, J., Ritter, J. O. (2009): Psychological consequences of longevity: The increasing importance of self-regulation in old age. Human Development, 52, 1–37.

van de Ven, N. M., Zeelenberg, M. (2011): Regret aversion and the reluctance to exchange lottery tickets. Journal of Economic Psychology, 32, S. 194–200.

Gilbert, D. (2007): Stumbling on Happiness.

Ware, B. (2015): 5 Dinge, die Sterbende am meisten bereuen. Einsichten, die Ihr Leben verändern werden.

Regret Aversion:

Zeelenberg, M. (1999): Anticipated regret, expected feedback and behavioral decision making. Journal of Behavioral Decision Making, 12, S. 93–106.

ten Brinke, L., MacDonald, S., Porter, S., O'Connor, B. (2012): Crocodile tears: Facial, verbal and body language behaviours associated with genuine and fabricated remorse. Law and Human Behavior, 36, S. 51–59.

WUNSCHTYPEN

Der Keinezeitwünscher

Zum Zeitmangel:

Forsa-Umfrage im Auftrag Techniker Krankenkasse (2013): Bleib locker, Deutschland, TK-Studie zur Stresslage der Nation. Techniker Krankenkasse.

Etkin, J., Evangelidis, I., Aaker, J. (2015): Pressed for time? Goal conflict shapes how time is perceived, spent, and valued. Journal of Marketing Research. doi: http://dx.doi.org/10.1509/jmr.14.0130

Weitere Studien zum Zeitmangel:

http://www.cosmia.de/201101/201101f02a.php

http://psychologie-news.stangl.eu/1226/stress-in-beruf-und-freizeit

http://www.spektrum.de/lexikon/psychologie/freizeitpsychologie/5292

Freizeit und wie viel man sich davon gönnt:

http://www.bpb.de/geschichte/deutsche-einheit/lange-wege-der-deutschen-einheit/47338/freizeitverhalten?p= all

Rosenman, R. H., Brand, R. J., Sholtz, R. I., Friedman, M. (1976): Multivariate prediction of coronary heart disease during 8.5 year follow-up in the Western Collaborative Group Study. The American Journal of Cardiology, 37, S. 903–910.

Levine, R. (2014, 10. Aufl.): Eine Landkarte der Zeit. Wie Kulturen mit Zeit umgehen.

Studien zum Zusammenhang von Dopamin und Adrenalin und Zeiteinschätzung:

Riesen, J. M., Schnider, A. (2004): Time estimation in Parkinson's disease: Normal long duration estimation despite impaired short duration discrimination. Journal of Neurology, 248, S. 27–35.

Studien von Sanford DeVoe:

DeVoe, S. E., Pfeffer, J. (2011): Time is tight: How higher economic value of time increases feelings of time pressure. Journal of Applied Psychology, 96, S. 665–676.

DeVoe, S. E., House, J. (2012): Time, money, and happiness: How does putting a price on time affect our ability to smell the roses? Journal of Experimental Social Psychology, 48, S. 466–467.

DeVoe, S. E., Pfeffer, J. (2007): Hourly payment and volunteering: The effect of organizational practices on decisions about time use. Academy of Management Journal, 50, S. 783–798.

Hamermesh, D. S., Lee, J. (2005): Stressed out on four continents: Time crunch of yuppie kvetch? IZA Discussion Paper No. 1815.

Stand-by-Modus des Gehirns:

Brewer, J. A., et al. (2011): Meditation experience is associated with differences in default mode network activity and connectivity. PNAS, 108(50): 20254–20259.

http://www.visualnews.com/2011/11/04/your-brain-introduction-to-the-default-mode-network/

Schachter, S., Gross, L. (1968): Manipulated time and eating behavior. Journal of Personality and Social Psychology, 10, S. 93–106.

Der Wunschträumer

Untersuchungen zu Tagträumen:

Smallwood, J., et al. (2013): Escaping the here and now: Evidence for a role of the default mode network in perceptually decoupled thought. Neuroimage, 69, S. 120–125.

Smallwood, J., Ruby, F. J. M., Singer, T. (2013): Letting go of the present: task-unrelated thought is associated with reduced delay discounting. Consciousness & Cognition, 22, S. 1–7.

Zusammenhang von Tagträumen und deren Verarbeitungsmechanismen:

Oettingen, G., Gollwitzer, P. M. (2001): Goal setting and goal striving. In: A. Tesser, N. Schwarz (eds.), Blackwell handbook of social behavior: Intraindividual processes (S. 329–347).

Tagträumen und die Folgen:

Mooneyham, B. W., Schooler, J. E. (2013): The costs and benefits of mind-wandering: A review. Canadian Journal of Experimental Psychology, 67, S. 11–18.

Wilson, T. D., et al. (2014): Just think: The challenges of the disengaged mind. Science, 345, S. 75–77.

Internetpost von Lucile:

https://www.hoffnungsschimmer-forum.de/index.php?page=-Thread&threadID=25387

Mark Solms im *Spiegel*-Interview:

http://www.spiegel.de/wissenschaft/mensch/traumforschung-nachts-offenbart-sich-unsere-tierische-seite-a-660784.html

Zum Thema Traumdeutungen:

Schredl, M. (2013): Studying the relationship between dreaming and sleep-dependent memory processes: Methodological challenges. Behav Brain Sci, 36, S. 628–629.

Schredl, M.: http://www.rzuser.uni-heidelberg.de/~ly8/basics/Typisch.pdf

Vollmar, K. (2007): Handbuch der Traumsymbole. Heyne.

Klarträumer und ihre Hirnareale:
Filevich, E., et al. (2015): Metacognitive mechanism underlying lucid dreaming. The Journal of Neuroscience, 35, S. 1082–1088.

Der Sichselbstwünscher
Zitat von Friedrich Hebbel: Sämtliche Werke. Historisch-kritische Ausgabe. Hg. v. Richard Maria Werner. 1. Abt. Bd. 7, S. 300–301.

Über die Bedeutung der Schönheit:
Andreas Hergovich (Hg.) (2001): Psychologie der Schönheit. Physische Attraktivität aus wissenschaftlicher Perspektive.
Hassebrauck, M. (1993): Physische Attraktivität.
Henss, R. (1991): Perceiving age and attractiveness in facial photographs. Journal of Applied Social Psychology, 21, S. 933–946.
Viehöfer, W., Wehling, P. (Hg.) (2011): Entgrenzung der Medizin. Von der Heilkunst zur Verbesserung der Menschen?
Langer, E. (2009): Counterclockwise: Mindful health and the power of possibility.

Der Geheimwünscher
Bivona, J. M, Critelli, J. W., Clark, M. J. (2012): Women's rape fantasies: an empirical evaluation of the major explanation. Archive of Sexual Behavior, 41, S. 1107–1119.
Kossat, J. (2015): Kommunikation in der Partnerschaft. Vortrag im Rahmen der Priener Gesundheitswoche.
Kossat, J. (1.–5. Aufl, 1995–2005): Sexualfunktions- und Erektionsstörungen des Mannes. Praxisleitfaden Allgemeinmedizin.
Beier, K. M., et al. (2003): Gesundheit, Lebensqualität und Sexualität bei Männern. Ergebnisse einer Fragebogenerhebung zur Häufigkeit erektiler Dysfunktion bei Berliner Männern. Sexuologie, Band 10, Nr. 3, 2003.

Der Zauderwünscher

Gigerenzer, G. (2008, 8. Aufl.): Bauchentscheidungen.

Iyengar, S. S., Lepper, M. R. (2000): When choice is demotivating: can one desire too much of a good thing? Journal of Personality and Social Psychology, 79, S. 995–1006.

Zur weiblichen Intuition:

Gigerenzer, G., Galesic, M., Garcia-Retamero, R. (2014): Stereotypes about men's and women's intuitions: A study of two nations. Journal of Cross-Cultural Psychology, 45, S. 62–81.

Goldstein, D., Gigerenzer, G. (2002): Models of ecological rationality: The recognition heuristic. Psychological Review, 109, S. 75–90.

Nisbett, R. E., Wilson, T. D. (1977): Telling more than we can know: Verbal reports on mental processes. Psychological Reviews, 84, S. 231–259.

Experimente von Haynes:

Haynes, J.-D., et al. (2007): Reading hidden intentions in the human brain. Current Biology, 17, S. 323–328.

Bogler, C., Bode, S., Haynes, J.-D. (2011): Decoding successive computational stages of salient processing. Current Biology, 21, S. 1667–1671.

Ausführlicheres zum Libet-Experiment:

Libet, B. (1999): Do we have a free will? Journal of Consciousness Studies, 5, S. 49.

Libet, B. (2004): Haben wir einen freien Willen? In: Christian Geyer (Hg.): Hirnforschung und Willensfreiheit. Zur Deutung der neuesten Experimente.

Dijksterhuis, A. (2014): Das kluge Unbewusste. Denken mit Gefühl und Intuition.

Schokoladen-versus-Obst-Experiment:
http://www.zeit.de/zeit-wissen/2011/06/Entscheidungen/seite-2
Simon, H. (1993): Homo rationalis. Die Vernunft im menschlichen Leben.

Zum kontrafaktischen Denken:
Gilovich, T., Medvec, H. (1994): The temporal pattern to the experience of regret. Journal of Personality and Social Psychology, 67, S. 357–365.
Roese, N.-J. (1995): What might have been: The social psychology of counterfactual thinking.
Damásio, A. R. (1994): Descartes' Irrtum – Fühlen, Denken und das menschliche Gehirn.
Sparks, E., Ehrlinger, J., Eibach, R. P. (2012): Failing to commit: Maximizers avoid commitment in a way that contributes to reduced satisfaction. Personality and Individual Differences, 52, S. 72–77.
Newell, B. R., et. al. (2009): Think, blink or sleep on it? The impact of modes of thought on complex decision making. The Quarterly Journal of Experimental Psychology, 62, S. 707–732.

Der Normwünscher
Deci, E. L., Ryan, R. M. (2008): Handbook of self-determination research.
Brummelmann, E., et. al. (2015): Origins of narcissism in children. PNAS, 112, S. 3659–3662.
Richter, H.-E. (2012, 34. Aufl.): Eltern, Kind und Neurose: Psychoanalyse der kindlichen Rolle.

Der Gefühlswünscher
Grundlegendes zur Einschätzung:
Hebb, D. O. (1946): Emotion in man and animal: An analysis of the intuitive processes of recognition. Psychological Review, 53, S. 88–106.
Bierhoff, H.-W., Herner J. M (2009): Narzissmus – die Wiederkehr.
Lieberman, M. D., et al. (2007): Putting feelings into words. Affect labeling disrupts amygdala activity in response to affective stimuli. Psychological Science, 18, S. 421–428.

Der Prestigewünscher
Aufwärts- und Abwärtsvergleiche:
Suls, J. M., Wheeler, L. (Hg.) (2000): Handbook of social comparison: Theory and research.
Medvec, V. H., Madey, S. F., Gilovich, T. (1995): When less is more: Counterfactual thinking and satisfaction among Olympic medalists. Journal of Personality and Social Psychology, 69, S. 603–610.
Lechner, U.: http://www.welt.de/wissenschaft/article16940 76/Rivalitaet-ist-der-Motor-ungezuegelter-Habgier.html

Zum Besitztumseffekt:
Knetsch, J. L. (1989): The Endowment effect and evidence of nonreversible Indifference Curves. The American Economic Review, 79, S. 1277–1284.
Kahneman, D., Knetsch, J. L, Thaler, R. H. (1990): Experimental tests of the endowment effect and the coase theorem. Journal of Political Economy, 98, S. 1325–1348.

Experiment Luxusabend:

Bauer, M.A., et al. (2012): Cuing Consumerism: Situational materialism undermines personal and social well-being. Psychological Science, 23, S. 517–523.

Kasser, T., Ryan, R. M. (1993): A dark side of the American dream: Correlates of financial success as a central life aspiration. Journal of Social Psychology, 65, S. 410–422.

Easterlin, R. A. (2011): Happiness, growth, and the life cycle.

Headey, B: http://www.diw.de/documents/dokumentenarchiv/17/diw_01.c.441244.de/ph_01_2014_zufriedenheit.pdf

Carter, T. J., Gilovich, T. (2012): I am what I do, not what I have: The differential centrality of experiential and material purchases to the self. Journal of Personality and Social Psychology, 102, S. 1304–1317.

Gilovich, T., Kumar, A. (2015): We'll always have Paris: The hedonic payoff from experiential an material investments. Advances in Experimental Social Psychology, 51, S. 147 bis 187.

Der Gierwünscher

Hsee, C., et al. (2013): Overearning. Psychological Science, 24, S. 852–859.

Mussel, P., et al. (2015): State- and trait-greed, its impact on risky decision-making and underlying neural mechanisms. Social Neuroscience, 10, S. 126–134.

Elger, C, Schwaz, F. (2009): Neurofinance: Wie Vertrauen, Angst und Gier Entscheidungen treffen.

Gier in den Köpfen:

http://www.zeit.de/zeit-wissen/2007/03/Neuro-Finanz

Breiter, H. C., et al. (1997): Acute effects of cocaine on human brain activity and emotion. Neuron, 19, S. 591–611.

Ellbogenmentalität bei Gierigen:
Piff, P. K., et al. (2012): Higher social class predicts increased unethical behavior. PNAS, 109, S. 4086–4091.

Gier und Rachegelüste:
Gray, K., Ward, A. F., und Norton, M. I. (2014): Paying It forward: Generalized reciprocity and the limits of generosity. Journal of Experimental Psychology. 143, S. 247 bis 254.

Gier und Vorteilbestreben:
Fliessbach, K. B., et al. (2007): Social comparison affects reward-related brain activity in the human ventral striatum. Science, 318, S. 1305–1308.
Mischel, W. (2015): Der Marshmallow-Test. Willensstärke, Belohnungsaufschub und die Entwicklung der Persönlichkeit.
Kidd, C., Palmeri, H., Aslin, R. (2013): Rational snacking: Young children's decision-making on the marshmallow task is moderated by beliefs about environmental reliability. Cognition, 126, S. 109–114.

Zur Selbstkontrolle:
Tangney, J. P., Baumeister, R. F., Boone, A. L. (2004): High self-control predicts good adjustment, less pathology, better grades, and interpersonal success. Journal of Personality, 72, S. 271–324.
Muraven, M., Baumeister, R. F. (2000): Self-regulation and depletion of limited resources: Does self-control resemble a muscle? Psychological Bulletin, 126, S. 247–259.
Vohs, K. D., Heatherton, T. F. (2000): Self-regulatory failure: A resource-depletion approach. Psychological Science, 11, S. 249–254.

Hungrige Richter und deren Urteile:

Danziger, S., Levav, J., Avnaim-Pesso, L. (2011): Extraneous factors in judicial decisions. PNAS, 108, S. 6889 bis 6892.

Der Neidwünscher

De Waal, F. (2011): Das Prinzip Empathie: Was wir von der Natur für eine bessere Gesellschaft lernen können.

Montada, L. (2005): Psychologie der Gerechtigkeit. In: I. Kaplow, C. Lienkamp (Hg.): Sinn für Ungerechtigkeit, S. 150–164.

Zizzo, D. J., Oswald, A.: Are people willing to pay to reduce others' incomes? www.andrewoswald.com/docs/finaljuly13paris .pdf

Studie von Xi Chen:

http://psylex.de/psychologie-lexikon/positiv/lebenszufriedenheit02.html#1

Der Schwarzsehwünscher

Norem, J. K., Cantor, N. (1986): Defensive pessimism: Harnessing anxiety and motivation. Journal of Personality and Social Psychology, 51, S. 1208–1217.

Norem, J. (2002): The positive power of negative thinking: Using defensive pessimism to harness anxiety and perform at your peak.

Der Wunschloswünscher

Bonhoeffer, D. (2005, 21. Aufl.): Widerstand und Ergebung. Briefe und Aufzeichnungen aus der Haft.

Wünsche und Religion:

Scharfetter, C., Soni, J, Soni, L. (1999): Gibt es ein Jenseits der Wünsche? In: B. Boothe (Hg.): Verlangen, Begehren, Wünschen. Einstieg ins aktive Schaffen oder in die Lethargie, S. 156–173.

Higgins, T. (2013): Beyond pleasure and pain: How motivation works.
Shen, L., Fishbach, A., Hsee, C. K. (2015): The Motivating-Uncertainty Effect: Uncertainty Increases Resource Investment in the Process of Reward Pursuit. Journal of Consumer Research. http://phys.org/news/2015-03-chance-uncertainty-people-harder.html#jCp
Knutson, B., et al. (2001): Anticipation of increasing monetary reward selectively recruits nucleus accumbens. The Journal of Neuroscience, 21.
Ratner, R. K., Hamilton, R. W. (2015): Inhibited from bowling. Journal of Consumer Research. In press.
Bem, D. J. (1967): Self-perception: An alternative interpretation of cognitive dissonance phenomena. Psychological Review, 74, S. 183–200.
Wentura, D., Kulfanek, M., Greve, W. (2005): Masked affective priming by name letters: Evidence for a correspondence of explicit and implicit self-esteem. Journal of Experimental Social Psychology, 41, S. 654–663.
Huang, L., et al. (2011): Feel powerful, think better: Studies referenced in the brilliant report. Psychological Science.

Der Meisterwünscher

Corssen, J., Tramitz, C. (2014): Ich und die anderen. Als Selbst-Entwickler zu gelingenden Beziehungen.

Zur Positiven Psychologie:

Seligman, M. E. P. (2012): Flourish: A visionary new understanding of happiness and well-being.
VIA-IS: siehe www.charakterstaerken.org
Schmitz, B., und Schmidt, A.: http://dx.doi.org/10.2378/peu2014.art19d

Zusammenhang von Lebenssinn und Gesundheit:
http://www.newswise.com/articles/have-a-sense-of-purpose-in-life-it-may-protect-your-heart
Kashdan, T. (2010): Curious? Discover the missing ingredients to a fulfilling life.
Schmid, W. (2007): Glück: Alles, was Sie darüber wissen müssen.
Brickman, P., Coates, D., Janoff-Bulman, R. (1978): Lottery winners and accident victims: Is happiness relative? Journal of Personality and Social Psychology, 36, S. 917–927.

Verschiebung des Glückslevels:
Schimmack, U., et al. (2010): Stability and change of well-being: An experimentally enhanced latent state-trait-error analysis. Social Indicators Research, 95, S. 19–31.
Schmitz, B., zum Glückstraining: Veröffentlichung hierzu erfolgt laut persönlicher Mitteilung in Bälde.
Lyubormirsky, S. (2013): Glücklich sein: Warum Sie es in der Hand haben, zufrieden zu leben.

WÜNSCHEN LERNEN
Fishbach, A., Choi, J. (2012): When thinking about goals undermines goal pursuit. Organizational Behavior and Human Decision Processes, 118, S. 99–107.
Koo, M., Fishbach, A. (2012): The Small-Area Hypothesis: Effects of progress monitoring on goal adherence. Journal of Consumer Research, 39, S. 493–509.

Experiment zur Zielvorstellung:
Lewis, N. A., Oyserman, D. (2015): When does the future begin? Time metrics matter, connecting present and future selves. Psychological Science, 23.

Vom Wünschen zum Handeln:

Heckhausen, H., Gollwitzer, P. M. (1987): Thought Contents and Cognitive Functioning in Motivational versus Volitional States of Mind. Motivation and Emotion, 11, S. 101–112.

Frese, M. (2015): Richtig scheitern. Spiegel Wissen, Heft 1.

Förster, J. (2012): Unser Autopilot. Von der Motivationspsychologie lernen.

Wiersema, D. (2009): Taking it personally: Self-esteem and the protection of self-related attitudes. Dissertation. Universiteit van Amsterdam.

Zu den Vorsätzen:

Gollwitzer, P. M., Bayer, U. C., Lengfelder, A. (1999): Von der Intention zum Handeln: Die Erkenntnisse der Würzburger Schule aus heutiger Sicht. In: W. Janke, W. Schneider (Hg.), Hundert Jahre Institut für Psychologie und Würzburger Schule der Denkpsychologie, S. 327–349.

Gollwitzer, P. M. (1999): Implementation intentions: Strong effects of simple plans. American Psychologist, 54, S. 493 bis 503.

Oettingen, G. (2014): Rethinking positive thinking: Inside the new science of motivation.

Macht der Vorstellungskraft:

Kikuchi, S., et al. (2005): Cerebral activation focusing on strong tasting food: A functional magnetic resonancc imaging study. NeuroReport, 16, S. 281–283.

Kreiman, G., Koch, C., Fried, I. (2000): Imagery neurons in the human brain. Nature, 6810, S. 357–361.

Zur Volitionskompetenz:
Nach Prof. Waldemar Pelz, Technische Hochschule Mittelhessen: http://www.volitionskompetenz.de/

Die Rückschläge auf dem Weg:
Kuhl, J. (2001): Motivation und Persönlichkeit. Interaktionen psychischer Systeme.

Jens Corssen · Christiane Tramitz

Ich und die anderen

Als Selbst-Entwickler
zu gelingenden Beziehungen

Wir verspüren Scheu gegenüber anderen und fühlen uns missverstanden. Wir warten sehnsüchtig darauf, dass unsere Gefühle erwidert und unsere Erwartungen erfüllt werden. Wir leiden unter Misstrauen, Kontrolle, Neid und fühlen uns den Machtspielen anderer ausgeliefert. Warum ist das so? Warum machen wir in unseren Beziehungen immer wieder die gleichen Fehler?
Jens Corssen, der Verhaltenstherapeut, und Christiane Tramitz, die Verhaltensforscherin, geben verblüffende Antworten auf diese Fragen und zeigen, wie wir unsere Beziehungsfähigkeit verbessern können – in der Partnerschaft, in der Familie, im Beruf und im Freundeskreis.

KNAUR

Albert Kitzler

Wie lebe ich ein gutes Leben?

Philosophie für Praktiker

Wer wollte nicht gelassener, glücklicher, bewusster, kurzum: gut leben? Albert Kitzler übersetzt die Gedanken von Aristoteles, Seneca, Konfuzius, Buddha und vielen anderen großen Denkern in die Gegenwart und zeigt, wie wir das Weisheitswissen der westlichen und östlichen Philosophie für unseren Alltag nutzen können.

KNAUR